에듀윌과 함께 시작하면,
당신도 합격할 수 있습니다!

대학 졸업을 앞두고 취업을 위해 바쁜 시간을 쪼개서
한국사능력검정시험을 준비하는 취준생

어렸을 때부터 꿈꾸었던 교사나 공무원이 되기 위해
한국사능력검정시험을 준비하는 수험생

부끄럽지 않은 대한민국 국민이 되기 위해 어린아이와 함께
한국사능력검정시험을 준비하는 학부모

누구나 합격할 수 있습니다.
해내겠다는 '열정' 하나면 충분합니다.

마지막 페이지를 덮으면,

에듀윌과 함께
한국사능력검정시험 합격이 시작됩니다.

한국사능력검정시험 교육 1위

에듀윌 한국사 합격스토리

심화 1급 합격 진○○

에듀윌 2주끝장 한 권으로 100점! 1급 합격

2주끝장은 시험에 나올 핵심만을 엄선하여서 저 같은 초심자도 쉽게 공부할 수 있었고, 기출자료와 사진들의 유기적인 배치로 어떻게 시험에 출제될지 예상할 수 있었습니다. 또한 기출선지와 대표 기출문제, 핵심 요약본인 엔드노트까지 있어서 정말 책 한 권만 제대로 공부하면 자연스럽게 반복 학습이 되었습니다. 교재의 완벽한 구성 덕분에 한국사 초심자였던 제가 100점으로 손쉽게 1급에 합격하였습니다.

심화 1급 합격 서○

1주일 전에는 에듀윌 기출문제집, 시험 직전에는 2주끝장 엔드노트

에듀윌 2주끝장과 기출문제집, 그리고 에듀윌 무료강의를 듣고 97점으로 1급을 땄습니다! 특히 시험 전 일주일 동안은 에듀윌 기출문제집을 하루에 2회씩 풀었는데 오답 정리할 때 해설집이 자세히 적혀있어서 도움이 많이 되었어요. 시험 전날 밤부터는 2주끝장의 부록인 엔드노트로 그동안 공부했던 개념들을 머릿속에 차곡차곡 쌓았는데 핵심내용들을 한 번에 정리할 수 있어서 정말 물건이구나 생각했습니다.

심화 1급 합격 최○○

에듀윌 무료강의를 만나면 역사가 재미있다고 느끼실 거예요

사실 저는 5수 만에 1급을 받았습니다. 워낙 한국사에 노베이스였고 중고등학교 때도 한국사 수업은 지루했었지요. 하지만 에듀윌 무료강의를 통해 한국사 강의가 재미있다는 사실을 알았고, 처음으로 역사에 흥미가 생겼습니다. 덕분에 1급으로 합격하였습니다.

심화 1급 합격 정○○

에듀윌 교재와 무료강의는 지루하지 않아 좋았어요

군복무를 마치고 복학 전에 한능검 1급에 도전하였습니다. 에듀윌 교재는 알아보기 쉽게 정리되어 있고 지루하지 않은 무료강의도 들을 수 있어서 수업 내용이 머리에 쏙쏙 들어와 쉽게 공부하였습니다. 한국사에 대한 기본 지식 없이 에듀윌 교재와 무료강의를 통해 재미있게 공부하고 난이도가 가장 높았던 시험임에도 첫 도전에 당당히 1급에 합격하였습니다. 에듀윌 교재 최고입니다!

다음 합격의 주인공은 당신입니다!

에듀윌 한국사능력검정시험
심화 빈출총정리 1주끝장

이 책의 구성

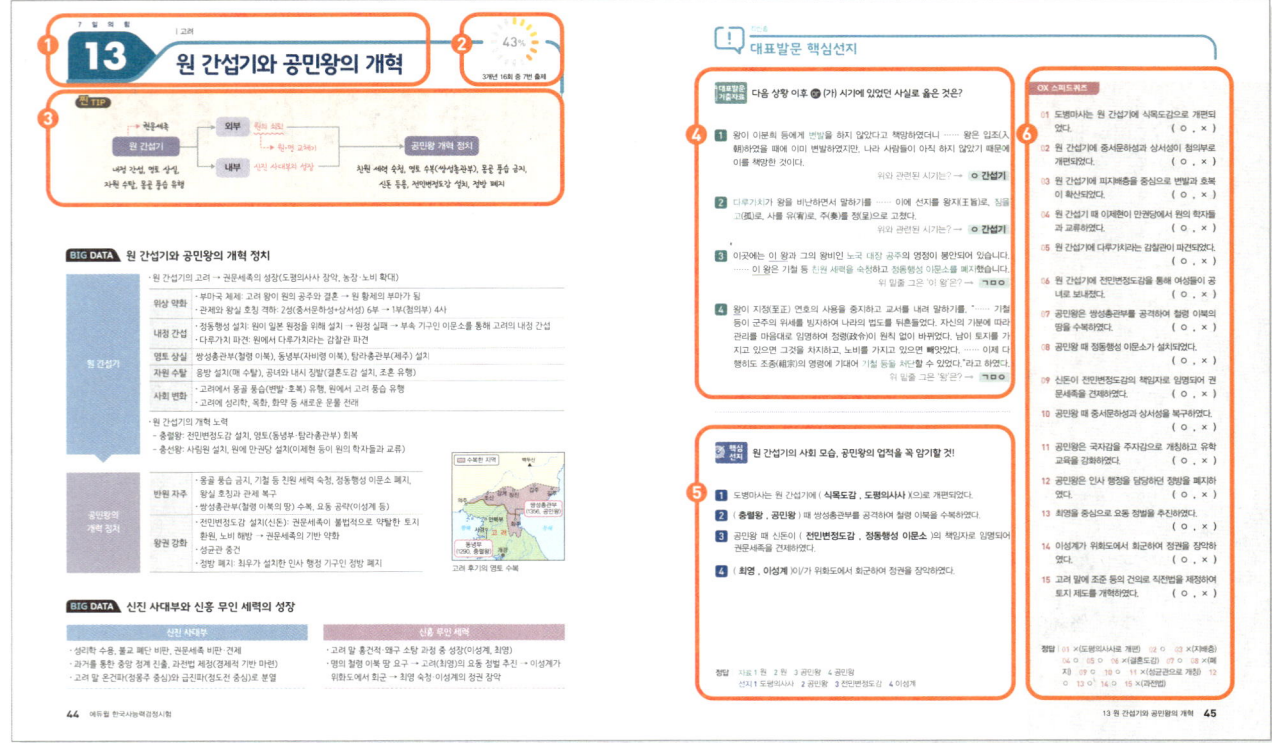

시간이 없다면 이것만이라도!

❶ 최빈출50
실제 시험에서 가장 많이 출제된 주제 50개를 엄선하였습니다.

❷ 3개년 16회분 출제율 분석
해당 주제가 최근 16회분의 시험에서 몇 번이나 출제되었는지 분석하였습니다.

❸ 합격을 위한 진짜 조언! 찐TIP!
바쁜 수험생들을 위해 한능검 1급 보유 연구원들이 각 주제의 중요 내용을 한 눈에 파악할 수 있도록 정리하였습니다.

기출문제로 만든 3단계 초간단 복습!

❹ 대표발문 기출자료
실제 시험에 출제되었던 대표적인 발문 형태를 확인하고, 자료 제시형 문제가 대부분인 한능검에 대비하기 위하여 각 주제별 중요 기출자료를 수록하였습니다.

❺ 핵심선지
헷갈리기 쉬운 기출선지로 양자택일형 문제를 구성하였습니다.

❻ OX 스피드퀴즈
선지의 키워드를 뽑아 만든 OX 스피드퀴즈를 통해 이론복습과 실력점검 효과를 동시에 거둘 수 있습니다.

S T R U C T U R E

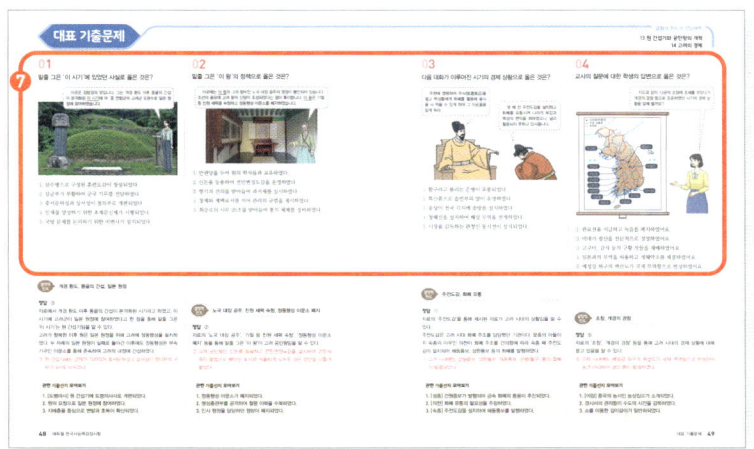

대표 기출문제

❼ 각각의 주제에서 출제되는 핵심유형의 기출문제를 엄선하였습니다.

시대초월 비교분석

❽ 시대를 넘나들며 출제되는 주제들을 모아 한 눈에 비교할 수 있도록 정리하였습니다.

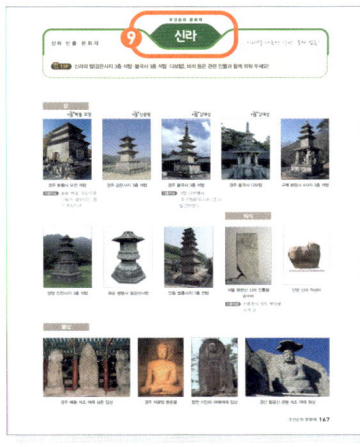

우선순위 문화재

❾ 단골로 출제되는 대표 문화재를 시대별로 정리하였습니다. 각 시대와 문화재를 연결지어 눈에 익혀 두세요.

우선순위 인물 50

❿ 자주 출제되는 근현대의 인물을 50명으로 압축하였습니다.

이 책의 차례

DAY 1 우리 역사의 기원과 형성~고대 … 8

- 01 구석기, 신석기, 청동기, 철기
- 02 고조선과 여러 나라의 성장
- 03 고구려의 주요 왕과 6~7세기 정세
- 04 신라의 성장과 발전
- 05 가야
- 06 신라의 삼국 통일
- 07 고대의 문화유산
- 08 발해
- 09 신라 말의 혼란과 후삼국의 성립
- 10 남북국의 문화

DAY 2 고려 시대 … 38

- 11 후삼국 통일과 고려의 기틀 마련
- 12 고려 사회의 동요와 대외 관계
- 13 원 간섭기와 공민왕의 개혁
- 14 고려의 경제
- 15 고려의 학문과 사상
- 16 고려의 문화유산

DAY 3 조선 전기 … 56

- 17 조선 전기 주요 왕
- 18 조선의 통치 체제
- 19 사림의 성장과 붕당 정치
- 20 조선 전기 사회
- 21 조선 전기 대외 관계와 왜란
- 22 호란

DAY 4 조선 후기 … 74

- 23 조선의 경제
- 24 영조와 정조의 탕평 정치
- 25 조선 후기 수취 체제
- 26 조선 후기 사회·문화
- 27 새로운 사상의 등장과 농민 봉기
- 28 실학

DAY 5 근대　　　　　　　　　　　　　　　　　　　　　　　　　　　　　92

- 29 흥선 대원군 집권기
- 30 각국 조약 체결과 국권 피탈
- 31 근대적 개혁의 추진과 반발
- 32 임오군란과 갑신정변
- 33 동학 농민 운동
- 34 갑오개혁·을미개혁
- 35 독립 협회와 다한 제국

DAY 6 일제 강점기　　　　　　　　　　　　　　　　　　　　　　　　　112

- 36 일제의 식민지 통치와 경제 침탈
- 37 1910년대 민족 운동
- 38 3·1운동과 대한민국 임시 정부
- 39 1920년대 무장 독립 전쟁, 의열 투쟁
- 40 1930~1940년대 무장 독립 전쟁
- 41 실력 양성 운동, 학생 항일 운동
- 42 민족 유일당 운동, 사회적 민족 운동
- 43 민족 문화 수호 운동

DAY 7 현대　　　　　　　　　　　　　　　　　　　　　　　　　　　　136

- 44 통일 정부 수립 노력, 6·25 전쟁
- 45 이승만 정부
- 46 박정희 정부
- 47 전두환 정부
- 48 노태우 정부~이명박 정부
- 49 지역사
- 50 유네스코 세계 유산, 조선의 궁궐

특급부록 | 약점 집중 공략　　　　　　　　　　　　　　　　　　　　158

- 시대초월 비교분석
- 우선순위 문화재
- 우선순위 인물 50

BIG DATA
최빈출50

#3개년+a #기출분석 #최다빈출주제 #시대순 #출제율순
#한능검은 50문제 #50개만 딱 보고 들어가자

1차 빅데이터 분석 **3개년 시대별 평균 출제율**

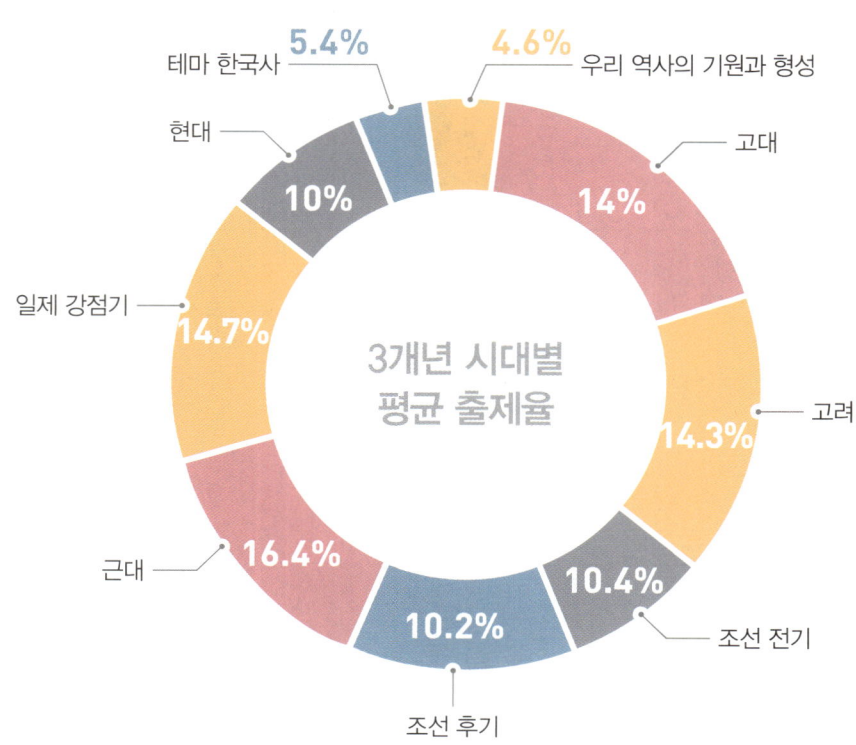

2차 빅데이터 분석 — 각 시대별 최다빈출 50개 도출

우리 역사의 기원과 형성
- 구석기 · 신석기 · 청동기 · 철기
- 고조선과 여러 나라의 성장

고대
- 고구려의 주요 왕과 6~7세기 정세
- 신라의 성장과 발전
- 가야
- 신라의 삼국 통일
- 고대의 문화유산
- 발해
- 신라 말의 혼란과 후삼국의 성립
- 남북국의 문화

고려
- 후삼국 통일과 고려의 기틀 마련
- 고려 사회의 동요와 대외 관계
- 원 간섭기와 공민왕의 개혁
- 고려의 경제
- 고려의 학문과 사상
- 고려의 문화유산

조선 전기
- 조선 전기 주요 왕
- 조선의 통치 체제
- 사림의 성장과 붕당 정치
- 조선 전기 사회
- 조선 전기 대외 관계와 왜란
- 호란

조선 후기
- 조선의 경제
- 영조와 정조의 탕평 정치
- 조선 후기 수취 체제
- 조선 후기 사회 · 문화
- 새로운 사상의 등장과 농민 봉기
- 실학

근대
- 흥선 대원군 집권기
- 각국 조약 체결과 국권 피탈
- 근대적 개혁의 추진과 반발
- 임오군란과 갑신정변
- 동학 농민 운동
- 갑오개혁과 을미개혁
- 독립 협회와 대한 제국

일제 강점기
- 일제의 식민지 통치와 경제 침탈
- 1910년대 민족 운동
- 3·1 운동, 대한민국 임시 정부
- 1920년대 무장 독립 전쟁, 의열 투쟁
- 1930~1940년대 무장 독립 전쟁
- 실력 양성 운동, 학생 항일 운동
- 민족 유일당 운동, 사회적 민족 운동
- 민족 문화 수호 운동

현대
- 통일 정부 수립 노력, 6·25 전쟁
- 이승만 정부
- 박정희 정부
- 전두환 정부
- 노태우 정부~이명박 정부

시대 통합 · 테마 한국사
- 지역사
- 유네스코 세계 유산, 조선의 궁궐

01 구석기, 신석기, 청동기, 철기

| 우리 역사의 기원과 형성

3개년 16회 중 16번 출제

찐 TIP

구석기 시대 → 신석기 시대 → 청동기 시대 → 철기 시대

- 구석기 시대: 주먹도끼, 찍개, 슴베찌르개, 동굴이나 막집 거주
- 신석기 시대: 갈판과 갈돌, 빗살무늬 토기, 가락바퀴·뼈바늘
- 청동기 시대: 비파형 동검, 반달 돌칼, 미송리식 토기, 고인돌
- 철기 시대: 세형동검, 철제 농기구, 명도전

BIG DATA 구석기 시대와 신석기 시대

구석기 시대		신석기 시대
한반도에서 약 70만 년 전부터 시작	시기	한반도에서 기원전 8000년경부터 시작
뗀석기(주먹도끼, 찍개, 슴베찌르개)	도구	간석기(갈판과 갈돌, 돌보습, 돌낫), 빗살무늬 토기
사냥, 채집	경제	농경·목축 시작, 원시 수공업(가락바퀴·뼈바늘 사용)
동굴이나 바위 그늘, 막집	주거	움집(강가·바닷가)
이동 생활, 평등 사회	사회	정착 생활, 평등 사회, 부족 사회
경기 연천 전곡리, 충남 공주 석장리, 충북 단양 수양개 등	대표 유적	서울 암사동, 황해 봉산 지탑리, 부산 동삼동, 제주 한경 고산리 등

BIG DATA 청동기 시대와 철기 시대

청동기 시대		철기 시대
기원전 2000년~1500년경 한반도에 청동기 보급	시기	기원전 5세기경 한반도에 철기 보급
• 청동기(비파형 동검, 거친무늬 거울, 청동 방울 등) • 반달 돌칼(농기구) • 민무늬 토기, 미송리식 토기	도구	• 거푸집: 한반도의 독자적인 청동기 문화 유추 • 세형동검, 철제 농기구 사용(쟁기, 쇠스랑 등) → 농업 생산량 증가 → 인구 증가 • 민무늬 토기, 덧띠 토기, 검은 간 토기
밭농사 중심, 일부 장소에서 벼농사 시작	경제	
계급 출현(불평등 사회) → 고인돌 제작	사회	
	무덤	널무덤, 독무덤
충남 부여 송국리, 경기 여주 흔암리 등	대표 유적	
	중국과의 교류	• 중국 화폐(명도전, 반량전, 오수전 등) 출토 • 한자 사용(경남 창원 다호리 유적 출토 붓)

주먹도끼(구석기)

빗살무늬 토기(신석기)

비파형 동검(청동기)

세형동검(철기)

대표발문 핵심선지

최빈출

대표발문 기출자료
밑줄 그은 '이 시대' or (가) 시대의 생활 모습으로 옳은 것은?

1 주먹도끼, 찍개 등 (가) 시대의 대표적 유물이 한반도 남부에서 최초로 출토된 곳이다.

위 (가)에 들어갈 시대는? → ㄱㅅㄱ

2 부산 동삼동 유적에서 출토된 빗살무늬 토기는 농경과 정착 생활이 시작된 (가) 시대의 대표적 유물 중 하나입니다.

위 (가)에 들어갈 시대는? → ㅅㅅㄱ

3 이 집터 내부에서 출토된 빗살무늬 토기, 갈돌, 갈판 등의 유물을 통해 정착 생활과 농경이 시작된 (가) 시대의 생활 모습을 살펴볼 수 있을 것으로 기대됩니다.

위 (가)에 들어갈 시대는? → ㅅㅅㄱ

4 (가) 시대의 대표적 유물인 민무늬 토기와 비파형 동검 등을 통해 당시의 생활 모습을 살펴보시기 바랍니다.

위 (가)에 들어갈 시대는? → ㅊㄷㄱ

5 우리 박물관에서는 부여 송국리 유적에서 출토된 유물을 소개하는 특별전을 마련하였습니다. (가) 시대의 대표적 유물인 민무늬 토기와 비파형 동검 등을 통해 당시의 생활 모습을 살펴보시기 바랍니다.

위 (가)에 들어갈 시대는? → ㅊㄷㄱ

핵심선지
구석기, 신석기, 청동기가 돌아가며 정답으로 출제!

1 구석기 시대에는 주로 (**동굴이나 막집** , 강가의 움집)에서 살았다.

2 신석기 시대에는 (**빗살무늬** , 민무늬) 토기를 만들어 식량을 저장하였다.

3 신석기 시대에는 (**가락바퀴** , 찍개)를 이용하여 실을 뽑았다.

4 청동기 시대에는 지배층의 무덤으로 (**고인돌** , 널무덤)을 축조하였다.

5 철기 시대에는 거푸집을 이용하여 (비파형 동검 , **세형동검**)을 제작하였다.

OX 스피드퀴즈

01 구석기 시대에는 주로 동굴이나 강가의 막집에 거주하였다. (O , ×)

02 구석기 시대에는 간석기를 이용하여 농경 생활을 했다. (O , ×)

03 구석기 시대에는 사냥을 위해 슴베찌르개를 제작하였다. (O , ×)

04 신석기 시대에는 빗살무늬 토기를 만들어 식량을 저장하였다. (O , ×)

05 신석기 시대에는 가락바퀴를 이용하여 실을 뽑았다. (O , ×)

06 신석기 시대에는 계급이 없는 공동체 생활을 하였다. (O , ×)

07 신석기 시대에는 반달 돌칼을 사용하여 곡식을 수확하였다. (O , ×)

08 청동기 시대에는 중국 화폐인 명도전, 반량전이 널리 사용되었다. (O , ×)

09 청동기 시대에는 반달 돌칼을 사용하여 곡식을 수확하였다. (O , ×)

10 청동기 시대에는 지배층의 무덤으로 고인돌을 축조하였다. (O , ×)

11 청동기 시대에는 의례 도구로 청동 방울 등을 제작하였다. (O , ×)

12 청동기 시대에는 계급이 없는 평등한 공동체 생활을 하였다. (O , ×)

13
청동기 시대의 세형동검 (O , ×)

14 철기 시대에는 쟁기, 쇠스랑 등의 철제 농기구를 사용하였다. (O , ×)

정답 | 자료 1 구석기 2 신석기 3 신석기 4 청동기 5 청동기
선지 1 동굴이나 막집 2 빗살무늬 3 가락바퀴 4 고인돌 5 세형동검

정답 | 01 O 02 ×(신석기 시대) 03 O 04 O 05 O 06 O 07 ×(청동기 시대) 08 ×(철기 시대) 09 O 10 O 11 O 12 ×(계급 사회) 13 ×(비파형 동검) 14 O

02 고조선과 여러 나라의 성장

I 우리 역사의 기원과 형성

7 일의 힘

3개년 16회 중 16번 출제

찐 TIP

- **기원전 2333**: 단군왕검의 고조선 건국, 청동기 문화 바탕
- **기원전 4~3세기경**: 부왕, 준왕 / 중국 연과 대립 — 연의 장수 진개의 침략
- **기원전 194**: 위만의 망명, 위만 조선 성립 — 중계 무역, 철기 문화 본격 수용
- **기원전 108**: 한 무제의 침략 → 고조선 멸망, 이후 한 군현 설치 → 낙랑, 임둔, 진번, 현도

BIG DATA 고조선의 성장과 발전

기출사료: 고조선의 후(侯) 역시 스스로 왕을 칭하고 군사를 일으켜 연나라를 공격하려 하였다.

성립
- 기원전 2333년 단군왕검이 건국
- 우리 역사상 최초의 국가(청동기 문화)
- 제정일치 사회
- 건국 이야기: 『삼국유사』, 『제왕운기』 등

발전
- 기원전 3세기경 강력한 왕(부왕, 준왕) 등장
- 관직 설치: 왕 밑에 상, 대부, 장군 등
- 중국 연과 대립 → 진개의 공격으로 위축

위만 조선
- 중국 진·한 교체기에 위만 집단이 이주 → 위만이 준왕을 몰아내고 왕이 됨
- 철기 문화 본격 수용, 중국 한과 남방 진 사이에서 중계 무역으로 이득 독점

멸망
한 무제의 고조선 침략 → 기원전 108년 왕검성 함락 → 한 군현 설치

기출사료: 마침내 한 무제는 동쪽으로는 고조선을 정벌하고 현도군과 낙랑군을 설치했으며 …….

사회
8조법(범금 8조): 노동력·사유 재산 중시, 형벌 존재, 계급 분화 등

BIG DATA 여러 나라의 성장

기출사료: 사자·조의·선인이 있으며, 신분의 높고 낮음에 따라 각각 등급을 두었다. …… 10월에 지내는 제천 행사는 국중대회로 이름하여 동맹이라 한다.

구분	부여	고구려	옥저	동예	삼한
위치	만주 쑹화강 유역	졸본 지방	함경도 동해안	강원도 북부 동해안	한강 이남 지역
정치·사회	• 연맹체 국가: 사출도 (마가·우가·구가·저가) • 왕권 미약 • 1책 12법	• 5부족 연맹체 • 대가(상가, 고추가) 아래에 사자, 조의, 선인 등 • 제가 회의(귀족 회의) • 1책 12법	• 군장(읍군, 삼로)이 통치 • 연맹 왕국으로 발전 X • 고구려의 간섭		• 군장 국가(신지, 읍차) • 제정 분리(천군, 소도)
경제	농경과 목축 발달	• 약탈 경제(부경) • 밭농사	• 해산물 풍부, 토지 비옥, 고구려에 공납 • 동예 특산품: 단궁, 과하마, 반어피		• 벼농사 발달 • 낙랑·왜에 철 수출(변한)
제천 행사·풍속	• 12월 영고 • 순장, 우제점법	• 10월 동맹 • 서옥제	• 민며느리제 • 가족 공동 무덤	• 10월 무천 • 책화, 족외혼	계절제(5월, 10월)

대표발문 핵심선지

대표발문 기출자료 밑줄 그은 '이 나라' or 공통으로 이야기하고 있는 나라에 대한 설명으로 옳은 것은?

1 마침내 한 무제는 동쪽으로는 ㅤ(가)ㅤ을/를 정벌하고 현도군과 낙랑군을 설치했으며, 서쪽으로는 대완과 36국 등을 병합하여 흉노 좌우의 후원 세력을 꺾었다.

위 (가)에 들어갈 나라는? → ㄱㅈㅅ

2 ㅤ(가)ㅤ 왕 해부루가 늙도록 아들이 없자 산천에 제사 지내어 대를 이을 자식을 구하였다. 그가 탄 말이 곤연에 이르러 큰 돌을 보더니 마주 대하며 눈물을 흘렸다. 왕이 이를 괴상히 여겨 사람을 시켜 그 돌을 옮기니 어린아이가 있었는데 금색의 개구리 모양이었다. …… 이름을 금와라 하고, 장성하자 태자로 삼았다.

위 (가)에 들어갈 나라는? → ㅂㅇ

3 그 나라의 풍속은 산천을 중요시하여 산과 내마다 각기 구분이 있어 함부로 들어가지 않는다. …… 해마다 10월이면 하늘에 제사를 지내는데, 주야로 술을 마시고 노래를 부르며 춤추니 이를 무천이라 한다. 또 호랑이를 신으로 여겨 제사를 지낸다.

위 내용과 관련된 나라는? → ㄷㅇ

4 읍마다 우두머리가 있어 세력이 강대하면 신지라 하고, …… 그 다음은 읍차라 하였다. 나라에는 철이 생산되는데 예(濊), 왜(倭) 등이 와서 사 간다. 무역에서 철을 화폐로 사용한다.

위 내용과 관련된 나라는? → ㅅㅎ(ㅂㅎ)

핵심선지 고조선, 부여, 고구려, 옥저, 동예, 삼한이 돌아가며 정답!

1 고조선은 사회 질서를 유지하기 위해 (**범금 8조**, 1책 12법)을/를 두었다.

2 부여에서는 여러 가(加)들이 별도로 (소도, **사출도**)를 주관하였다.

3 고구려에는 혼인 풍습으로 (**서옥제**, 민며느리제)가 있었다.

4 (옥저, **동예**)에는 읍락 간의 경계를 중시하는 책화가 있었다.

5 (옥저, **삼한**)에는 신성 지역인 소도가 존재하였다.

OX 스피드퀴즈

01 고조선은 철기 문화를 바탕으로 세워졌다. (○ , ×)

02 고조선은 사회 질서를 유지하기 위해 1책 12법을 두었다. (○ , ×)

03 단군왕검의 건국 이야기가 수록된 사서에는 삼국유사, 제왕운기 등이 있다. (○ , ×)

04 고조선에는 집집마다 부경이라는 창고가 있었다. (○ , ×)

05 위만 조선은 한과 진국 사이에서 중계 무역을 하였다. (○ , ×)

06 부여는 남의 물건을 훔쳤을 때 물건 값의 12배로 갚게 하였다. (○ , ×)

07 부여는 왕 아래 상, 대부, 장군 등의 장군을 두었다. (○ , ×)

08 부여는 여러 가(加)들이 별도로 소도를 주관하였다. (○ , ×)

09 부여는 12월에 영고라는 제천 행사를 열었다. (○ , ×)

10 고구려는 제가 회의에서 나라의 중요한 일을 결정하였다. (○ , ×)

11 고구려는 동맹이라는 제천 행사를 열었다. (○ , ×)

12 옥저, 동예에는 신지, 읍차 등의 지배자가 있었다. (○ , ×)

13 삼한에는 가족의 유골을 한 목곽에 안치하는 풍속이 있었다. (○ , ×)

14 변한은 철이 많이 생산되어 낙랑과 왜에 수출하였다. (○ , ×)

15 삼한에는 제사장인 천군과 신성 지역인 소도가 있었다. (○ , ×)

정답 | **자료 1** 고조선 **2** 부여 **3** 동예 **4** 삼한(변한)
ㅤㅤㅤ**선지 1** 범금 8조 **2** 사출도 **3** 서옥제 **4** 동예 **5** 삼한

정답 | **01** ×(청동기) **02** ×(범금 8조) **03** ○ **04** ×(고구려) **05** ○ **06** ○ **07** ×(고조선) **08** ×(사출도) **09** ○ **10** ○ **11** ○ **12** ×(삼한) **13** ×(옥저) **14** ○ **15** ○

대표 기출문제

01

(가) 시대의 생활 모습으로 옳은 것은?

> 부산 동삼동 유적에서 출토된 빗살무늬 토기는 농경과 정착 생활이 시작된 (가) 시대의 대표적 유물 중 하나입니다. 이 유적에서는 곡물 등을 가공하는 데 사용한 갈돌과 갈판도 출토되었습니다.

① 가락바퀴를 이용하여 실을 뽑았다.
② 주로 동굴이나 막집에서 거주하였다.
③ 명도전, 반량전 등의 화폐가 유통되었다.
④ 거푸집을 이용하여 세형동검을 만들었다.
⑤ 쟁기, 쇠스랑 등의 철제 농기구를 사용하였다.

 빗살무늬 토기, 농경과 정착 생활, 갈돌과 갈판

정답 ①

자료의 '빗살무늬 토기', '농경과 정착 생활이 시작', '갈돌과 갈판' 등을 통해 (가) 시대가 신석기 시대임을 알 수 있다.
신석기 시대부터 사람들은 농경과 목축으로 식량을 생산하였으며, 빗살무늬 토기를 만들어 음식물을 조리하거나 저장하였다.
① 신석기 시대 유적에서 가락바퀴나 뼈바늘이 출토되는 것으로 보아 옷 등을 만드는 원시적 수공업 생산이 이루어졌다는 것을 알 수 있다.

관련 기출선지 모아보기
1. 빗살무늬 토기를 만들어 식량을 저장하였다.
2. 농경과 목축을 시작하여 식량을 생산하였다.
3. 정착 생활을 하게 되면서 움집이 처음 만들어졌다.

02

(가) 시대의 생활 모습으로 옳은 것은?

> 김해 구산동의 무게 350톤 규모의 초대형 고인돌에서 매장 주체부가 발굴되어 무덤으로 확인되었습니다. 이 고인돌은 그 규모와 출토 유물을 통해서 사유 재산과 계급이 발생한 (가) 시대의 모습을 살펴볼 수 있는 중요한 유적으로 평가되고 있습니다.

김해의 초대형 고인돌, 무덤으로 확인

① 소를 이용한 깊이갈이가 일반화되었다.
② 주로 동굴이나 강가의 막집에서 살았다.
③ 반달 돌칼을 사용하여 곡식을 수확하였다.
④ 실을 뽑기 위해 가락바퀴를 처음 사용하였다.
⑤ 주먹도끼, 찍개 등의 뗀석기를 만들기 시작하였다.

 고인돌, 사유 재산과 계급 발생

정답 ③

자료의 '고인돌', '사유 재산과 계급 발생' 등을 통해 (가) 시대가 청동기 시대임을 알 수 있다.
청동기 시대에 농경이 본격화되면서 조, 수수, 콩, 보리 등을 경작하였고, 일부 저습지에서는 벼농사를 시작하였다. 또한 생산력이 높아짐에 따라 사유 재산이 발생하고 계급이 나타났다. 청동기 시대의 지배 세력은 고인돌을 조성하고, 청동 거울 등으로 자신들의 권위를 과시하였다.
③ 청동기 시대에는 반달 돌칼을 사용하여 농작물 수확에 활용하였다.

관련 기출선지 모아보기
1. 의례 도구로 청동 방울 등을 제작하였다.
2. 거푸집을 이용하여 청동 무기를 제작하였다.
3. 지배자와 피지배자가 존재하는 계급 사회였다.

결정적 힌트와 정답해부

01 구석기, 신석기, 청동기, 철기
02 고조선과 여러 나라의 성장

03

(가) 나라에 대한 설명으로 옳은 것은?

> ○ 좌장군은 ____(가)____ 의 패수 서쪽에 있는 군사를 쳤으나 이를 격파해서 나가지는 못했다. …… 누선장군도 가서 합세하여 왕검성의 남쪽에 주둔했지만, 우거왕이 성을 굳게 지키므로 몇 달이 되어도 함락시킬 수 없었다.
>
> ○ 마침내 한 무제는 동쪽으로는 ____(가)____ 을/를 정벌하고 현도군과 낙랑군을 설치했으며, 서쪽으로는 대완과 36국 등을 병합하여 흉노 좌우의 후원 세력을 꺾었다.

① 동맹이라는 제천 행사를 열었다.
② 신지, 읍차라 불린 지배자가 있었다.
③ 도둑질한 자에게 12배로 배상하게 하였다.
④ 읍락 간의 경계를 중시하는 책화가 있었다.
⑤ 왕 아래 상, 대부, 장군 등의 관직을 두었다.

결정적 힌트 왕검성, 우거왕, 한 무제

정답 ⑤
자료의 '우거왕', '왕검성', '한 무제' 등을 통해 (가) 나라가 고조선임을 알 수 있다.
고조선은 청동기 문화를 바탕으로 성립한 나라로, 기원전 3세기경에 부왕과 준왕 등이 왕위를 세습하였고, 상·대부·장군 등의 관직도 두었다. 위만 집권 이후에는 본격적으로 철기 문화를 수용하였고, 중국의 한(漢)과 한반도 남부의 진(辰) 사이에서 중계 무역을 하며 경제력을 축적하였다. 이에 위협을 느낀 한 무제의 침입으로 결국 수도 왕검성이 함락되었다(기원전 108). 이후 한 무제는 고조선의 영역에 현도, 낙랑 등 4개 군을 설치하였다.
⑤ 기원전 3세기경 고조선은 국가적으로 발전하여 왕위가 세습되었으며, 상·대부·장군 등의 관직을 두기도 하였다.

관련 기출선지 모아보기
1. 연의 장수 진개의 공격을 받아 영토를 빼앗겼다.
2. 진번과 임둔을 복속하여 세력을 확장하였다.
3. 사회 질서를 유지하기 위해 범금 8조를 두었다.

04

(가), (나) 나라에 대한 설명으로 옳은 것은?

> (가) 여자의 나이가 열 살이 되기 전에 혼인을 약속하고, 신랑 집에서 맞이하여 장성할 때까지 기른다. 여자가 장성하면 여자 집으로 돌아가게 한다. 여자 집에서는 돈을 요구하는데, 신랑 집에서 돈을 지불한 후 다시 데리고 와서 아내로 삼는다.
>
> (나) 읍마다 우두머리가 있어 세력이 강대하면 신지라 하고, …… 그 다음은 읍차라 하였다. 나라에는 철이 생산되는데 예(濊), 왜(倭) 등이 와서 사 간다. 무역에서 철을 화폐로 사용한다.

① (가) - 신성 지역인 소도가 존재하였다.
② (가) - 삼로라 불린 우두머리가 읍락을 다스렸다.
③ (나) - 여러 가(加)들이 별도로 사출도를 주관하였다.
④ (나) - 단궁, 과하마, 반어피 등의 특산물이 유명하였다.
⑤ (가), (나) - 한 무제가 파견한 군대의 공격으로 멸망하였다.

결정적 힌트 여자 집에서는 돈을 요구, 신지, 읍차, 철

정답 ②
(가) 여자가 열 살이 되기 전에 혼인을 약속한다는 점, 여자를 신랑 집에서 기른다는 점, 여자가 장성하면 돈을 지불한 후 데리고 와 아내로 삼는다는 점 등을 통해 옥저의 혼인 풍속인 민며느리제와 관련된 사료임을 알 수 있다.
(나) 삼한의 정치 지배자인 신지와 읍차가 언급된 점, 철이 생산되고 철을 화폐로 사용한다는 점 등을 통해 삼한의 변한과 관련된 사료임을 알 수 있다.
② 옥저와 동예에는 왕이 없고 읍군, 삼로라는 군장이 자기 부족을 다스렸다.

관련 기출선지 모아보기
1. [옥저] 혼인 풍습으로 민며느리제가 있었다.
2. [삼한] 제사장인 천군과 신성 지역인 소도가 있었다.
3. [삼한] 신지, 읍차라 불린 지배자가 있었다.

03 고구려의 주요 왕과 6~7세기 정세

| 고대

3개년 16회 중 8번 출제

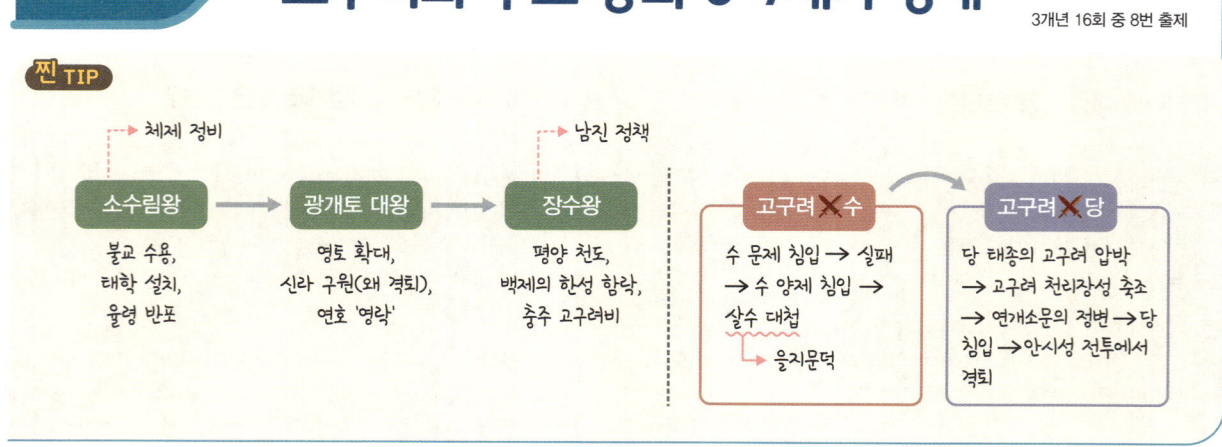

BIG DATA 고구려의 발전과 전성기

고국천왕(179~197)
- 을파소의 건의 → 빈민 구제 제도인 진대법 실시

소수림왕(371~384)
- 전진에서 불교 수용
- 태학(유학 교육 기관) 설치
- 율령 반포
- 중앙 집권 체제 강화

  기출사료 진나라 왕 부견이 사신과 승려인 순도를 파견하여 불상과 경문을 보내왔다.

광개토 대왕(391~412)
- 영토 확대: 한강 이북 지역 차지, 만주의 후연(선비족)·부여·숙신 정복
- 신라에 침입한 왜 격퇴 → 신라에 영향력 확대, 금관가야 쇠퇴
- 연호 '영락' 사용
- 광개토 대왕릉비(아들 장수왕이 건립)

  기출사료 영락 10년에 왕이 보병과 기병 도합 5만 명을 보내어 신라를 구원하게 하였다. 고구려군이 도착하자 왜적이 퇴각하였다.

장수왕(412~491)
- 남진 정책: 평양 천도 ↔ 신라와 백제는 군사 동맹(나·제 동맹)
- 백제 공격: 백제의 수도 한성 함락(개로왕 죽음) → 한반도 중부 지역까지 영역 확대(충주 고구려비)

  기출사료 고구려왕 거련이 몸소 군사를 거느리고 백제를 공격하였다. 경(개로왕) 또한 피살되었다.

BIG DATA 6~7세기 고구려 정세

6세기 말~7세기의 동아시아 국제 정세

고구려 vs 수
- 589년 수의 중국 통일
- 고구려의 선제공격(요서 지방)
- 수 문제의 30만 대군 침입 → 실패
- 수 양제의 113만 대군 침입, 30만 별동대의 평양성 공격 → 고구려 을지문덕이 살수에서 격퇴(살수 대첩)

  기출사료 살수에 이르러 군사가 반쯤 강을 건넜을 때 아군이 뒤에서 적군을 공격하니 ······.

고구려 vs 당
- 당 건국(618) 후 태종의 팽창 정책(고구려 압박) → 고구려는 천리장성 축조(침략 대비)
- 연개소문의 정변: 보장왕 옹립, 신라·당에 강경책 추진
- 당 태종의 침입 → 안시성 전투에서 당 패배

  기출사료 여러 장수가 급히 안시성을 공격하였다. ······ 마침내 토산을 빼앗아 차지하고 주위를 깎아 이를 지켰다. ······ 황제가 군사를 돌리도록 명하였다.

대표발문 핵심선지

대표발문 기출자료 밑줄 그은 '왕' or (가) 왕 or 공통으로 이야기하고 있는 왕 or 밑줄 그은 내용에 대한 설명으로 옳은 것은?

OX 스피드퀴즈

01 소수림왕은 전진의 순도를 통해 불교를 수용하였다. (○ , ×)

02 소수림왕은 교육 기관으로 국학을 두었다. (○ , ×)

03 고구려 광개토 대왕이 평양으로 천도하고 남진 정책을 본격화하였다. (○ , ×)

04 광개토 대왕이 군대를 보내 가야에 침입한 왜를 격퇴하였다. (○ , ×)

05 광개토 대왕은 영락이라는 독자적인 연호를 사용하였다. (○ , ×)

06 광개토 대왕이 후연을 격파하고 신라를 공격하였다. (○ , ×)

07 장수왕이 평양으로 천도하고 남진 정책을 본격화하였다. (○ , ×)

08 장수왕이 백제를 공격하여 사비성을 함락시켰다. (○ , ×)

09 을지문덕이 수의 군대를 살수에서 크게 물리쳤다. (○ , ×)

10 고구려는 당나라의 침략에 대비하여 천리장성을 축조하였다. (○ , ×)

11 연개소문이 정변을 일으켜 권력을 장악하였다. (○ , ×)

12 고구려가 안시성 전투에서 당의 군대를 물리쳤다. (○ , ×)

1 전진 왕 부견이 사신과 승려 순도를 파견하여 불상과 경문을 보내왔다. 왕이 사신을 보내 답례로 방물을 바쳤다. 태학을 세우고 자제를 교육시켰다.
위 내용과 관련된 왕은? → ㅅㅅㄹ왕

2 18세에 왕위에 올라 영락 대왕이라 하였다. …… 영락 10년(400)에 왕이 보병과 기병 도합 5만 명을 보내어 신라를 구원하게 하였다. (고구려군이) 남거성을 거쳐 신라성에 이르렀는데, 그곳에 왜적이 가득하였다. 고구려군이 도착하자 왜적이 퇴각하였다.
위 내용과 관련된 왕은? → ㄱㄱㅌ 대왕

3 9월에 왕이 병력 3만 명을 거느리고 백제를 침략하여 도읍 한성을 함락하였다. 백제 왕 부여경을 죽이고 남녀 8천 명을 포로로 잡아 돌아왔다.
위 밑줄 그은 '왕'은? → ㅈㅅ왕

4 살수에 이르러 [수의] 군대가 반쯤 건너자 을지문덕이 군사를 보내 그 후군을 공격하였다. 우둔위 장군 신세웅을 죽이니, [수의] 군대가 걷잡을 수 없이 모두 무너져 9군의 장수와 병졸이 도망쳐 돌아갔다.
위 내용과 관련된 전투는? → ㅅㅅ ㄷㅊ

핵심선지 주요 왕의 업적을 키워드로 암기!
고구려 vs 수·당 전쟁은 주요 전투 중심으로 암기!

1 (**소수림왕** , 장수왕)은 태학을 설립하여 인재를 양성하였다.

2 (소수림왕 , **광개토 대왕**)이 신라에 침입한 왜를 격퇴하였다.

3 장수왕이 (국내성 , **평양**)으로 천도하고 남진 정책을 본격화하였다.

4 을지문덕이 수의 군대를 (**살수** , 안시성)에서 크게 물리쳤다.

5 (을파소 , **연개소문**)이/가 정변을 일으켜 권력을 장악하였다.

정답 | 자료 1 소수림 2 광개토 3 장수 4 살수 대첩
선지 1 소수림왕 2 광개토 대왕 3 평양 4 살수 5 연개소문

정답 | 01 ○ 02 ×(태학) 03 ×(장수왕) 04 ×(신라에 침입한 왜) 05 ○ 06 ×(백제 공격) 07 ○ 08 ×(한성 함락) 09 ○ 10 ○ 11 ○ 12 ○

03 고구려의 주요 왕과 6~7세기 정세

04 신라의 성장과 발전

| 고대

50%
3개년 16회 중 8번 출제

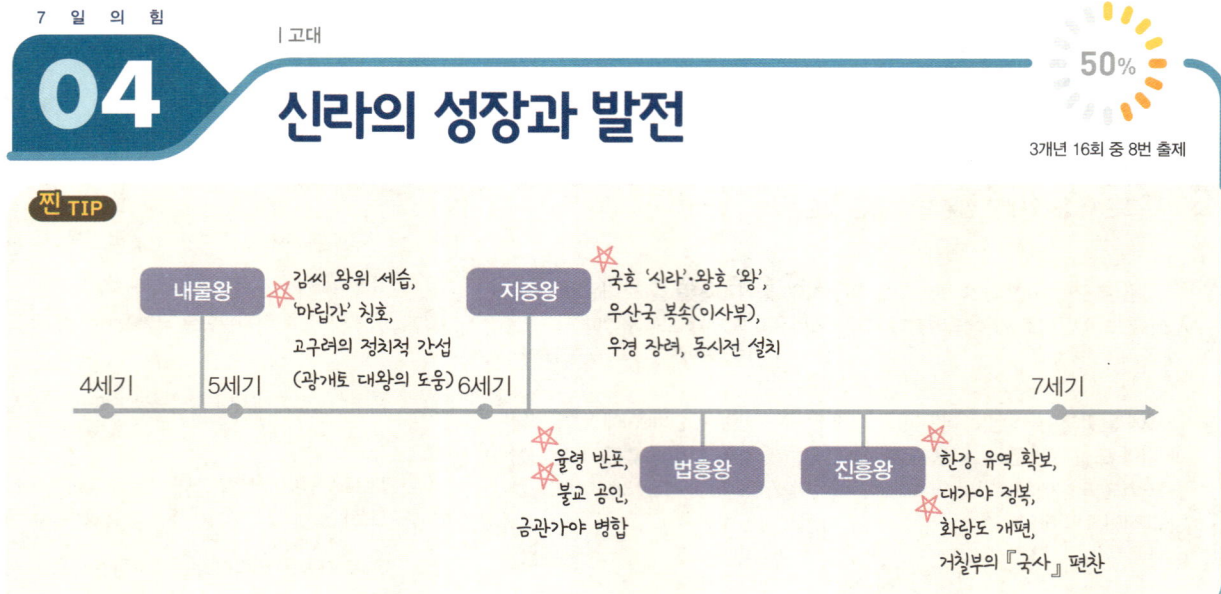

BIG DATA 신라의 성장과 발전

초기 신라
6부족 연맹체, 박·석·김의 세 성씨에서 돌아가며 왕 선출

내물왕 (4세기 후반)
- 진한 지역 대부분 차지
- 김씨에 의한 왕위 계승 확립
- '마립간(대군장)' 칭호 사용
- 왜·가야의 침입 → 고구려 광개토 대왕의 도움 → 고구려의 정치적 간섭

지증왕 (6세기 초반)
- 국호 '신라', 왕호 '왕'
- 이사부의 우산국(울릉도) 복속
- 순장 금지, 우경 장려 `기출사료` 명을 내려 순장을 금지하였다. / 우경이 시작되었다.
- 동시전(시장 감독 기관) 설치

법흥왕 (6세기 초반)
- 병부 설치, 율령 반포, 관등제 정비, 상대등 설치 `기출사료` 이것은 국보 제242호인 울진 봉평리 신라비로 병부를 설치하고 율령을 반포한 법흥왕 때 건립되었습니다.
- 이차돈의 순교 → 불교 공인
- 금관가야 병합
- 연호 '건원' 사용

진흥왕 (6세기 중반)
- 한강 유역 모두 차지(북한산 순수비), 대가야 정복
- 함경도 지역(함흥평야)까지 진출(마운령비·황초령비), 단양 신라 적성비+4개의 순수비(북한산비·창녕비·황초령비·마운령비) 건립
- 화랑도를 국가 조직으로 개편, 황룡사 건립, 거칠부에게 『국사』 편찬 지시 `기출사료` 대아찬 거칠부 등에게 명하여 널리 문사들을 모아 편찬하도록 하였다.
- 삼국 항쟁의 주도권 차지

7세기 정세
- 선덕 여왕: 첨성대 건립, 황룡사 9층 목탑 건립(자장의 건의), 백제 의자왕의 공격으로 대야성 상실
- 진덕 여왕: 나·당 동맹(김춘추)

대표발문 핵심선지

대표발문 기출자료 밑줄 그은 '왕' or (가) 왕 or 공통으로 이야기하고 있는 왕 or 밑줄 그은 내용에 대한 설명으로 옳은 것은?

1 여러 신하들이 아뢰기를 "…… 신(新)은 '덕업이 날로 새로워진다'는 뜻이고, 라(羅)는 '사방(四方)을 망라한다'는 뜻이므로 이를 나라 이름으로 삼는 것이 마땅하다고 여겨집니다. …… 이제 여러 신하들이 한 마음으로 삼가 신라국왕(新羅國王)이라는 칭호를 올립니다." 왕이 이를 따랐다.

위 밑줄 그은 '왕'은? → **ㅈㅈ왕**

2
- 인물1: 금관국의 김구해가 세 아들과 함께 나라의 보물을 가지고 와서 항복하였다고 하네.
- 인물2: 나도 들었네. 우리 왕께서 그들을 예로써 대접하여 높은 벼슬을 주고 ……

위 밑줄 그은 '왕'은? → **ㅂㅎ왕**

3 왕 6년 가을 7월에 이찬 이사부가 아뢰기를, "국사(國史)라는 것은 군주와 신하의 선악을 기록하여 만대에 포폄(褒貶)을 보여 주는 것이니 편찬하지 않으면 후대에 무엇을 보이겠습니까?"라고 하였다. 이에 왕이 진실로 그렇다고 여겨서 대아찬 거칠부 등에게 명하여 널리 문사들을 모아서 [이를] 편찬하도록 하였다.

위 밑줄 그은 '왕'은? → **ㅈㅎ왕**

4 왕이 다시 명령을 내려 좋은 가문 출신의 남자로서 덕행이 있는 자를 뽑아 명칭을 고쳐서 화랑이라고 하였다.

위 밑줄 그은 '왕'은? → **ㅈㅎ왕**

핵심선지 신라 지증왕, 법흥왕, 진흥왕의 업적은 구분해서 무조건 기억하기!

1 내물왕은 최고 지배자의 칭호를 (**이사금** , **마립간**)으로 하였다.

2 (**지증왕** , **법흥왕**) 때 시장을 감독하는 관청인 동시전이 설치되었다.

3 (**법흥왕** , **진흥왕**)은 이차돈의 순교를 계기로 불교를 공인하였다.

4 진흥왕 때 (**고흥** , **거칠부**)이/가 왕명을 받들어 국사를 편찬하였다.

5 (**선덕** , **진덕**) 여왕 때 자장의 건의로 황룡사 9층 목탑을 건립하였다.

OX 스피드퀴즈

01 신라 초기에는 박, 석, 김의 3성이 교대로 왕위를 계승하였다. (○ , ×)

02 신라가 고구려의 도움으로 왜를 격퇴하였다. (○ , ×)

03 신라 내물왕 때 왕호를 '왕'으로 고쳤다. (○ , ×)

04 지증왕이 국호를 신라로 정하고 왕이라는 칭호를 사용하였다. (○ , ×)

05 지증왕 때 시장을 감독하는 관청인 경시서가 설치되었다. (○ , ×)

06 지증왕이 이사부를 보내 우산국을 복속하였다. (○ , ×)

07 법흥왕이 병부와 상대등을 설치하고 관등을 정비하였다. (○ , ×)

08 법흥왕 때 이차돈의 순교를 계기로 불교를 공인하였다. (○ , ×)

09 법흥왕 때 대가야를 복속하여 영토를 확대하였다. (○ , ×)

10 진흥왕은 금관가야를 정복하여 영토를 확장하였다. (○ , ×)

11 진흥왕은 화랑도를 국가 조직으로 개편하였다. (○ , ×)

12 진흥왕 때 거칠부가 왕명을 받들어 서기를 편찬하였다. (○ , ×)

13 선덕 여왕 때 첨성대를 세워 천체를 관측하였다. (○ , ×)

14 진덕 여왕 때 자장의 건의로 황룡사 9층 목탑을 건립하였다. (○ , ×)

15 진덕 여왕 때 김춘추가 나·당 동맹을 체결하였다 (○ , ×)

정답 | 자료 1 지증 2 법흥 3 진흥 4 진흥
선지 1 마립간 2 지증왕 3 법흥왕 4 거칠부 5 선덕

정답 | 01 ○ 02 ○ 03 ×(지증왕) 04 ○ 05 ×(동시전 설치) 06 ○ 07 ○ 08 ○ 09 ×(금관가야) 10 ×(대가야) 11 ○ 12 ×(국사 편찬) 13 ○ 14 ×(선덕 여왕 때) 15 ○

대표 기출문제

01

(가) 왕의 업적으로 옳은 것은?

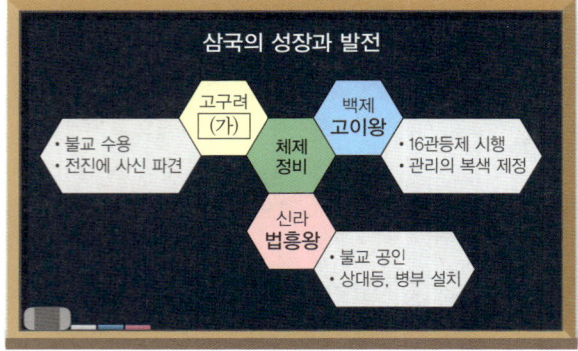

① 도읍을 국내성에서 평양으로 옮겼다.
② 태학을 설립하여 인재를 양성하였다.
③ 서안평을 공격하여 영토를 확장하였다.
④ 연가라는 독자적인 연호를 사용하였다.
⑤ 신라에 군대를 파견하여 왜를 격퇴하였다.

 결정적 힌트 고구려, 불교 수용, 전진

정답 ②

자료의 '불교 수용', '전진에 사신 파견'을 통해 (가) 왕이 고구려 소수림왕임을 알 수 있다.
소수림왕은 중국의 전진으로부터 불교를 수용하였고, 유학 교육 기관인 태학을 설립하여 인재를 양성하였다. 또한 율령을 반포하여 중앙 집권적 국가 체제를 정비하였다.
② 소수림왕은 중앙에 유학 교육 기관인 태학을 설립하여 인재를 양성하였다.

관련 기출선지 모아보기
1. 전진의 순도를 통해 불교를 수용하였다.
2. 소수림왕이 태학을 설립하고 율령을 반포하였다.
3. 교육 기관으로 태학과 경당을 두었다.

02

밑줄 그은 '전투'가 벌어진 시기를 연표에서 옳게 고른 것은?

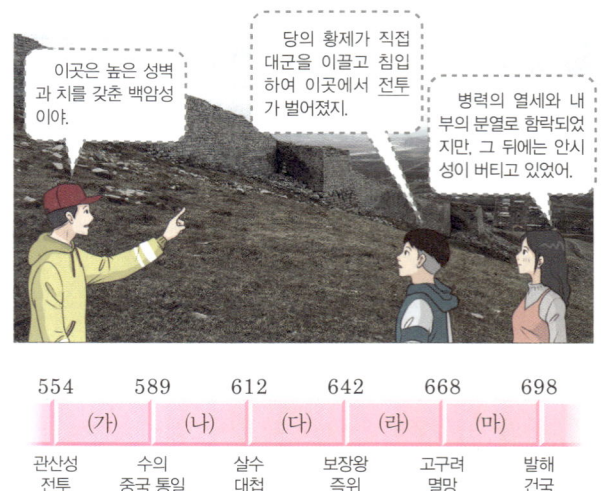

① (가) ② (나) ③ (다) ④ (라) ⑤ (마)

 결정적 힌트 당의 황제, 안시성

정답 ④

자료의 '당의 황제(당 태종)', '안시성' 등을 통해 고구려와 당 간의 안시성 전투(645)에 대해 이야기하고 있음을 알 수 있다.
고구려의 귀족 연개소문은 정변을 일으켜 영류왕을 살해한 후 보장왕을 즉위(642)시키고 정권을 장악하였다. 이에 당 태종은 연개소문의 정변을 구실로 고구려를 침략하여 고구려의 요동성과 백암성 등을 함락시켰지만, 고구려는 안시성에서 당의 대군을 격퇴하였다(645).
④ 당 태종은 연개소문의 정변을 구실로 고구려를 침략하였으나, 결국 안시성에서 패배하였다(645).

관련 기출선지 모아보기
1. 을지문덕이 살수에서 수의 군대를 물리쳤다.
2. 연개소문을 보내어 천리장성을 축조하였다.
3. 당의 침입을 안시성에서 물리쳤다.

03 고구려의 주요 왕과 6~7세기 정세
04 신라의 성장과 발전

03

밑줄 그은 '이 왕'에 대한 설명으로 옳은 것은?

> 이것은 국보 제242호인 울진 봉평리 신라비로 병부를 설치하고 율령을 반포한 이 왕 때 건립되었습니다. 이 비석에는 신라 6부의 성격과 관등 체계, 지방 통치 조직과 촌락 구조 등 당시 사회상을 알려 주는 내용이 담겨 있습니다.

① 이사부를 보내 우산국을 복속하였다.
② 관료전을 지급하고 녹읍을 폐지하였다.
③ 이차돈의 순교를 계기로 불교를 공인하였다.
④ 인재 등용을 위해 독서삼품과를 시행하였다.
⑤ 거칠부에게 명하여 국사를 편찬하게 하였다.

결정적 힌트 병부 설치, 율령 반포

정답 ③

자료에서 병부를 설치하고 율령을 반포하였다는 점 등을 통해 밑줄 그은 '이 왕'은 신라 법흥왕임을 알 수 있다.
울진 봉평리 신라비는 신라 법흥왕 때의 비석이다. 법흥왕은 율령을 반포하고, 관등제를 마련하여 중앙 집권적인 통치 체제를 갖추어 나갔다. 또한 '건원'이라는 독자적 연호를 사용하였고, 금관가야를 병합하여 영토를 넓혔다.
③ 신라 법흥왕은 이차돈의 순교를 계기로 불교를 공인하여 신라인의 사상 통합을 도모하였다.

관련 기출선지 모아보기
1. 병부와 상대등을 설치하고 관등을 정비하였다.
2. 금관가야를 복속하여 영토를 확대하였다.
3. 건원이라는 독자적인 연호를 사용하였다.

04

다음 검색창에 들어갈 왕에 대한 설명으로 옳은 것은?

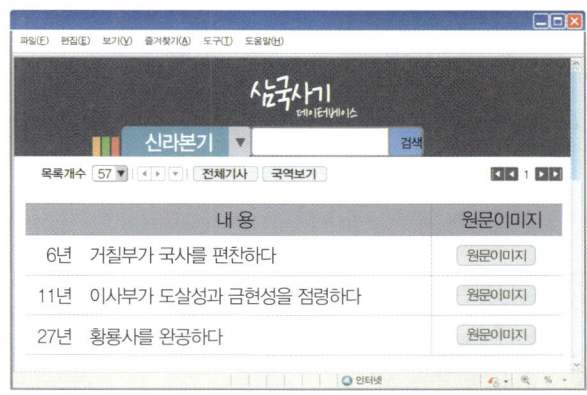

① 불국사 삼층 석탑을 건립하였다.
② 첨성대를 세워 천체를 관측하였다.
③ 마운령, 황초령 등에 순수비를 세웠다.
④ 금관가야를 복속하여 영토를 확대하였다.
⑤ 시장을 감독하는 관청인 동시전을 설치하였다.

결정적 힌트 거칠부, 『국사』, 이사부, 황룡사

정답 ③

자료에서 거칠부가 『국사』를 편찬하였다는 점, 황룡사를 완공하였다는 점 등을 통해 검색창에 들어갈 왕이 신라 진흥왕임을 알 수 있다.
6세기 중반 진흥왕은 백제와 함께 고구려를 공격하여 한강 상류 지역을 점령하였고, 이어 백제를 쳐서 한강 하류 지역까지 차지하였다. 나아가 대가야를 정복하여 낙동강 일대를 차지하였고, 북쪽으로는 함흥평야까지 진출하였다.
③ 신라 진흥왕은 함흥평야까지 진출한 것을 기념하고자 마운령, 황초령 등지에 순수비를 세웠다.

관련 기출선지 모아보기
1. 대가야를 정복하여 영토를 확장하였다.
2. 화랑도를 국가 조직으로 개편하였다.
3. 거칠부가 왕명을 받어 국사를 편찬하였다.

05 가야 | 고대

7일의 힘

43%
3개년 16회 중 7번 출제

찐 TIP

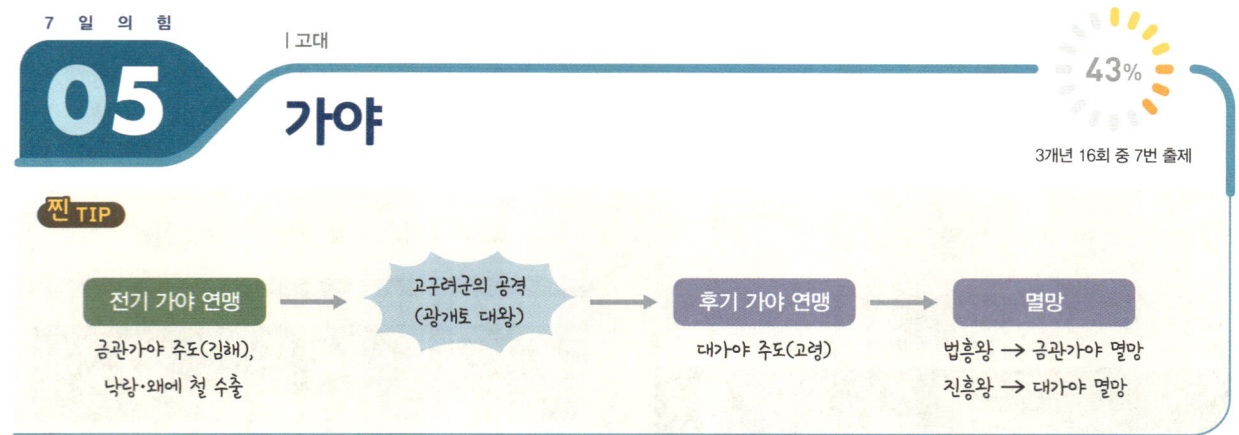

전기 가야 연맹 → 고구려군의 공격(광개토 대왕) → 후기 가야 연맹 → 멸망

- 전기 가야 연맹: 금관가야 주도(김해), 낙랑·왜에 철 수출
- 후기 가야 연맹: 대가야 주도(고령)
- 멸망: 법흥왕 → 금관가야 멸망, 진흥왕 → 대가야 멸망

BIG DATA 전기 가야 연맹과 후기 가야 연맹

가야 연맹의 성립: 2세기 이후 변한 땅에서 연맹 왕국 형성

전기 가야 연맹	주도 세력의 변화(금관가야 → 대가야)	후기 가야 연맹
· 김수로왕 건국 설화(『삼국유사』) · 3세기경 김해의 금관가야 중심 · 우수한 철기 문화 → 덩이쇠를 만들어 화폐처럼 사용, 낙랑과 왜에 철 수출 · 신라를 도우러 온 고구려군(광개토 대왕)에 의해 세력 위축 → 전기 가야 연맹 해체		· 5세기 후반 고령의 대가야 중심 · 중국 남조·왜와 교류 · 각 소국들이 독자 세력 유지 + 6세기 후반 백제·신라의 가야 지역 진출 → 후기 가야 연맹 쇠퇴

김해 대성동 고분군

가야 연맹의 주도 세력 변화

고령 지산동 고분군

가야 연맹의 멸망
- 백제와 신라 사이에 위치 → 두 나라의 압력으로 쇠퇴
- 신라 법흥왕 때 금관가야 멸망(일부 왕족은 신라의 진골로 편입 ex. 김무력: 김유신의 조부)
- 신라 진흥왕 때 대가야 멸망
- 중앙 집권 국가로 발전하지 못하고 연맹 왕국 단계에서 멸망

BIG DATA 가야의 문화유산

김해 대성동 고분군 출토 판갑옷

고령 지산동 32호분 출토 판갑옷과 투구

고령 지산동 32호분 출토 금동관

도기 기마 인물형 뿔잔

김해 대성동 고분 출토 청동 솥

대표발문 핵심선지

대표발문 기출자료 (가)에 해당하는 나라 or (가) 나라에 대한 설명으로 옳은 것은?

1 문화재청은 <u>(가)</u> 고분군의 유네스코 세계 유산 등재를 추진한다고 밝혔습니다. 여기에는 김해 대성동, 고령 지산동, 함안 말이산 등 7개 고분군이 포함되어 있습니다.

위 (가)에 해당하는 나라는? → ㄱㅇ

2 문화재청이 김해 대성동과 양동리 고분에서 출토된 목걸이 3점에 대해 보물 지정을 예고했습니다. 이 유물은 김수로왕이 건국했다고 전해지는 <u>(가)</u>의 수준 높은 공예 기술을 보여 줍니다.

위 (가)에 들어갈 나라는? → ㄱㄱㄱㅇ

3 <u>(가)</u>의 왕인 김구해가 왕비와 세 명의 아들, 즉 큰아들인 노종, 둘째 아들인 무덕, 막내아들인 무력을 데리고 나라의 창고에 있던 보물을 가지고 와서 항복하였다. [법흥]왕이 예로써 대접하고 상등(上等)의 벼슬을 주었으며, 본국을 식읍으로 삼게 하였다.

위 (가)에 들어갈 나라는? → ㄱㄱㄱㅇ

4 진흥왕이 이찬 이사부에게 명령하여 <u>(가)</u> 을/를 공격하게 하였다.

위 (가)에 들어갈 나라는? → ㄷㄱㅇ

5 고령군은 본래 <u>(가)</u> 로 시조 이진아시왕에서 도설지왕까지 모두 16대에 걸쳐 520년간 이어졌던 곳이다. 진흥왕이 공격하여 멸망시키고 그 땅을 군(郡)으로 삼았다.

위 (가)에 들어갈 나라는? → ㄷㄱㅇ

핵심선지 가야 연맹 주도 세력의 특징을 기억할 것!

1 금관가야는 철이 많이 생산되어 (**중국** , **낙랑과 왜**) 등에 수출하였다.
2 (**금관가야** , **대가야**)가 후기 가야 연맹을 주도하였다.
3 가야 연맹이 (**김해** , **고령**)의 대가야를 중심으로 재편되었다.
4 (**금관가야** , **대가야**)는 진흥왕 때 신라에 복속되었다.

OX 스피드퀴즈

01 시조 김수로왕의 설화가 삼국유사에 전해진다. (O , ×)

02 금관가야는 철이 많이 생산되어 낙랑과 신라 등에 수출하였다. (O , ×)

03 금관가야는 신라 지증왕 때 멸망하였다. (O , ×)

04 금관가야의 일부 왕족이 멸망 후 신라의 진골로 편입되었다. (O , ×)

05 가야 연맹의 중심지가 이동한 배경은 고구려 광개토 대왕의 침략이다. (O , ×)

06 고구려군의 공격 이후 가야 연맹이 대가야 중심으로 재편되었다. (O , ×)

07 대가야는 후기 가야 연맹을 주도하였다. (O , ×)

08 대가야는 법흥왕 때 신라에 복속되었다. (O , ×)

09  김해 대성동 고분군 출토 판갑옷은 금관가야의 유물이다. (O , ×)

10  고령 지산동 32호분 출토 판갑옷과 투구는 금관가야의 유물이다. (O , ×)

11  고령 지산동 32호분 출토 금동관은 대가야의 유물이다. (O , ×)

정답 | 자료 **1** 가야 **2** 금관가야 **3** 금관가야 **4** 대가야 **5** 대가야
선지 **1** 낙랑과 왜 **2** 대가야 **3** 고령 **4** 대가야

정답 | **01** O **02** ×(낙랑과 왜) **03** ×(법흥왕) **04** O
05 O **06** O **07** O **08** ×(진흥왕) **09** O
10 ×(대가야) **11** O

06 신라의 삼국 통일

| 고대

50%
3개년 16회 중 8번 출제

찐 TIP

나·당 동맹 (by 김춘추) → 백제 vs 신라 / 황산벌 전투 (계백 vs 김유신) → **백제 멸망** (660년) / 부흥 운동: 복신과 도침, 부여풍, 흑치상지, 백강 전투 → 고구려 vs 나·당 / 평양성 전투 → **고구려 멸망** (668년) / 부흥 운동: 검모잠, 고연무, 안승(보덕국왕)

BIG DATA 신라의 삼국 통일

나·당 동맹 (648)
백제의 신라 공격 → 신라(김춘추)가 고구려에 도움 요청 → 거절 → 신라(김춘추)가 당과 나·당 동맹 체결

기출사료 김춘추가 무릎을 꿇고 아뢰기를 …… 태종이 매우 옳다고 여겨서 군사의 출동을 허락하였다.

백제 멸망 (660)

과정	나·당 연합군의 백제 공격 → 당군의 금강 하구 침입, 황산벌 전투(계백의 백제군 vs 김유신의 신라군)에서 신라 승리 → 사비성 함락 → 백제 멸망
부흥 운동	• 복신·도침이 부여풍을 왕으로 추대 • 주류성(복신·도침)과 임존성(흑치상지)에서 저항 → 백강 전투(백제 부흥군·왜의 수군 vs 나·당 연합군)에서 백제 부흥군과 왜의 수군이 패배

기출사료 장군 계백에게 결사대 5천 명을 거느리고 황산으로 가서 신라 군사와 싸우게 하였다. 계백은 4번 싸워서 모두 이겼으나 군사가 적고 힘이 모자라서 마침내 패하였다.

고구려 멸망 (668)

과정	수·당과의 연이은 전쟁으로 국력 소모 → 연개소문 사후 지배층의 권력 다툼 → 나·당 연합군의 공격 → 평양성 함락 → 고구려 멸망
부흥 운동	• 검모잠이 안승을 왕으로 추대, 한성(황해도 재령)을 근거지로 전개 • 고연무 등이 오골성을 근거지로 전개 → 지배층 분열(안승이 검모잠 살해) → 신라가 안승에게 금마저(익산)에 보덕국을 세우게 하고 보덕국왕으로 임명(신라의 당 견제 목적)

삼국 통일 완성 (676)

당의 한반도 지배 야욕	웅진 도독부(옛 백제 땅), 안동 도호부(옛 고구려 땅), 계림 도독부(신라) 설치
나·당 전쟁	• 신라의 고구려 부흥 운동 지원, 백제 땅에 대한 지배권 장악 • 매소성·기벌포 전투에서 당군 격퇴

의의와 한계
• 의의: 당 축출(자주적 성격), 고구려·백제 문화 융합 → 민족 문화 발전의 토대 마련
• 한계: 외세 이용, 고구려의 옛 영토를 상실하고 대동강 이남의 영토만 차지 → 불완전한 통일

대표발문 핵심선지

대표발문/기출자료 밑줄 그은 '이 전투' or (가), (나) 사이의 시기에 있었던 사실 or 탐구 주제로 옳은 것은?

1 당에 파견되었던 이찬 김춘추가 오늘 무사히 귀국하였습니다. 김춘추는 그곳에서 큰 환대를 받았고, 태종의 군사적 지원을 이끌어 내는 성과를 거두었습니다.
위와 관련된 사건은? → **ㄴ·ㄷ 동맹**

2 계백에게 결사대 5천 명을 거느리고 황산으로 가서 신라 군사와 싸우게 하였다.
위 내용과 관련된 전투는? → **ㅎㅅㅂ 전투**

3 흑치상지가 좌우의 10여 명과 함께 [적]을 피해 본부로 돌아가 흩어진 자들을 모아 임존산(任存山)을 지켰다. …… 소정방이 병사를 보내 공격하였는데, 흑치상지가 죽음을 두려워하지 않고 막아 싸우니 그 군대가 패하였다.
위와 관련된 사건은? → **ㅂㅈ ㅂㅎ 운동**

4 검모잠이 국가를 다시 일으키기 위하여 당을 배반하고 왕의 외손 안순[안승]을 세워 임금으로 삼았다.
위와 관련된 사건은? → **ㄱㄱㄹ ㅂㅎ 운동**

5 사찬 시득이 수군을 거느리고 소부리주 기벌포에서 설인귀와 싸웠는데 연이어 패배하였다. 그러나 이후 크고 작은 22번의 싸움에서 승리하여 4천여 명을 죽였다.
위 내용과 관련된 전투는? → **ㄱㅂㅍ 전투**

핵심선지 주요 전투와 사건의 선후 관계를 알아야 풀 수 있는 문제가 출제!

1 김춘추가 (**수** , **당**)와/과 군사 동맹을 체결하였다.
2 백제 계백이 이끄는 결사대가 (**백강** , **황산벌**)에서 신라군에 맞서 싸웠다.
3 고구려 (**안승** , **부여풍**)이 신라에 의해 보덕국왕으로 임명되었다.
4 신라군이 당의 군대에 맞서 (**임존성** , **매소성**)에서 승리하였다.

OX 스피드퀴즈

01 김춘추는 당으로 건너가 군사 동맹을 체결하였다. (O , ×)
02 계백이 이끄는 결사대가 황산벌에서 고구려군에 맞서 싸웠다. (O , ×)
03 복신과 도침 등이 부여풍을 왕으로 추대하였다. (O , ×)
04 흑치상지가 주류성에서 군사를 일으켰다. (O , ×)
05 부여풍이 백강에서 신라군과 함께 당군에 맞서 싸웠다. (O , ×)
06 신라와 당의 연합군이 백강에서 왜군을 물리쳤다. (O , ×)
07 고구려는 평양성에서 나·당 연합군에 항전하였다. (O , ×)
08 고구려 안승이 신라에 의해 보덕국왕으로 임명되었다. (O , ×)
09 당이 안동 도호부를 경주에 설치하였다. (O , ×)
10 신라가 고구려 부흥 운동을 후원하면서 당에 맞서 싸웠다. (O , ×)
11 신라군이 당의 군대에 맞서 주류성에서 승리하였다. (O , ×)
12 신라군이 기벌포에서 당군을 격파하였다. (O , ×)

정답 | 자료 1 나·당 2 황산벌 3 백제 부흥 4 고구려 부흥 5 기벌포
선지 1 당 2 황산벌 3 안승 4 매소성

정답 | 01 ○ 02 ×(신라군) 03 ○ 04 ×(임존성) 05 ×(왜군과 함께) 06 ○ 07 ○ 08 ○ 09 ×(평양) 10 ○ 11 ×(매소성, 기벌포) 12 ○

06 신라의 삼국 통일

대표 기출문제

01

(가) 나라에 대한 설명으로 옳은 것은?

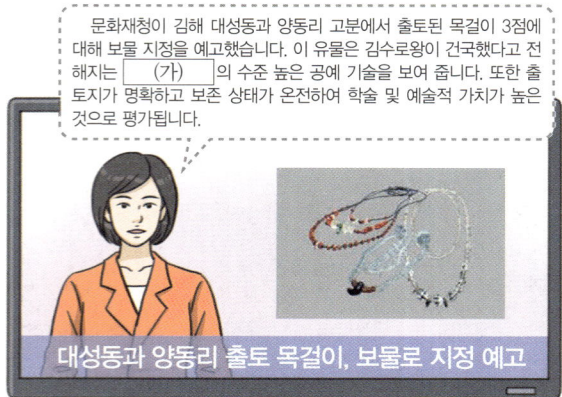

> 문화재청이 김해 대성동과 양동리 고분에서 출토된 목걸이 3점에 대해 보물 지정을 예고했습니다. 이 유물은 김수로왕이 건국했다고 전해지는 (가) 의 수준 높은 공예 기술을 보여 줍니다. 또한 출토지가 명확하고 보존 상태가 온전하여 학술 및 예술적 가치가 높은 것으로 평가됩니다.

대성동과 양동리 출토 목걸이, 보물로 지정 예고

① 골품에 따라 관등 승진에 제한이 있었다.
② 만장일치제로 운영된 화백 회의가 있었다.
③ 여러 가(加)들이 별도로 사출도를 주관하였다.
④ 박, 석, 김의 3성이 교대로 왕위를 계승하였다.
⑤ 철이 많이 생산되어 낙랑과 왜 등에 수출하였다.

결정적 힌트 김해 대성동, 김수로왕

정답 ⑤

자료에서 '김해 대성동', '김수로왕이 건국' 등을 통해 (가) 나라가 금관가야임을 알 수 있다.
전기 가야 연맹을 주도했던 금관가야는 풍부한 철 생산과 해상 교역에 유리한 위치를 바탕으로 낙랑과 왜 사이의 중계 무역을 통해 번성하였다.
⑤ 금관가야는 질 좋은 철이 많이 생산되어 낙랑과 왜 등에 수출하였다.

관련 기출선지 모아보기
1. 시조 김수로왕의 설화가 삼국유사에 전해진다.
2. 낙랑군에 수출할 덩이쇠를 제조하는 장인
3. 가야 연맹의 중심지가 이동한 배경을 조사한다.

02

(가) 나라에 대한 탐구 활동으로 가장 적절한 것은?

> 진흥왕이 이찬 이사부에게 명령하여 (가) 을/를 공격하게 하였다. 이 때 사다함은 나이가 15~16세였는데 종군하기를 청하였다. …… (가) 사람들이 뜻하지 않은 병사들의 습격에 놀라 막아내지 못하였고, 대군이 승세를 타서 마침내 멸망시켰다.

① 안동도호부가 설치된 경위를 찾아본다.
② 22담로에 왕족이 파견된 목적을 알아본다.
③ 중앙 관제가 3성 6부로 정비된 계기를 파악한다.
④ 최고 지배자의 호칭인 이사금의 의미를 검색한다.
⑤ 고령 지역이 연맹의 중심지로 성장하는 과정을 조사한다.

결정적 힌트 진흥왕, 이사부, 사다함, 멸망

정답 ⑤

자료의 '진흥왕', '사다함', '멸망' 등을 통해 (가) 나라가 대가야임을 알 수 있다.
금관가야가 고구려 광개토 대왕의 공격을 받고 약화되자, 고령의 대가야가 후기 가야 연맹을 주도하였다. 하지만 백제와 신라의 견제로 점차 세력이 약화되어 결국 신라 진흥왕에 의해 멸망하였다. 이때 신라의 화랑이었던 사다함은 대가야 정복 전쟁에 참가하여 큰 공을 세웠다.
⑤ 고구려 광개토 대왕의 공격으로 김해의 금관가야가 약화되자, 고령의 대가야가 가야의 주도 세력으로 성장하였다.

관련 기출선지 모아보기
1. 가야 연맹이 대가야를 중심으로 재편되었다.
2. 후기 가야 연맹을 주도하였다.
3. 진흥왕 때 신라에 복속되었다.

03

(가), (나) 사이의 시기에 있었던 사실로 옳은 것은?

> (가) 왕은 당과 신라 군사들이 이미 백강과 탄현을 지났다는 소식을 듣고 장군 계백에게 결사대 5천 명을 거느리고 황산으로 가서 신라 군사와 싸우게 하였다. 계백은 4번 싸워서 모두 이겼으나 군사가 적고 힘이 모자라서 마침내 패하였다.
>
> (나) 사찬 시득이 수군을 거느리고 소부리주 기벌포에서 설인귀와 싸웠는데 연이어 패배하였다. 그러나 이후 크고 작은 22번의 싸움에서 승리하여 4천여 명을 죽였다.

① 김흠돌이 반란을 꾀하다 처형되었다.
② 의자왕이 신라를 공격하여 대야성을 함락시켰다.
③ 을지문덕이 살수에서 수의 군대를 크게 물리쳤다.
④ 대조영이 고구려 유민을 이끌고 동모산에서 건국하였다.
⑤ 검모잠이 안승을 왕으로 추대하고 부흥 운동을 전개하였다.

결정적 힌트 계백, 결사대, 황산, 기벌포

정답 ⑤

(가) '당과 신라 군사', '계백', '황산' 등을 통해 백제와 신라 간에 벌어진 황산벌 전투(660)에 대한 사료임을 알 수 있다.
(나) '사찬 시득', '기벌포', '설인귀' 등을 통해 기벌포 전투(676)에 대한 사료임을 알 수 있다.
따라서 황산벌 전투가 일어난 660년에서 기벌포 전투가 벌어진 676년 사이의 사건을 골라야 한다.
⑤ 나·당 연합군에 의해 고구려가 멸망하자(668), 고구려 유민들은 검모잠, 고연무, 안승 등을 중심으로 부흥 운동을 전개하였다. 670년 검모잠은 안승을 왕으로 추대하여 한성(황해도 재령)에서 부흥 운동을 전개하였고, 고연무는 오골성에서 부흥 운동을 주도하였다.

관련 기출선지 모아보기

1. 계백이 이끄는 결사대가 황산벌에서 신라군에 맞서 싸웠다.
2. 부여풍이 백강에서 왜군과 함께 당군에 맞서 싸웠다.
3. 신라군이 당의 군대에 맞서 매소성에서 승리하였다.

04

다음 자료의 상황이 나타난 시기를 연표에서 옳게 고른 것은?

> 검모잠이 남은 백성들을 거두어 신라로 향하였다. 안승을 맞아 들여 임금으로 삼았다. 다식(多式) 등을 신라로 보내어 고하기를, "지금 신 등이 나라의 귀족 안승을 받들어 임금으로 삼았습니다. 원컨대 변방을 지키는 울타리가 되어 영원토록 충성을 다하고자 합니다."라고 하였다. 신라 왕은 그들을 금마저에 정착하게 하였다.

612	618	645	660	676	698
(가)	(나)	(다)	(라)	(마)	
살수대첩	당 건국	안시성 전투	사비성 함락	기벌포 전투	발해 건국

① (가) ② (나) ③ (다) ④ (라) ⑤ (마)

결정적 힌트 검모잠, 안승, 금마저

정답 ④

자료에서 '검모잠', '안승', '금마저에 정착' 등을 통해 고구려 멸망 이후 전개된 고구려 부흥 운동과 관련된 상황을 알 수 있다.
나·당 연합군에 의해 고구려가 멸망하자(668), 고구려 유민들은 검모잠, 고연무, 안승 등을 중심으로 부흥 운동을 전개하였다. 검모잠은 한성(황해도 재령)에서 안승을 왕으로 추대하고, 고연무는 오골성을 근거지로 부흥 운동을 주도하였다. 신라는 당에 맞서기 위해 고구려 부흥 운동 세력을 지원하였고, 안승을 보덕국왕으로 책봉한 후 금마저(오늘날 익산)에 정착시켰다.
④ 신라가 고구려 부흥 운동을 지원하고 안승을 금마저에 머물도록 한 시기는 670년이다. 이후 신라 문무왕은 안승을 보덕국왕으로 임명하였다.

관련 기출선지 모아보기

1. 고구려 안승이 신라에 의해 보덕국왕으로 임명되었다.
2. [신라] 고구려 부흥 운동을 후원하면서 당에 맞서 싸웠다.
3. [백제] 복신과 도침 등이 부여풍을 왕으로 추대하였다.

07 고대의 문화유산

7 일의 힘 | 고대

75%
3개년 16회 중 12번 출제

찐 TIP

고구려
금동 연가 7년명 여래 입상,
광개토 대왕릉비

백제
익산 미륵사지 석탑,
부여 정림사지 5층 석탑,
서산 용현리 마애여래 삼존상

신라
- 통일 전: 경주 분황사 모전 석탑, 북한산 순수비
- 통일 후: 경주 불국사 3층 석탑, 경주 석굴암 본존불

발해
발해 영광탑,
발해 석등,
돌사자상

BIG DATA 탑·불상

백제 탑	익산 미륵사지 석탑, 부여 정림사지 5층 석탑
신라 탑	- 통일 전: 경주 분황사 모전 석탑, 황룡사 9층 목탑 - 통일 후: 경주 감은사지 3층 석탑, 경주 불국사 3층 석탑(석가탑), 경주 불국사 다보탑, 양양 진전사지 3층 석탑 「무구정광대다라니경」 발견
고구려 불상	금동 연가 7년명 여래 입상
백제 불상	서산 용현리 마애여래 삼존상('백제의 미소')
신라 불상	- 통일 전: 경주 배동 석조 여래 삼존 입상 - 통일 후: 경주 석굴암 본존불

익산 미륵사지 석탑 / 부여 정림사지 5층 석탑 / 경주 분황사 모전 석탑

경주 감은사지 3층 석탑 / 경주 불국사 3층 석탑 / 경주 불국사 다보탑

BIG DATA 비석

고구려	광개토 대왕릉비, 충주 고구려비
백제	부여 사택지적비
신라	단양 신라 적성비, 북한산 순수비

금동 연가 7년명 여래 입상 / 서산 용현리 마애여래 삼존상 / 경주 배동 석조 여래 삼존 입상 / 경주 석굴암 본존불

BIG DATA 발해의 문화유산

발해 영광탑 / 발해 석등 / 발해 돌사자상

BIG DATA 고분

	벽화 × → 벽화 ○
고구려	돌무지무덤(장군총) → 굴식 돌방무덤(강서 대묘·무용총·각저총)
백제	돌무지무덤(서울 석촌동 고분) → 굴식 돌방무덤, 벽돌무덤(무령왕릉)
신라	• 통일 전: 돌무지덧널무덤(천마총, 황남대총, 호우총) 과 등 • 통일 후: 굴식 돌방무덤(둘레돌, 12지신상 → 김유신 묘, 원성왕릉)
발해	굴식 돌방무덤(정혜 공주 묘, 모줄임천장) → 고구려 양식 계승

대표발문 핵심선지

대표발문 기출자료 (가)에 해당하는 or 밑줄 그은 '문화유산'으로 옳은 것은?

1 국보 제119호인 이 불상은 고구려의 승려들이 만들어 유포한 천불(千佛) 중의 하나로 …… 연가(延嘉) 7년이라는 명문이 새겨져 있어 제작 연대를 추정할 수 있습니다.

위 밑줄 그은 '이 불상'은? → ㄱㄷ ㅇㄱ 7ㄴㅁ 여래 입상

2 국보로 지정된 이 마애불은 둥근 얼굴 윤곽에 자비로운 인상을 지녀 '백제의 미소'라고 불립니다.

위와 관련된 문화유산은? → ㅅㅅ ㅇㅎㄹ 마애여래 삼존상

3 올해는 백제의 고분 중 피장자와 축조 연대가 확인되는 유일한 무덤인 [(가)] 발굴 50주년이 되는 해입니다.
- 진묘수를 통해 본 도교 사상
- 금동제 신발의 제작 기법 분석

위의 (가) 문화유산은? → 공주 ㅁㄹㅇㄹ

4 국보 제30호로 현재 남아 있는 신라 석탑 중 가장 오래된 것이다. 돌을 벽돌 모양으로 다듬어 쌓았다는 점이 특징이며, 선덕 여왕 3년에 건립된 것으로 추정된다.

위와 관련된 문화유산은? → 경주 ㅂㅎㅅ ㅁㅈ 석탑

5 국보 제3호인 이 비석은 진흥왕 대의 영토 확장을 보여 준다. 조선 후기 김정희에 의해 고증되기 전까지는 무학대사왕심비 등으로 알려져 있었다.

위와 관련된 문화유산은? → 북한산 ㅅㅅㅂ

핵심선지 문화유산의 국가와 사진을 기억하는 것이 정답 포인트!

1 신라 선덕 여왕 때 자장의 건의로 (**황룡사** , 불국사) 9층 목탑을 건립하였다.

2 (**경주 분황사 모전 석탑** , 경주 불국사 다보탑)은 돌을 벽돌 모양으로 다듬어 쌓아 올린 탑이다.

3 (광개토 대왕릉비 , **북한산 순수비**)는 김정희의 금석과안록에서 비의 설립 시기가 고증되었다.

4 (천마총 , **무령왕릉**)은 중국 남조의 영향을 받아 벽돌로 축조되었다.

정답 | 자료 1 금동 연가 7년명 2 서산 용현리 3 무령왕릉 4 분황사 모전 5 순수비
선지 1 황룡사 2 경주 분황사 모전 석탑 3 북한산 순수비 4 무령왕릉

OX 스피드퀴즈

01  금동 연가 7년명 여래 입상은 불상 뒷면의 명문을 통해 백제 불상임을 알 수 있다. (O , ×)

02 광개토 대왕릉비에는 고구려가 신라의 요청으로 왜를 격퇴한 사실이 나타나 있다. (O , ×)

03 자장의 건의로 황룡사 9층 목탑을 건립하였다. (O , ×)

04  신라 익산 미륵사지 석탑 해체 과정에서 금제 사리 봉안기가 발견되었다. (O , ×)

05 공주 무령왕릉은 중국 남조의 영향을 받아 벽돌로 축조하였다. (O , ×)

06 서산 용현리 마애여래 삼존상은 '백제의 미소'라고 불린다. (O , ×)

07 경주 분황사 모전 석탑은 벽돌을 쌓아 올린 탑이다. (O , ×)

08 북한산 순수비는 김정희의 금석과안록에서 비의 설립 시기가 고증되었다. (O , ×)

정답 | 01 ×(고구려) 02 ○ 03 ○ 04 ×(백제) 05 ○ 06 ○ 07 ×(벽돌 모양으로 다듬은 돌) 08 ○

08 발해 | 고대

3개년 16회 중 16번 출제

찐 TIP

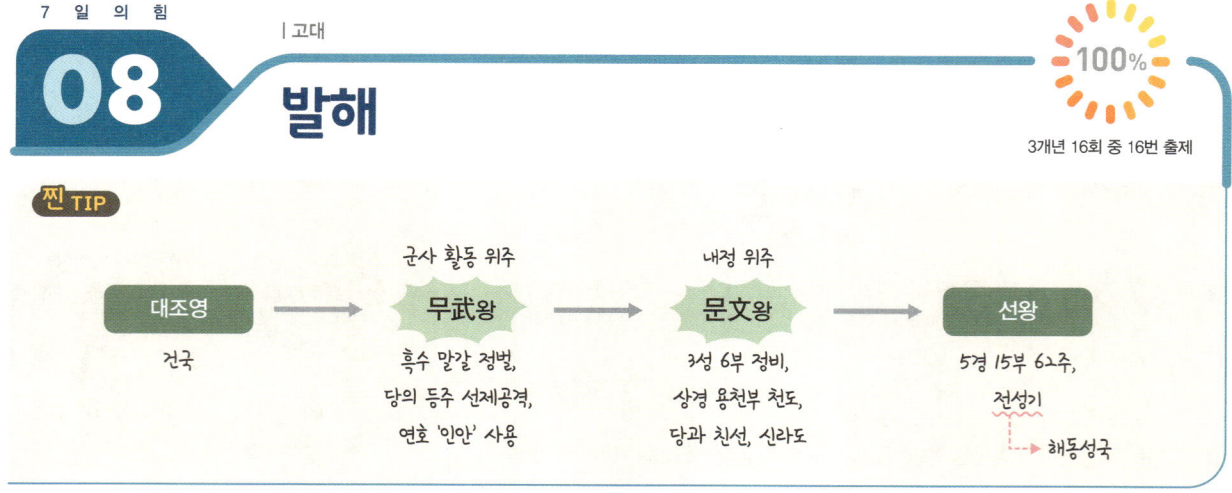

BIG DATA 발해의 건국과 발전

대조영	무왕(8세기 전반)	문왕(8세기 후반)	선왕(9세기 전반)
· 고구려 유민, 말갈인을 이끌고 동모산 근처에서 건국(698) · 남북국의 형세(with 신라)	· 연호 '인안' · 흑수 말갈 정벌(대문예) · 당의 산둥 지방의 등주 선제공격 (장문휴) · 돌궐·일본과 교류 ↔ 당과 신라 견제 **기출자료** 인안이라는 연호를 내세워 당과 대등하다는 의식을 표방한 발해의 제2대 왕에 대해 말해볼까요?	· 연호 '대흥' · 3성 6부의 중앙 관제 정비 · 당과 친선 관계 형성 · 신라도 개설 · 상경 용천부로 천도 · 일본에 보낸 국서에서 고구려 계승 표방('고려 국왕' 표현)	· 연호 '건흥' · 최대 영역 확보 · 5경 15부 62주 완비 · 전성기 → 이 무렵 '해동성국' 으로 불리기도 함

BIG DATA 발해의 통치 체제

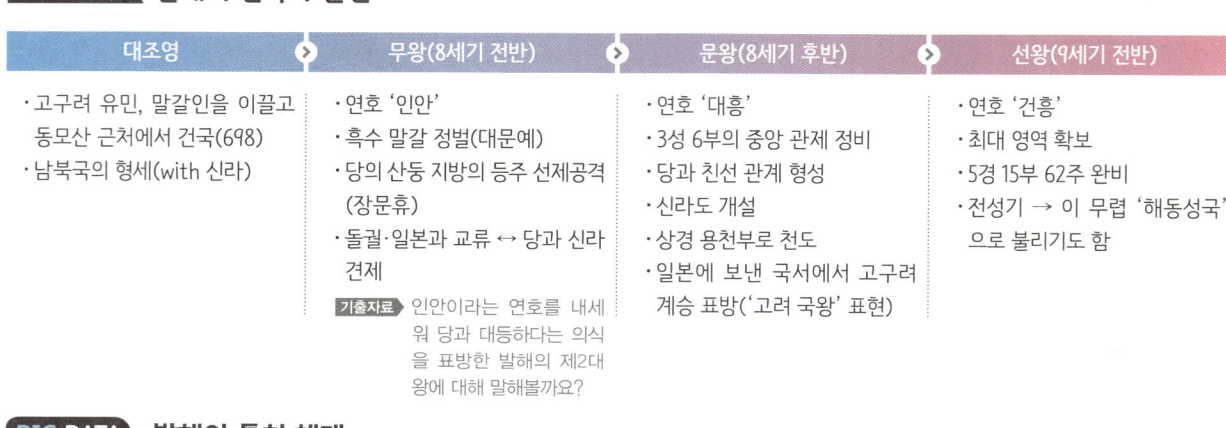

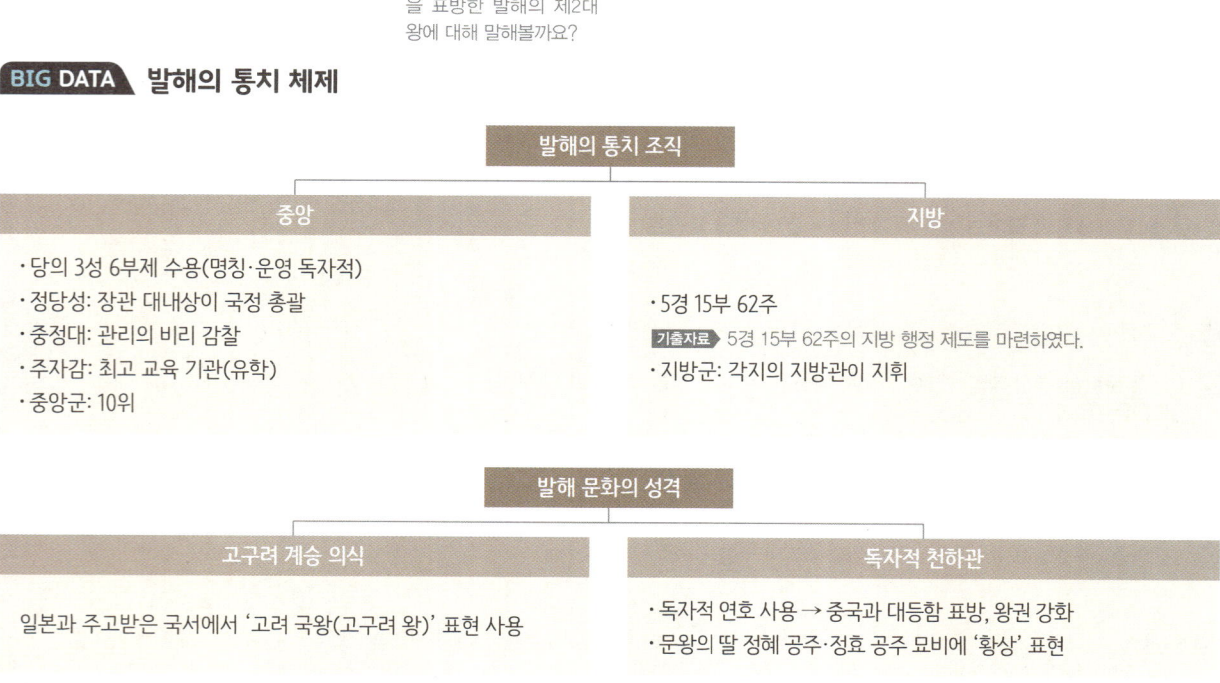

대표발문 핵심선지

대표발문 기출자료 밑줄 그은 '이 국가' or (가) 국가에 대한 설명으로 옳은 것은?

1 묘지의 내용 중 문왕을 황상(皇上)이라고 부른 표현을 통해 (가) 이/가 대내적으로 황제국 체제를 표방하였음을 알 수 있다.

위 (가)에 들어갈 국가는? → **발해**

2
- 제1강 일본에 보낸 외교 문서에 나타난 역사의식
- 제2강 정혜 공주 무덤의 구조로 알 수 있는 고분 양식
- 제3강 장문휴의 등주 공격을 통해 본 대외 인식
- 제4강 인안, 대흥 연호 사용에 반영된 천하관

위 내용과 관련된 국가는? → **발해**

3

이것은 당, 일본, 신라 등과 교역한 (가) 의 주요 교통로를 도식화한 자료입니다.

거란 / 거란도 / 영주도 / 당 / 조공도 / (가) / 신라도 / 신라 / 일본도 / 일본

위 (가)에 들어갈 국가는? → **발해**

핵심선지 무왕, 문왕, 선왕의 업적을 구분하는 것이 포인트!

1 발해 무왕은 (**인안** , 영락)이라는 독자적인 연호를 사용하였다.

2 발해 선왕은 (9주 5소경 , **5경 15부 62주**)의 지방 행정 제도를 마련하였다.

3 발해는 중앙 관제를 (2성 , **3성**) 6부로 정비하였다.

4 발해는 유학 교육 기관으로 (태학 , **주자감**)을 설치하였다.

정답 | 자료 1 발해 2 발해 3 발해
선지 1 인안 2 5경 15부 62주 3 3성 4 주자감

OX 스피드퀴즈

01 대조영은 백제 유민을 이끌고 동모산에서 발해를 건국하였다. (○ , ×)

02 발해 무왕은 인안이라는 독자적인 연호를 사용하였다. (○ , ×)

03 발해 무왕은 대문예로 하여금 흑수 말갈을 정벌하게 하였다. (○ , ×)

04 발해 선왕은 장문휴를 보내 당의 등주를 공격하였다. (○ , ×)

05 발해는 중앙 6부의 명칭을 유교식으로 정하였다. (○ , ×)

06 발해 문왕은 중앙 관제를 2성 6부로 정비하였다. (○ , ×)

07 발해는 거란도, 영주도 등을 통해 주변국과 교류하였다. (○ , ×)

08 발해 선왕은 5경 15부 62주의 지방 행정 제도를 마련하였다. (○ , ×)

09 발해 문왕 때 전성기를 이루어 당으로부터 해동성국이라 불렸다. (○ , ×)

10 발해는 일본에 국서를 보내고 고구려와 부여의 계승을 표방하였다. (○ , ×)

11 발해는 중앙군으로 9서당을 편성하였다. (○ , ×)

12 발해는 중대성의 대내상이 국정을 총괄하였다. (○ , ×)

13 발해는 주자감을 설치하여 인재를 양성하였다. (○ , ×)

14 발해는 어사대를 두어 관리를 감찰하였다. (○ , ×)

15 발해 솔빈부의 말이 특산물로 거래되었다. (○ , ×)

정답 | 01 ×(고구려 유민) 02 ○ 03 ○ 04 ×(무왕) 05 ○ 06 ×(3성 6부) 07 ○ 08 ○ 09 ×(선왕) 10 ○ 11 ×(10위) 12 ×(정당성) 13 ○ 14 ×(중정대) 15 ○

대표 기출문제

01

밑줄 그은 '이 불상'으로 옳은 것은?

 깊은 생각에 빠져 있는 모습, 일본 교토 고류사

정답 ②

자료의 '깊은 생각에 빠져 있는 모습', '고류사의 불상'을 통해 밑줄 그은 '이 불상'이 금동 미륵보살 반가 사유상임을 알 수 있다.
② 금동 미륵보살 반가 사유상은 삼국 시대를 대표하는 금동 불상이다.

관련 기출선지 모아보기
1. 자장의 건의로 황룡사 9층 목탑을 건립하였다.
2. [경주 분황사 모전 석탑] 돌을 벽돌 모양으로 다듬어 쌓아 올린 탑이 남아 있다.
3. [북한산 순수비] 김정희의 금석과안록에서 비의 설립 시기가 고증되었다.

02

(가)에 해당하는 문화유산으로 옳은 것은?

 마애불, 백제의 미소

정답 ④

자료의 '마애불', '백제의 미소' 등을 통해 (가) 문화유산이 서산 용현리 마애여래 삼존상임을 알 수 있다.
④ 서산 용현리 마애여래 삼존상은 백제를 대표하는 불상이다.

관련 기출선지 모아보기
1. [백제 무왕] 익산에 미륵사를 창건하였다.
2. [익산 미륵사지 석탑] 석탑 해체 과정에서 금제 사리 봉안기가 발견되었다.
3. [부여 정림사지 5층 석탑] 백제의 대표적인 5층 석탑이 남아 있다.

03

(가) 국가에 대한 설명으로 옳은 것은?

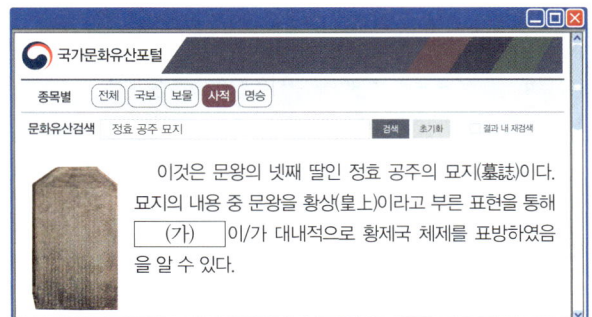

① 기인 제도를 실시하였다.
② 정사암 회의를 개최하였다.
③ 최고 행정 관서로 집사부를 두었다.
④ 주자감을 설치하여 인재를 양성하였다.
⑤ 광덕, 준풍 등의 독자적인 연호를 사용하였다.

 결정적 힌트 문왕, 정효 공주, 황제국 체제 표방

정답 ④
자료의 '문왕', '정효 공주' 등을 통해 (가) 국가가 발해임을 알 수 있다. 발해의 중앙 정치 조직은 당의 3성 6부제를 수용하였으나 명칭과 운영에서 독자성을 유지하였다. 왕 아래 정당성, 선조성, 중대성의 3성을 두었는데, 정당성의 장관인 대내상이 국정을 총괄하였다. 그 밖에도 관리 감찰을 담당하는 중정대, 중앙 교육 기관인 주자감 등이 설치되었다.
④ 발해는 교육 기관으로 주자감을 설치하여 인재를 양성하였다.

관련 기출선지 모아보기
1. 정당성의 대내상이 국정을 총괄하였다.
2. 주자감을 설치하여 인재를 양성하였다.
3. 5경 15부 62주의 지방 행정 제도를 마련하였다.

04

(가) 국가에 대한 설명으로 옳은 것을 보기에서 고른 것은?

〈한국사 온라인 강좌〉

우리 연구소에서는 [(가)]의 역사적 의미를 조명하기 위해 온라인 강좌를 마련하였습니다. 관심 있는 분들의 많은 참여 바랍니다.

■ 강좌 주제 ■
제1강 일본에 보낸 외교 문서에 나타난 역사의식
제2강 정혜 공주 무덤의 구조로 알 수 있는 고분 양식
제3강 장문휴의 등주 공격을 통해 본 대외 인식
제4강 인안, 대흥 연호 사용에 반영된 천하관

■ 일시: 2021년 6월 매주 목요일 19:00~21:00
■ 방식: 화상 회의 플랫폼 활용
■ 주관: △△연구소

보기
ㄱ. 철전인 건원중보를 발행하였다.
ㄴ. 솔빈부의 말이 특산물로 거래되었다.
ㄷ. 지방관을 감찰하고자 외사정을 파견하였다.
ㄹ. 거란도, 영주도 등을 통해 주변국과 교류하였다.

① ㄱ, ㄴ ② ㄱ, ㄷ ③ ㄴ, ㄷ
④ ㄴ, ㄹ ⑤ ㄷ, ㄹ

 결정적 힌트 정혜 공주, 장문휴, 인안, 대흥

정답 ④
자료의 '정혜 공주', '장문휴', '인안, 대흥 연호' 등을 통해 (가) 국가가 발해임을 알 수 있다.
ㄴ. 솔빈부의 말은 발해의 대표적인 특산물이었다.
ㄹ. 발해는 거란도, 영주도 등 5개의 교역로를 통해 주변국과 교류하였다.

관련 기출선지 모아보기
1. [무왕] 인안이라는 독자적인 연호를 사용하였다.
2. [문왕] 신라도를 통하여 신라와 교류하였다.
3. [선왕] 전성기에 해동성국이라고도 불렸다.

09 신라 말의 혼란과 후삼국의 성립

| 고대

93%
3개년 16회 중 15번 출제

찐 TIP

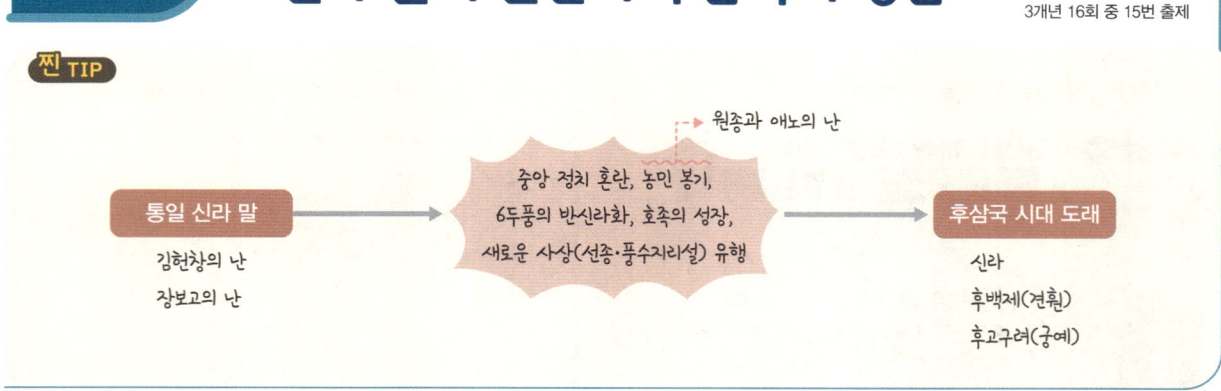

BIG DATA 신라 말의 혼란

중앙의 혼란
- 혜공왕 사후 150여 년간 20명의 왕 교체
- 김헌창의 난: 웅천주(오늘날 공주) 도독 김헌창의 반란 → 실패
- 장보고의 난: 청해진을 중심으로 성장한 장보고가 딸을 왕비로 세우려다 실패 후 반란 → 실패

지방 통제력 약화 →

지방민들의 봉기
정부의 농민 수탈 심화 → 진성 여왕 때 원종과 애노의 난, 적고적의 난 등이 발생
기출사료 …… 곳곳에서 도적이 벌 떼처럼 일어났다. 이때 원종과 애노 등이 사벌주를 근거지로 반란을 일으켰다.

새로운 세력의 등장
- 6두품: 골품제의 한계로 불만 고조, 새로운 정치 이념 제시(최치원의 시무 10여 조 등), 호족과 결탁
- 호족: 중앙 정부의 지방 통제력 약화 → 지방에서 성주나 장군 자칭 → 반독립적 세력, 지방의 실질적 지배권 행사, 6두품 및 선종과 연계

새로운 사상의 유행
선종(참선·수행, 9산선문), 풍수지리설(도선), 미륵 신앙

BIG DATA 후삼국의 성립

후백제
- 900년 견훤이 완산주(오늘날 전주)에 도읍
- 중국 후당·오월과 교류(사신 파견)
- 신라에 적대적: 금성(경주) 습격 → 경애왕을 죽게 함

기출자료 이곳 동고산성은 신라 말의 혼란을 틈타 완산주에 나라를 건국한 견훤과 관련된 유적으로 알려져 있습니다.

후삼국의 형세

후고구려
- 901년 궁예(과거 양길의 부하)가 송악(오늘날 개성)에 도읍
- 왕건이 금성(오늘날 나주) 점령
- 국호 변경(마진) → 철원 천도 → 국호 변경(태봉)
- 광평성(국정 총괄) 설치
- 미륵 신앙을 이용한 전제 정치 → 축출

기출사료 진성왕 즉위 5년에 선종(궁예)은 죽주의 적고 기훤에게 의탁하였다. …… 북원의 도적 양길에게 의탁하였다.

대표발문 핵심선지

대표발문 기출자료 밑줄 그은 '이 시기' or (가) 국가 or (가) 인물에 대한 설명으로 옳은 것은?

1 김주원과 김헌창의 삶을 통해 혜공왕 피살 이후 왕위 쟁탈전이 거듭된 이 시기의 상황을 잘 알 수 있어.
위 밑줄 그은 '이 시기'는? → **ㅅㄹ 말**

2 굴산사는 가지산문 개창 이후 선종 불교가 유행하던 이 시기에 창건되었어.
위 밑줄 그은 '이 시기'는? → **ㅅㄹ 말**

3 …… 백성들의 삶을 직접 살펴본 (가) 은/는 개혁 방안을 담은 시무책 10여 조를 진성 여왕에게 올렸습니다.
위 (가)에 들어갈 인물은? → **ㅊㅊㅇ**

4 (가) 이/가 스스로 왕이라 칭하며 말하기를, "지난날 신라가 당에 군사를 청하여 고구려를 격파하였다. 그래서 평양 옛 도읍은 잡초만 무성하게 되었으니, 내가 반드시 그 원수를 갚겠다."라고 하였다.
위 (가)에 들어갈 인물은? → **ㄱㅇ**

5 (가) 은/는 상주 가은현 사람이다. …… 드디어 무진주를 습격하여 스스로 왕이 되었으나, 아직 감히 공공연하게 왕을 칭하지는 못하였다. …… 서쪽으로 순행하여 완산주에 이르니 그 백성들이 환영하였다.
위 (가)에 들어갈 인물은? → **ㄱㅎ**

핵심선지 김헌창, 최치원, 원종과 애노의 난, 견훤, 궁예 등이 빈출 포인트!

1 신라 말에 (**김헌창** , 장보고)이/가 청해진을 거점으로 반란을 일으켰다.

2 신라 말 (**원종과 애노** , 망이와 망소이)가 사벌주에서 봉기하였다.

3 (**후백제** , 후고구려)는 후당, 오월에 사신을 보냈다.

4 (**견훤** , 궁예)이/가 경주를 습격하여 경애왕을 죽게 하였다.

5 (견훤 , **궁예**)이/가 광평성을 비롯한 각종 정치 기구를 마련하였다.

OX 스피드퀴즈

01 신라 말에 웅천주 도독 김헌창이 반란을 일으켰다. (O , ×)

02 신라 말에 최승로가 시무 28조를 올렸다. (O , ×)

03 신라 말에 6두품과 호족이 새로운 정치 세력으로 성장하였다. (O , ×)

04 장보고가 청해진을 거점으로 반란을 도모하였다. (O , ×)

05 신라 말에 망이·망소이의 난 등 농민 봉기가 일어났다. (O , ×)

06 선종은 참선과 수행을 통해 깨달음을 얻고자 하였다. (O , ×)

07 궁예는 평양을 도읍으로 하여 후고구려를 세웠다. (O , ×)

08 궁예는 국호를 마진으로 바꾸고 철원으로 천도하였다. (O , ×)

09 궁예는 광평성을 비롯한 각종 정치 기구를 마련하였다. (O , ×)

10 견훤은 완산주를 도읍으로 하여 후백제를 건국하였다. (O , ×)

11 견훤은 경주를 습격하여 신라 경순왕을 죽게 하였다. (O , ×)

12 후백제는 중국 후당, 오월에 사신을 보냈다. (O , ×)

정답 | 자료 1 신라 2 신라 3 최치원 4 궁예 5 견훤
선지 1 장보고 2 원종과 애노 3 후백제 4 견훤 5 궁예

정답 | 01 O 02 ×(고려 성종 때) 03 O 04 O
05 ×(망이·망소이는 고려) 06 O 07 ×(송악)
08 O 09 O 10 O 11 ×(경애왕) 12 O

09 신라 말의 혼란과 후삼국의 성립

10 남북국의 문화

| 고대

37%
3개년 16회 중 6번 출제

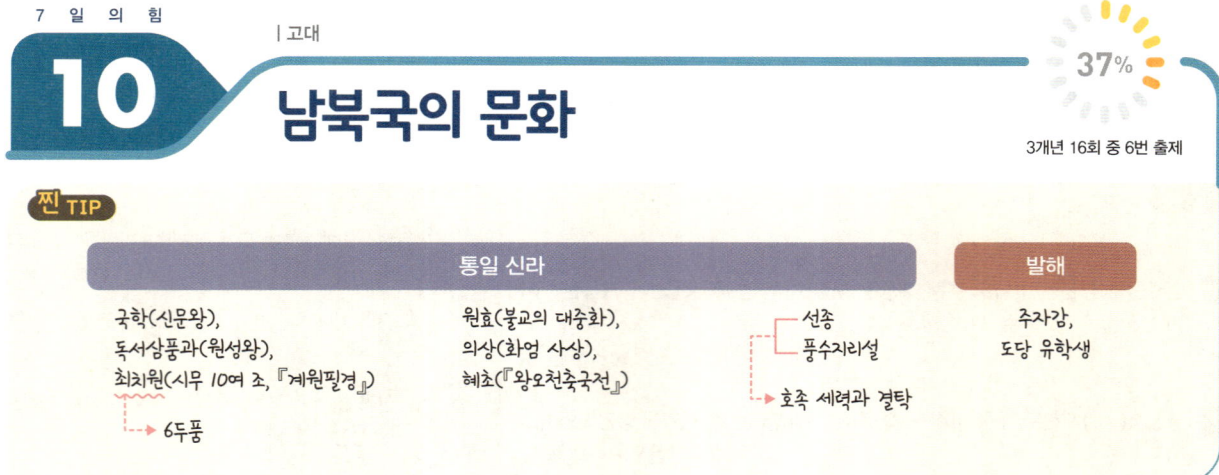

BIG DATA 남북국의 학문

통일 신라		발해
· 국학(신문왕): 유교 경전 교육 · 독서삼품과(원성왕): 유교 경전의 이해 수준 시험 · 김대문(진골): 『화랑세기』 · 최치원(6두품): 당의 빈공과 합격, 진성 여왕에게 시무 10여 조 건의, 「토황소격문」·『계원필경』 저술 · 강수(6두품): 외교 문서, 「청방인문표」 · 설총(6두품): 이두 정리, 『화왕계』	교육, 유학, 역사서	· 주자감(중앙 교육 기관): 유교 경전 교육 · 도당 유학생 → 빈공과에서 신라 유학생과 경쟁

BIG DATA 통일 신라의 불교

구분	원효	의상	혜초
활동	· 불교 대중화에 기여 · 일심 사상, 화쟁 사상 → 종파 통합 · 아미타 신앙, 무애가	· 화엄 사상 정립 · 관음 신앙 전파 · 부석사, 낙산사 등 창건	인도와 중앙아시아 지역 순례 후 기행문 저술
저술	『금강삼매경론』, 『대승기신론소』, 『십문화쟁론』	「화엄일승법계도」	『왕오천축국전』

BIG DATA 선종과 풍수지리설

선종	풍수지리설
· 실천 수행 강조 → 참선 중시 · 호족 세력과 결탁 → 9산선문 성립 · 고려 건국의 사상적 바탕 마련	· 신라 말 도선 등 선종 승려들에 의해 널리 확산 · 산세와 수세를 살펴 도읍, 주택·묘지 등 선정 → 경주 중심의 지리 개념 탈피 → 호족 세력의 호응
새로운 사회 건설의 사상적 배경으로 작용	

대표발문 핵심선지

대표발문 기출자료
(가) 인물 or 밑줄 그은 '인물'의 활동으로 옳은 것은?

1. 신라에 돌아온 대사는 불법을 전파하던 중 자신이 원하는 절을 찾았다. …… 이러한 연유로 이 절을 '돌이 공중에 떴다'는 의미의 부석사(浮石寺)로 불렀다.
   위 밑줄 그은 '대사'는? → ㅇㅅ

2. 무애가를 지어 세상에 퍼뜨렸고, 이로 인해 많은 사람이 '나무아미타불'을 외우게 되었지요.
   위와 관련된 인물은? → ㅇㅎ

3. 8세기 인도와 중앙아시아의 실상을 전해 주는 중요한 기록을 남긴 신라 승려가 있다. 글로벌 시대를 맞아 ((가))의 기록이 우리에게 남긴 의미를 재조명한다.
   위 (가)에 들어갈 인물은? → ㅎㅊ

4. 승려의 사리를 봉안하는 승탑은 이 종파가 수용된 이후 9세기부터 유행하였습니다. 이 종파는 도의 선사가 가지산문을 개창한 이래 9산선문을 형성하였습니다.
   위 밑줄 그은 '이 종파'는? → ㅅㅈ

핵심선지
분야별 대표 인물과 활약상을 키워드로 암기!

1. 신라 원성왕은 인재를 등용하기 위하여 (**과거제** , **독서삼품과**)를 실시하였다.
2. 신라 말 (**최승로** , **최치원**)이/가 국왕에게 시무 10여 조를 건의하였다.
3. (**원효** , **의상**)이/가 무애가를 지어 불교 대중화에 노력하였다.
4. (**원효** , **의상**)이/가 화엄일승법계도를 지어 화엄 사상을 정리하였다.
5. 혜초가 인도와 중앙아시아를 여행하고 (**금강삼매경론** , **왕오천축국전**)을 남겼다.

OX 스피드퀴즈

01 신문왕은 유학 교육을 위하여 태학을 설립하였다. (ㅇ , ×)
02 원성왕은 인재를 등용하기 위하여 독서삼품과를 실시하였다. (ㅇ , ×)
03 발해는 유학 교육 기관으로 국학을 설치하였다. (ㅇ , ×)
04 김대문은 진성 여왕에게 시무책 10여조를 올렸다. (ㅇ , ×)
05 설총은 한자의 음훈을 빌려 우리말을 표기한 이두를 정리하였다. (ㅇ , ×)
06 원효는 대승기신론소, 십문화쟁론을 저술하였다. (ㅇ , ×)
07 의상은 화엄일승법계도를 지어 화엄 사상을 정리하였다. (ㅇ , ×)
08 의상은 무애가를 지어 불교 대중화에 노력하였다. (ㅇ , ×)
09 선종은 참선과 수행을 통해 깨달음을 얻고자 하였다. (ㅇ , ×)
10 혜초는 인도와 중앙아시아를 여행하고 무구정광대다라니경을 저술하였다. (ㅇ , ×)

정답 | 자료 1 의상 2 원효 3 혜초 4 선종
선지 1 독서삼품과 2 최치원 3 원효 4 의상 5 왕오천축국전

정답 | 01 ×(국학) 02 ㅇ 03 ×(주자감) 04 ×(최치원) 05 ㅇ 06 ㅇ 07 ㅇ 08 ×(원효) 09 ㅇ 10 ×(왕오천축국전)

대표 기출문제

01

다음 검색창에 들어갈 왕의 재위 기간에 있었던 사실로 옳은 것은?

① 왕의 장인인 김흠돌이 반란을 도모하였다.
② 강조가 정변을 일으켜 김치양을 제거하였다.
③ 거칠부가 왕명을 받들어 국사를 편찬하였다.
④ 최치원이 왕에게 시무 10여 조를 건의하였다.
⑤ 복신과 도침 등이 부여풍을 왕으로 추대하였다.

 삼대목, 원종과 애노, 적고적

정답 ④

자료의 '원종과 애노', '적고적' 등을 통해 신라 말 진성 여왕 시기임을 알 수 있다.
신라 말 중앙에서는 진골 귀족 간의 치열한 왕위 쟁탈전이 전개되었으며, 지방에서는 호족이 반독립적 세력으로 성장하였다. 또한 원종과 애노의 난을 시작으로 전국적인 농민 봉기가 발생하자 최치원은 진성 여왕에게 시무 10여 조를 지어 올렸지만 받아들여지지 않았다.
④ 최치원은 진성 여왕에게 사회 개혁을 위한 시무 10여 조를 건의하였다.

관련 기출선지 모아보기

1. 웅천주 도독 김헌창이 반란을 일으켰다.
2. 장보고가 청해진을 거점으로 반란을 일으켰다.
3. 원종과 애노의 난 등 농민 봉기가 일어났다.

02

(가) 인물의 활동으로 옳은 것은?

○ (가) 은/는 왕의 족제(族弟)인 김부에게 왕위를 잇게 하였다. 그런 후에 왕의 아우 효렴과 재상 영경을 사로잡았다.

○ (가) 은/는 넷째 아들 금강이 키가 크고 지혜가 많아 특히 아끼어 왕위를 전하려 하니, [금강의] 형 신검, 양검, 용검 등이 이를 알고 몹시 근심하고 번민하였다.
— 『삼국유사』 —

① 사림원을 설치하여 개혁을 실시하였다.
② 국호를 마진으로 바꾸고 철원으로 천도하였다.
③ 김흠돌을 비롯한 진골 귀족 세력을 숙청하였다.
④ 정계와 계백료서를 지어 관리의 규범을 제시하였다.
⑤ 오월(吳越)에 사신을 보내고 검교태보의 직을 받았다.

 김부에게 왕위를 잇게 함, 아들 금강·신검

정답 ⑤

자료에서 김부에게 왕위를 잇게 하였다는 점, 아들로 신검과 금강 등이 있다는 점 등을 통해 (가) 인물이 견훤임을 알 수 있다.
견훤은 신라 말의 사회적 혼란을 틈타 백제 부흥을 내세우며 완산주(전주)를 수도로 삼아 후백제를 건국하였다(900). 927년에는 신라를 공격하여 경애왕을 죽음에 이르게 하고 김부를 경순왕으로 옹립하였다. 935년에는 후계를 둘러싸고 아들들 간의 내분이 발생하자, 큰아들인 신검에 의해 금산사에 유폐되었다. 금산사에서 탈출한 후에는 고려 태조(왕건)에게 귀순하였다.
⑤ 견훤은 중국 오월에 사신을 보내 조공하였는데, 오월의 왕은 이에 대한 답례로 견훤에게 검교태보의 관직을 주었다.

관련 기출선지 모아보기

1. 견훤이 후백제를 건국하였다.
2. 견훤이 경주를 습격하여 경애왕을 죽게 하였다.
3. [견훤] 금산사에 유폐된 후 고려에 귀부하였다.

09 신라 말의 혼란과 후삼국의 성립
10 남북국의 문화

03

(가), (나) 인물에 대한 설명으로 옳은 것은?

① (가) – 법화 신앙을 바탕으로 백련 결사를 이끌었다.
② (가) – 화엄일승법계도를 지어 화엄 사상을 정리하였다.
③ (나) – 불교 교단을 통합하기 위해 천태종을 개창하였다.
④ (나) – 인도와 중앙아시아를 여행하고 왕오천축국전을 저술하였다.
⑤ (가), (나) – 심성 도야를 강조한 유불일치설을 주장하였다.

 결정적 힌트 부석사, 무애가, 나무아미타불

정답 ②

(가) '당에 유학', '영주에 부석사를 창건'을 통해 의상임을 알 수 있다. 의상은 신라의 승려로, 당에서 유학한 후 신라에 화엄 사상을 정립하였고, 관음 신앙을 전파하였다.

(나) '무애가', '나무아미타불'을 통해 원효임을 알 수 있다. 원효는 신라의 승려로, 불경을 읽지 못해도 '나무아미타불'만 외우면 극락에 왕생할 수 있다는 아미타 신앙과 일심 사상을 바탕으로 불교의 대중화와 종파 간 통합을 위해 노력하였다.

② 의상은 화엄 사상을 그림 시로 정리한 「화엄일승법계도」를 지었다.

관련 기출선지 모아보기

1. [원효] 무애가를 지어 불교 대중화에 노력하였다.
2. [원효] 대승기신론소, 십문화쟁론을 저술하였다.
3. [의상] 화엄일승법계도를 지어 화엄 사상을 정리하였다.

04

(가) 인물에 대한 설명으로 옳은 것은?

다큐멘터리 공모 신청서

공모 분야	역사 – 인물 탐사 다큐멘터리
작품명	(가) 의 저서, 위대한 역사 기록이 되다
기획 의도	8세기 인도와 중앙아시아의 실상을 전해 주는 중요한 기록을 남긴 신라 승려가 있다. 글로벌 시대를 맞아 (가) 의 기록이 우리에게 남긴 의미를 재조명한다.
차별화 전략	기존에 간과해 왔던 이슬람 세계와 비잔틴 제국에 대한 기록까지도 현지 답사를 통해 고증하고자 한다.
주요 촬영국	중국, 인도, 이란, 아프가니스탄, 우즈베키스탄 등

① 향가 모음집인 삼대목을 편찬하였다.
② 화랑도의 규범인 세속 5계를 제시하였다.
③ 무애가를 지어 불교 대중화에 기여하였다.
④ 구법 순례기인 왕오천축국전을 저술하였다.
⑤ 화엄일승법계도를 지어 화엄 사상을 정리하였다.

 결정적 힌트 인도와 중앙아시아에 관한 중요한 기록 남긴 승려

정답 ④

자료에서 8세기 인도와 중앙아시아의 실상을 전해 주는 기록을 남겼다는 점, 신라 승려라는 점 등을 통해 (가) 인물이 혜초임을 알 수 있다. 신라의 승려 혜초는 인도와 중앙아시아 일대를 여행하면서 보고 들은 것들을 모아 『왕오천축국전』을 저술하였다. 천축국은 당시 인도를 부르던 명칭이다.

④ 혜초는 인도와 중앙아시아 등지를 여행하고 돌아와 『왕오천축국전』을 저술하였다.

관련 기출선지 모아보기

1. [혜초] 인도와 중앙아시아를 여행하고 왕오천축국전을 남겼다.
2. [선종] 참선과 수행을 통해 깨달음을 얻고자 하였다.
3. [선종] 체징이 9산선문 중 하나인 가지산문을 개창하였다.

11. 후삼국 통일과 고려의 기틀 마련

| 고려

93%
3개년 16회 중 15번 출제

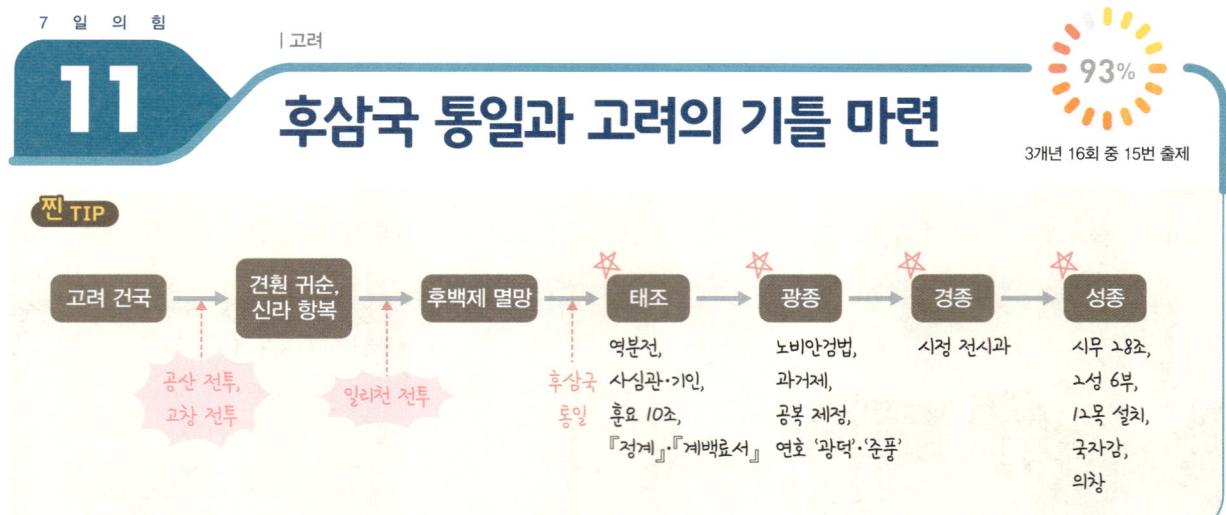

BIG DATA 고려의 후삼국 통일

고려 건국(918)
- 왕건(송악의 호족 출신)이 궁예의 부하로 공을 세움
- 궁예 축출 → 고려 건국(918) → 송악 천도

후백제와의 전투
- 공산 전투(927): 후백제 승 (신숭겸 전사)
- 고창 전투(930): 고려 승
- 기출사료: 공산 아래에서 견훤을 맞아 크게 싸웠다.

주변 나라의 귀순
- 거란에 의해 발해 멸망(926)
- 발해 대광현이 유민을 이끌고 고려로 귀순(934) → 견훤 귀순(935) → 신라 항복(935)

후백제 멸망(936)
- 일리천 전투: 고려 승
- 황산 전투: 고려 승
- 후백제 멸망
- 기출사료: 신검의 군대가 막아서자 일리천을 사이에 두고 진을 대치하였다.

BIG DATA 고려의 기틀 마련

태조 왕건
- 호족 회유: 결혼·사성 정책, 역분전 지급
- 호족 통제: 사심관 제도, 기인 제도
- 민생 안정: 조세율 1/10로 감면, 흑창 설치
- 북진 정책: 서경(평양) 중시, 반거란 정책(만부교 사건), 영토 확장(청천강~영흥만)
- 왕권 안정: 훈요 10조 제시, 『정계』·『계백료서』 저술

기출자료 ▶ 훈요 10조를 지어 후세에 전하노니. 밤낮으로 펼쳐보아 영구히 귀감으로 삼도록 하라.

광종
- 노비안검법 실시 → 호족의 경제적·군사적 기반 약화
- 쌍기의 건의 → 과거제 실시 기출사료: 쌍기가 처음으로 과거 제도의 실시를 건의하였다.
- 공복 제정, '황제' 칭호 사용, 연호 '광덕'·'준풍' 사용
- 제위보 설치(빈민 구제)

경종
- 시정 전시과 실시: 인품·관품 고려, 전·현직 관리에게 전지와 시지 지급

성종
- 최승로의 시무 28조 수용 → 유교 정치 이념을 바탕으로 통치 체제 정비
- 2성 6부제(중앙), 12목 설치(지방), 향리 제도 개편
- 국자감 설치, 12목에 경학박사·의학박사 파견
- 의창 설치(빈민 구제)

기출자료 ▶ 신 최승로, 시무 28조를 작성하여 장계와 함께 따로 봉하여 올립니다.

대표발문 핵심선지

대표발문 기출자료 밑줄 그은 '나' or (가)에 들어갈 내용으로 옳은 것은?

1 태조는 정예 기병 5천을 거느리고 공산(公山) 아래에서 견훤을 맞아서 크게 싸웠다. 태조의 장수 김락과 신숭겸은 죽고 모든 군사가 패배했으며, 태조는 겨우 죽음을 면하였다.
위 내용과 관련된 사건은? → **ㄱㅅ 전투**

2 [태조를] 신검의 군대가 막아서자 일리천(一利川)을 사이에 두고 대치하였다. …… 신검이 양검, 용검 및 문무 관료들과 함께 항복하여 오니, 태조가 그를 위로하였다.
위 내용과 관련된 사건은? → **ㅇㄹㅊ 전투**

3 • 김부를 경주의 사심관으로 임명하신 의도는 무엇인가요?
• 투항한 김부의 공을 치하하고, 부호장 이하의 관직 등에 대한 일을 맡게 하여 지방 세력을 견제하고자 한 것입니다.
위 인터뷰와 관련된 왕은? → **ㅌㅈ 왕건**

4 안성 망이산성에서 '준풍 4년(峻豊四年)'이라는 글씨가 새겨진 기와가 발견되었습니다. 준풍이라는 연호를 사용하였던 이 왕은 백관의 공복을 정하고 개경을 황도로 명명하는 등 국왕 중심의 통치 체제 확립을 도모하였습니다.
위 밑줄 그은 '이 왕'은? → **ㄱㅈ**

5 "경전에 통하고 전적(典籍)을 널리 읽은 자들을 선발하여 경학박사와 의학박사로 삼아, 12목에 각각 1명씩 파견하여 돈독하게 가르치고 깨우치게 하라."라고 하였다.
위 내용과 관련된 왕은? → **ㅅㅈ**

핵심선지 태조, 광종, 성종의 업적을 구분하여 기억하는 것이 암기 포인트!

1 후백제의 신검이 (**공산 전투** , **일리천 전투**)에서 고려군에 패배하였다.

2 (**태조** , **광종**)은/는 정계와 계백료서를 지어 관리의 규범을 제시하였다.

3 (**광종** , **성종**)은 쌍기의 건의를 받아들여 과거제를 실시하였다.

4 (**광종** , **성종**)은 전국에 12목을 처음으로 설치하고 지방관을 파견하였다.

OX 스피드퀴즈

01 견훤이 금산사에 유폐된 후 왕건에게 귀부하였다. (O , ×)

02 태조는 신라 경순왕 김부를 경주의 사심관으로 삼았다. (O , ×)

03 후백제의 신검이 공산 전투에서 고려군에 패배하였다. (O , ×)

04 왕건이 고창 전투에서 후백제군을 상대로 승리하였다. (O , ×)

05 태조는 공신에게 공로와 인품에 따라 전시과를 지급하였다. (O , ×)

06 광종은 훈요 10조에서 불교 숭상을 강조하였다. (O , ×)

07 태조는 평양을 서경으로 삼아 중시하였다. (O , ×)

08 광종은 광덕, 준풍 등의 독자적인 연호를 사용하였다. (O , ×)

09 광종은 노비안검법을 시행하여 재정을 확충하였다. (O , ×)

10 광종은 쌍기의 건의를 받아들여 독서삼품과를 시행하였다. (O , ×)

11 광종은 기금을 모아 그 이자로 빈민을 구제하는 제위보를 운영하였다. (O , ×)

12 경종은 전시과 제도를 마련하여 관리에게 토지를 지급하였다. (O , ×)

13 성종은 최치원의 시무 10여 조를 받아들여 통치 체제를 정비하였다. (O , ×)

14 성종 때 전국에 12목을 처음으로 설치하고 지방관을 파견하였다. (O , ×)

정답 | 자료 1 공산 2 일리천 3 태조 4 광종 5 성종
선지 1 일리천 전투 2 태조 3 광종 4 성종

정답 | 01 O 02 O 03 ×(일리천 전투) 04 O 05 ×(역분전) 06 ×(태조) 07 O 08 O 09 O 10 ×(과거제 시행) 11 O 12 O 13 ×(최승로의 시무 28조) 14 O

12. 고려 사회의 동요와 대외 관계

| 고려

3개년 16회 중 16번 출제

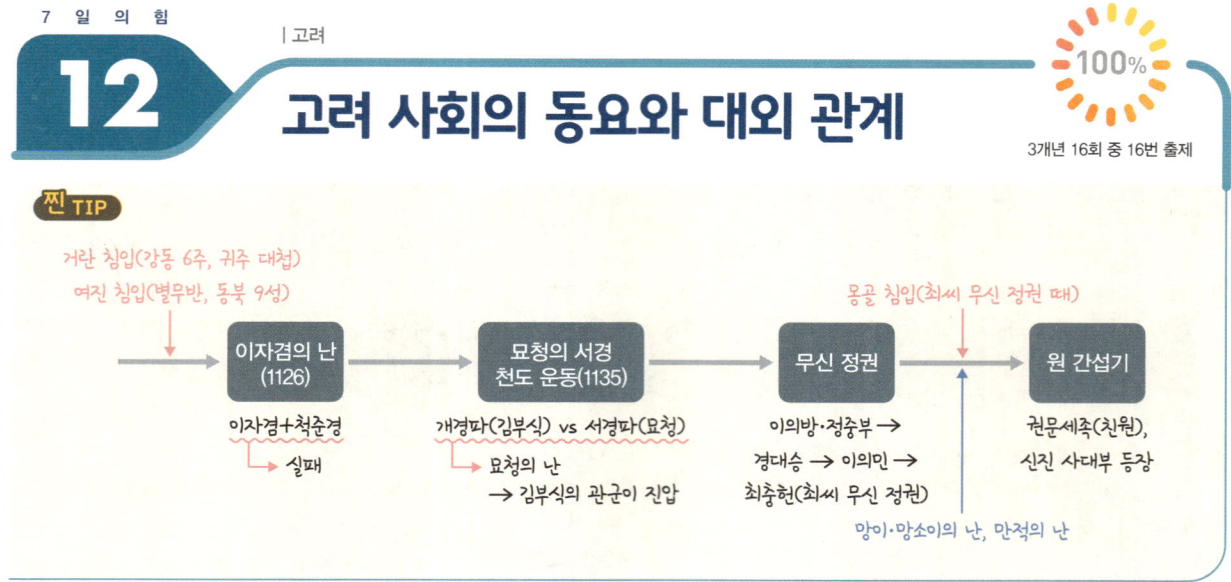

BIG DATA 고려 사회의 동요

(1) 이자겸의 난(1126): 이자겸의 권력 독점 → 인종의 이자겸 제거 시도 → 이자겸+척준경의 반란 → 실패

(2) 묘청의 서경 천도 운동(1135)

구분	성격·사상	주장
개경파	김부식, 유교(사대 정책)	금에 사대
서경파	묘청·정지상, 풍수지리설 (북진 정책)	· 서경 천도 · 칭제 건원 · 금국 정벌

(3) 무신 정권의 변천

이의방·정중부	→	경대승	→	이의민	→	최충헌	→	최우
중방		중방·도방		중방		· 교정도감 · 도방 확대·강화 · 봉사 10조 제시		· 정방·서방 · 삼별초: 최씨 무신 정권의 군사적 기반 · 강화도 천도(대몽 항쟁)

(4) 농민과 천민의 봉기: 망이·망소이의 난(공주 명학소), 만적의 난(개경, 노비)

BIG DATA 고려의 대외 관계 - 고려 vs 거란·여진·몽골

10~11세기(vs 거란)

침입 전	정종 때 광군을 조직
1차 침입	서희의 외교 담판 → 고려의 강동 6주 획득, 거란군 철수
2차 침입	강조의 정변을 구실로 침입 → 양규의 활약 → 거란군 철수
3차 침입	강감찬의 귀주 대첩 → 거란군 철수
결과	나성(개경)과 천리장성(압록강~도련포) 축조

12세기(vs 여진)

침입 전	12세기 초 완옌부가 여진 부족 통합 → 고려와 충돌
별무반 편성	윤관의 건의에 따라 별무반(신기·신보·항마군) 편성
여진 정벌	윤관이 여진을 북방으로 축출 → 동북 9성 축조
여진의 강성	여진이 금 건국 후 거란 멸망시킴 → 고려에 군신 관계 요구 → 이자겸이 금의 요구 수용

13세기(vs 몽골)

침입 전	몽골이 고려에 조공 요구 → 저고여 피살 사건
1차 침입	살리타의 몽골군 침입 → 박서(귀주성 전투) → 몽골군 철수 → 고려(최우)의 강화도 천도
2차 침입	살리타의 몽골군 재침입 → 처인성 전투(김윤후 등이 살리타 사살)
3차 침입	황룡사 9층 목탑 소실
강화와 항쟁	· 몽골과 강화 → 무신 정권 종료 → 개경 환도 · 삼별초의 항쟁: 개경 환도에 반발 → 진도(배중손), 제주도(김통정)에서 항전 → 여·몽 연합군에 진압

대표발문 핵심선지

대표발문 기출자료 다음 상황 이후 or (가) 시기에 있었던 사실로 옳은 것은?

1
- 서경 천도와 금국 정벌을 주장하며 일어났어.
- 연호를 천개로 하는 대위국이 선포되었어.
- 신채호는 '조선 역사상 일천년래 제일 대사건'으로 평가하였어.

위 대화에 나타난 사건은? → **ㅁㅊ의 ㅅㄱ ㅊㄷ 운동**

2 왕이 보현원에 행차하였을 때, 정중부와 이의방을 비롯한 무신들이 다수의 문신을 제거하고 권력을 장악하였다.

위와 관련된 사건은? → **ㅁㅅ 정변**

3 만적 등 6명이 북산에서 땔나무를 하다가 …… "국가에서 경인년과 계사년 이래로 높은 관직도 천예(賤隸)에서 많이 나왔으니, 장상(將相)에 어찌 씨가 있겠는가?" …… 가노(家奴) 순정이 한충유에게 변란을 고하자 한충유가 최충헌에게 알렸다.

위와 관련된 사건은? → **ㅁㅈ의 난**

4 왕이 소손녕의 봉산군 공격 소식을 듣고 서희를 보내 화의를 요청하니 소손녕이 침공을 중지하였다.

위와 관련된 사건은? → **ㄱㄹ의 제1차 침입**

5 적군이 30일 동안 귀주성을 포위하고 온갖 방법으로 공격하였으나, 박서가 임기응변으로 대응하여 굳게 지켰다.

위와 관련된 사건은? → **ㅁㄱ의 제1차 침입**

핵심선지 무신 집권기 자료 제시 후 해당 시기에 관해 묻는 문제, 거란·여진·몽골 침입 당시 활약한 인물에 대한 것을 고르는 문제가 출제!

1 (묘청 , 김부식) 등이 중심이 되어 서경 천도를 주장하였다.

2 (정중부 , 최충헌)이/가 봉사 10조를 올려 시정 개혁을 건의하였다.

3 거란의 침입에 맞서 (서희 , 윤관)이/가 외교 담판을 벌여 강동 6주를 획득하였다.

4 몽골의 침입 때 (김윤후 , 최무선)이/가 처인성에서 살리타를 사살하였다.

OX 스피드퀴즈

01 묘청 등이 서경에서 난을 일으키고 국호를 대위로 하였다. (ㅇ , ×)

02 정지상이 서경의 반란군을 진압하기 위해 출정하였다. (ㅇ , ×)

03 정중부 등이 정변을 일으켜 권력을 장악하였다. (ㅇ , ×)

04 최충헌은 국정을 총괄하는 도구로 교정도감을 설치하였다. (ㅇ , ×)

05 최우가 봉사 10조를 올려 시정 개혁을 건의하였다. (ㅇ , ×)

06 최우가 인사 행정 담당 기구로 정방을 설치하였다. (ㅇ , ×)

07 최우는 좌·우별초와 신의군으로 구성된 삼별초를 조직하였다. (ㅇ , ×)

08 만적을 비롯한 노비들이 신분 해방을 도모하였다. (ㅇ , ×)

09 서희가 외교 담판을 벌여 동북 9성을 획득하였다. (ㅇ , ×)

10 거란의 제3차 침입 때 강감찬이 귀주에서 거란을 크게 물리쳤다. (ㅇ , ×)

11 윤관의 건의에 따라 별무반을 편성하여 여진을 정벌하였다. (ㅇ , ×)

12 몽골의 제2차 침입 때 박서가 처인성에서 살리타를 사살하였다. (ㅇ , ×)

13 배중손이 삼별초를 이끌고 진도에서 몽골에 항전하였다. (ㅇ , ×)

14 몽골의 침입을 받아 황룡사 9층 목탑이 소실되었다. (ㅇ , ×)

15 삼별초가 진도와 제주도로 근거지를 옮기면서 항쟁하였다. (ㅇ , ×)

정답 | 자료 1 묘청, 서경 천도 2 무신 3 만적 4 거란 5 몽골
선지 1 묘청 2 최충헌 3 서희 4 김윤후

정답 01 ㅇ 02 ×(김부식) 03 ㅇ 04 ㅇ 05 ×(최충헌) 06 ㅇ 07 ㅇ 08 ㅇ 09 ×(강동 6주 획득) 10 ㅇ 11 ㅇ 12 ×(김윤후) 13 ㅇ 14 ㅇ 15 ㅇ

대표 기출문제

01

(가) 왕에 대한 설명으로 옳은 것은?

초대합니다

창작 뮤지컬
'삼태사, 후삼국 통일의 길을 열다'

고창 전투에서 (가) 을/를 도와 견훤에 맞서 싸운 공로로 태사(太師)의 칭호를 받은 김선평·장길(장정필)·권행, 그리고 후삼국 통일을 염원했던 백성들의 이야기를 한 편의 뮤지컬로 선보입니다. 많은 관람 바랍니다.

• 일시: 2021년 ○○월 ○○일 20:00
• 장소: 안동 민속촌 특설 무대

① 신라에 침입하여 경애왕을 죽게 하였다.
② 국자감에 7재라는 전문 강좌를 개설하였다.
③ 마진이라는 국호와 무태라는 연호를 사용하였다.
④ 정계와 계백료서를 지어 관리의 규범을 제시하였다.
⑤ 후주와 사신을 교환하여 대외 관계의 안정을 꾀하였다.

 결정적 힌트 후삼국 통일, 고창 전투

정답 ④

자료에서 '후삼국 통일', '고창 전투', '견훤에 맞서 싸운' 등을 통해 (가) 왕이 고려 태조(왕건)임을 알 수 있다.
태조는 공산(대구)에서 벌어진 후백제와의 전투(공산 전투, 927)에서 크게 패하였으나, 고창 전투(930)에서 후백제를 격파하면서 후삼국 간의 항쟁에서 주도권을 장악하였다.
④ 고려 태조는 『정계』와 『계백료서』를 직접 지어 반포하여 관리들이 지켜야 할 규범을 제시하였다.

관련 기출선지 모아보기

1. 신검이 일리천 전투에서 고려군에 패배하였다.
2. [태조] 공신에게 공로와 인품에 따라 역분전을 지급하였다.
3. [태조] 흑창을 설치하여 빈민을 구제하였다.

02

다음 검색창에 들어갈 왕의 재위 기간에 있었던 사실로 옳은 것은?

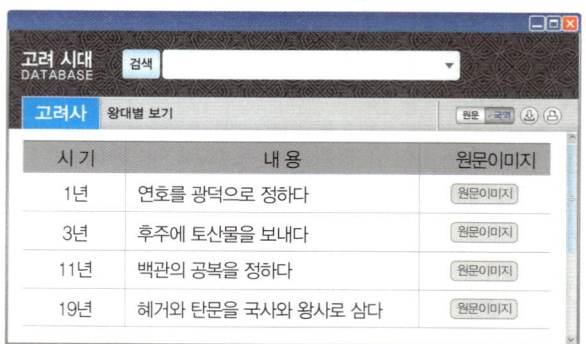

시기	내용	원문이미지
1년	연호를 광덕으로 정하다	원문이미지
3년	후주에 토산물을 보내다	원문이미지
11년	백관의 공복을 정하다	원문이미지
19년	혜거와 탄문을 국사와 왕사로 삼다	원문이미지

① 전국에 12목을 설치하고 관리를 파견하였다.
② 주전도감을 설치하여 해동통보를 발행하였다.
③ 왕권을 강화하기 위해 노비안검법을 실시하였다.
④ 거란 침입에 대비하여 개경에 나성을 축조하였다.
⑤ 국자감에 서적포를 두어 출판을 담당하게 하였다.

 결정적 힌트 광덕, 공복

정답 ③

자료에서 연호를 광덕으로 정하였다는 점, 백관의 공복을 정하였다는 점 등을 통해 검색창에 들어갈 왕이 고려 광종임을 알 수 있다.
광종은 노비안검법을 통해 호족 세력을 약화시키고 국가 재정을 강화하였으며, 과거제를 실시하여 신진 관료를 등용하였다. 이외에도 관리의 공복을 제정하여 왕을 정점으로 하는 위계질서를 확립하였고 황제 칭호와 '광덕', '준풍' 등 독자적 연호를 사용하여 고려가 황제국임을 드러내 왕의 권위를 높였다.
③ 고려 광종은 호족 세력을 견제하기 위해 불법적으로 노비가 된 사람들을 본래의 신분인 양인으로 회복시키는 노비안검법을 실시하였다.

관련 기출선지 모아보기

1. [광종] 쌍기의 건의를 받아들여 과거제를 실시하였다.
2. [광종] 광덕, 준풍 등의 독자적인 연호를 사용하였다.
3. [광종] 기금을 모아 그 이자로 빈민을 구제하는 제위보를 운영하였다.

결정적 힌트와 정답해부

11 후삼국 통일과 고려의 기틀 마련
12 고려 사회의 동요와 대외 관계

03

다음 대화에 나타난 사건에 대한 설명으로 옳은 것은?

- 서경 천도와 금국 정벌을 주장하며 일어났어.
- 연호를 천개로 하는 대위국이 선포되었어.
- 신채호는 '조선 역사상 일천년래 제일 대사건'으로 평가하였어.

① 국왕이 나주까지 피란하였다.
② 초조대장경 간행의 계기가 되었다.
③ 김부식 등이 이끈 관군에 의해 진압되었다.
④ 이성계가 정권을 장악하는 결과를 가져왔다.
⑤ 여진 정벌을 위한 별무반 편성에 영향을 주었다.

04

(가)의 침입에 대한 고려의 대응으로 옳은 것은?

> 병마사 박서는 김중온에게 성의 동서쪽을, 김경손에게는 성의 남쪽을 지키게 하였다. (가) 의 대군이 남문에 이르자 김경손은 12명의 용맹한 군사와 여러 성의 별초를 거느리고 성 밖으로 나가려고 하였다. …… 우별초가 모두 땅에 엎드리고 응하지 않자 김경손은 그들을 성으로 돌려 보내고 12명의 군사와 함께 나아가 싸웠다.
> ─ 『고려사』 ─

① 김종서를 보내 6진을 개척하였다.
② 서희를 보내 소손녕과 외교 담판을 벌였다.
③ 별무반을 조직하고 동북 9성을 축조하였다.
④ 강화도로 도읍을 옮겨 장기 항전을 준비하였다.
⑤ 화통도감을 설치하여 화약과 화포를 제작하였다.

 결정적 힌트 서경 천도, 금국 정벌, 조선 역사상 일천년래 제일 대사건

정답 ③
자료에서 '서경 천도', '금국 정벌', '대위국', '조선 역사상 일천년래 제일 대사건' 등을 통해 해당 사건이 묘청의 서경 천도 운동임을 알 수 있다.
③ 묘청 등은 서경 천도가 좌절되자 서경에서 국호를 대위, 연호를 천개라고 하여 난을 일으켰으나, 김부식이 이끄는 관군에 의해 진압되었다.

관련 기출선지 모아보기
1. 묘청 등이 중심이 되어 서경 천도를 주장하였다.
2. [묘청] 서경에서 난을 일으키고 국호를 대위로 하였다.
3. 묘청이 칭제 건원과 금국 정벌을 주장하였다.

 결정적 힌트 박서, 우별초

정답 ④
자료의 '박서', '김경손', '우별초' 등을 통해 (가)가 몽골임을 알 수 있다. 몽골의 제1차 침략 당시 서북면 병마사였던 박서는 김경손과 함께 귀주성에서 몽골군을 격퇴하였다. 그러나 몽골이 재차 고려를 침략하자 당시 실권자였던 최우는 강화로 천도하고 항쟁을 이어 나갔다. 백성들의 피해가 갈수록 커지자 몽골과의 강화가 결정되었고, 무신 정권도 내부에서 붕괴하여 고려는 개경으로 환도하였다.
④ 몽골이 고려를 침략하자 최우는 강화로 천도하고 항쟁을 이어 나갔다.

관련 기출선지 모아보기
1. 김윤후가 처인성에서 살리타를 사살하였다.
2. 대장도감을 설치하여 팔만대장경판을 만들었다.
3. [배중손] 삼별초를 이끌고 진도로 이동하여 대몽 항쟁을 펼쳤다.

13 원 간섭기와 공민왕의 개혁

| 고려

3개년 16회 중 7번 출제

찐 TIP

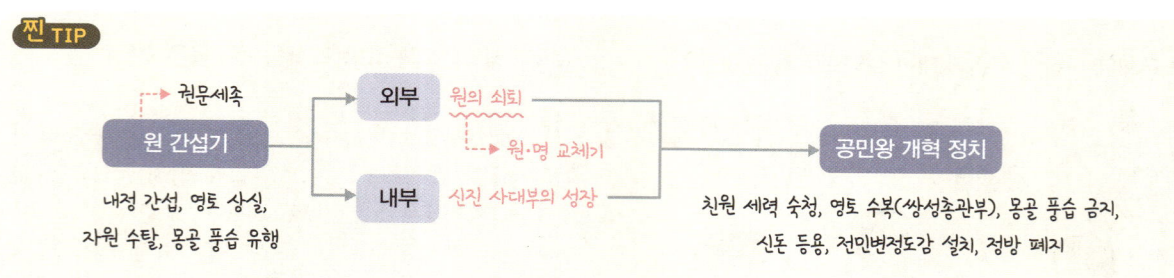

BIG DATA 원 간섭기와 공민왕의 개혁 정치

- 원 간섭기의 고려 → 권문세족의 성장(도평의사사 장악, 농장·노비 확대)

<table>
<tr><td rowspan="6">원 간섭기</td><td>위상 약화</td><td>· 부마국 체제: 고려 왕이 원의 공주와 결혼 → 원 황제의 부마가 됨
· 관제와 왕실 호칭 격하: 2성(중서문하성+상서성) 6부 → 1부(첨의부) 4사</td></tr>
<tr><td>내정 간섭</td><td>· 정동행성 설치: 원이 일본 원정을 위해 설치 → 원정 실패 → 부속 기구인 이문소를 통해 고려의 내정 간섭
· 다루가치 파견: 원에서 다루가치라는 감찰관 파견</td></tr>
<tr><td>영토 상실</td><td>쌍성총관부(철령 이북), 동녕부(자비령 이북), 탐라총관부(제주) 설치</td></tr>
<tr><td>자원 수탈</td><td>응방 설치(매 수탈), 공녀와 내시 징발(결혼도감 설치, 조혼 유행)</td></tr>
<tr><td>사회 변화</td><td>· 고려에서 몽골 풍습(변발·호복) 유행, 원에서 고려 풍습 유행
· 고려에 성리학, 목화, 화약 등 새로운 문물 전래</td></tr>
</table>

- 원 간섭기의 개혁 노력
  - 충렬왕: 전민변정도감 설치, 영토(동녕부·탐라총관부) 회복
  - 충선왕: 사림원 설치, 원에 만권당 설치(이제현 등이 원의 학자들과 교류)

<table>
<tr><td rowspan="3">공민왕의
개혁 정치</td><td>반원 자주</td><td>· 몽골 풍습 금지, 기철 등 친원 세력 숙청, 정동행성 이문소 폐지,
  왕실 호칭과 관제 복구
· 쌍성총관부(철령 이북의 땅) 수복, 요동 공략(이성계 등)</td></tr>
<tr><td>왕권 강화</td><td>· 전민변정도감 설치(신돈): 권문세족이 불법적으로 약탈한 토지
  환원, 노비 해방 → 권문세족의 기반 약화
· 성균관 중건
· 정방 폐지: 최우가 설치한 인사 행정 기구인 정방 폐지</td></tr>
</table>

고려 후기의 영토 수복

BIG DATA 신진 사대부와 신흥 무인 세력의 성장

신진 사대부
- 성리학 수용, 불교 폐단 비판, 권문세족 비판·견제
- 과거를 통한 중앙 정계 진출, 과전법 제정(경제적 기반 마련)
- 고려 말 온건파(정몽주 중심)와 급진파(정도전 중심)로 분열

신흥 무인 세력
- 고려 말 홍건적·왜구 소탕 과정 중 성장(이성계, 최영)
- 명의 철령 이북 땅 요구 → 고려(최영)의 요동 정벌 추진 → 이성계가 위화도에서 회군 → 최영 숙청·이성계의 정권 장악

대표발문 핵심선지

대표발문 기출자료 다음 상황 이후 or (가) 시기에 있었던 사실로 옳은 것은?

1 왕이 이분희 등에게 변발을 하지 않았다고 책망하였더니 …… 왕은 입조(入朝)하였을 때에 이미 변발하였지만, 나라 사람들이 아직 하지 않았기 때문에 이를 책망한 것이다.
위와 관련된 시기는? → **ㅇ 간섭기**

2 다루가치가 왕을 비난하면서 말하기를 …… 이에 선지를 왕지(王旨)로, 짐을 고(孤)로, 사를 유(宥)로, 주(奏)를 정(呈)으로 고쳤다.
위와 관련된 시기는? → **ㅇ 간섭기**

3 이곳에는 이 왕과 그의 왕비인 노국 대장 공주의 영정이 봉안되어 있습니다. …… 이 왕은 기철 등 친원 세력을 숙청하고 정동행성 이문소를 폐지했습니다.
위 밑줄 그은 '이 왕'은? → **ㄱㅁㅇ**

4 왕이 지정(至正) 연호의 사용을 중지하고 교서를 내려 말하기를, "…… 기철 등이 군주의 위세를 빙자하여 나라의 법도를 뒤흔들었다. 자신의 기분에 따라 관리를 마음대로 임명하여 정령(政令)이 원칙 없이 바뀌었다. 남이 토지를 가지고 있으면 그것을 차지하고, 노비를 가지고 있으면 빼앗았다. …… 이제 다행히도 조종(祖宗)의 영령에 기대어 기철 등을 처단할 수 있었다."라고 하였다.
위 밑줄 그은 '왕'은? → **ㄱㅁㅇ**

핵심선지 원 간섭기의 사회 모습, 공민왕의 업적을 꼭 암기할 것!

1 도병마사는 원 간섭기에 (**식목도감** , **도평의사사**)(으)로 개편되었다.

2 (**충렬왕** , **공민왕**) 때 쌍성총관부를 공격하여 철령 이북을 수복하였다.

3 공민왕 때 신돈이 (**전민변정도감** , **정동행성 이문소**)의 책임자로 임명되어 권문세족을 견제하였다.

4 (**최영** , **이성계**)이/가 위화도에서 회군하여 정권을 장악하였다.

정답 | 자료 **1** 원 **2** 원 **3** 공민왕 **4** 공민왕
선지 **1** 도평의사사 **2** 공민왕 **3** 전민변정도감 **4** 이성계

OX 스피드퀴즈

01 도병마사는 원 간섭기에 식목도감으로 개편되었다. (ㅇ , ×)

02 원 간섭기에 중서문하성과 상서성이 첨의부로 개편되었다. (ㅇ , ×)

03 원 간섭기에 피지배층을 중심으로 변발과 호복이 확산되었다. (ㅇ , ×)

04 원 간섭기 때 이제현이 만권당에서 원의 학자들과 교류하였다. (ㅇ , ×)

05 원 간섭기에 다루가치라는 감찰관이 파견되었다. (ㅇ , ×)

06 원 간섭기에 전민변정도감을 통해 여성들이 공녀로 보내졌다. (ㅇ , ×)

07 공민왕은 쌍성총관부를 공격하여 철령 이북의 땅을 수복하였다. (ㅇ , ×)

08 공민왕 때 정동행성 이문소가 설치되었다. (ㅇ , ×)

09 신돈이 전민변정도감의 책임자로 임명되어 권문세족을 견제하였다. (ㅇ , ×)

10 공민왕 때 중서문하성과 상서성을 복구하였다. (ㅇ , ×)

11 공민왕은 국자감을 주자감으로 개칭하고 유학 교육을 강화하였다. (ㅇ , ×)

12 공민왕은 인사 행정을 담당하던 정방을 폐지하였다. (ㅇ , ×)

13 최영을 중심으로 요동 정벌을 추진하였다. (ㅇ , ×)

14 이성계가 위화도에서 회군하여 정권을 장악하였다. (ㅇ , ×)

15 고려 말에 조준 등의 건의로 직전법을 제정하여 토지 제도를 개혁하였다. (ㅇ , ×)

정답 | **01** ×(도평의사사로 개편) **02** ㅇ **03** ×(지배층) **04** ㅇ **05** ㅇ **06** ×(결혼도감) **07** ㅇ **08** ×(폐지) **09** ㅇ **10** ㅇ **11** ×(성균관으로 개칭) **12** ㅇ **13** ㅇ **14** ㅇ **15** ×(과전법)

14 고려의 경제

| 고려

3개년 16회 중 13번 출제 · 81%

찐 TIP

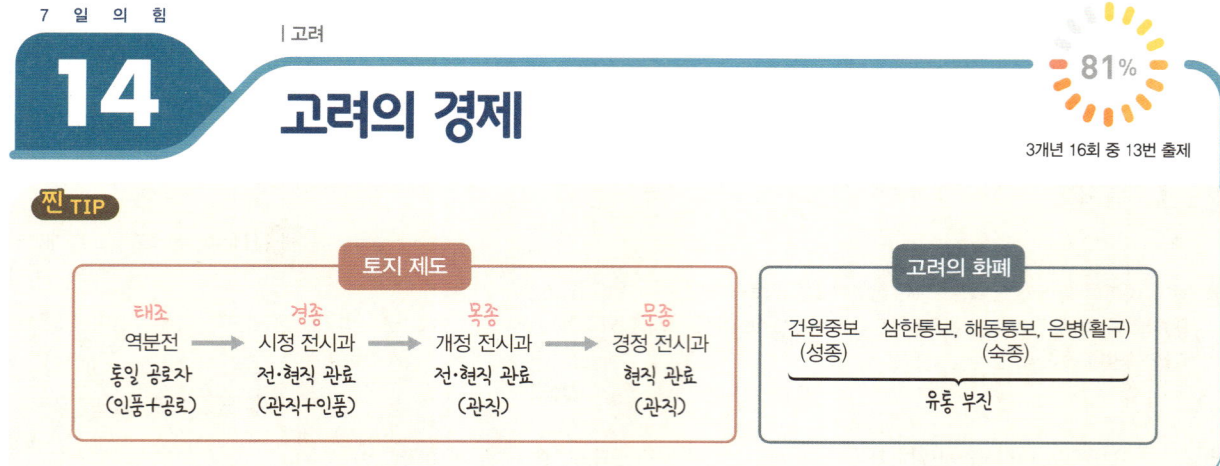

BIG DATA 토지 제도

구분	역분전(태조)	시정 전시과(경종)	개정 전시과(목종)	경정 전시과(문종)
지급 대상	후삼국 통일 과정의 공로자	전·현직 관료	전·현직 관료	현직 관료
지급 기준	인품 + 공로	관직 + 인품	관직	관직
특징	논공행상의 성격	고려의 기본적인 토지 제도	인품 제외	지급량 감소, 무신 대우 개선

- 관직에 따라 전지와 시지를 나누어 주는 제도
- 수조권 지급, 죽거나 관직에서 물러날 때는 토지를 국가에 반납

BIG DATA 경제 활동

농업
- 소를 이용한 깊이갈이 일반화, 시비법의 발달 → 휴경지 감소
- 고려 말 남부 일부 지역에 모내기법(이앙법) 보급
- 목화 전래·재배(문익점)
- 중국의 농서『농상집요』소개(이암)

상업
- 주전도감 설치(숙종 때 의천의 건의)
- 화폐 발행: 건원중보(성종), 삼한통보·해동통보·은병(숙종) → 널리 유통되지는 못함 [활구 / 우리나라 최초의 금속 화폐]
- 경시서(시전 관리·감독)·상평창(물가 조절) 설치

무역
예성강 하구의 벽란도(국제 무역항) 발전 → 송·아라비아 상인 등 왕래

고려 전기의 대외 무역

건원중보

삼한통보

해동통보

은병(활구)

대표발문 핵심선지

대표발문 기출자료 다음 자료에 나타난 시기의 경제 모습에 대한 설명 or (가)에 해당하는 것으로 옳은 것은?

1 토지의 비옥함과 척박함을 구분하여 문무백관에서 부병(府兵), 한인(閑人)에 이르기까지 모두 과(科)에 해당하는 토지를 주고, 또 과에 따라 땔나무를 구할 땅을 주었다.

위와 관련된 토지 제도는? → ㅈㅅㄱ

2
- 경종 원년, 처음으로 직관(職官)과 산관(散官) 각 품의 전시과를 제정하였다.
- 문종 30년, 양반 전시과를 다시 고쳤다. 제1과는 중서령, 상서령, 문하시중으로 전지 100결과 시지 50결을 주며, …… 제18과는 한인(閑人), 잡류(雜類)로 전지 17결을 주었다.

위와 관련된 시기는? → ㄱㄹ

3 주전도감에서 아뢰기를 …… 또한 이 해에 은병을 화폐로 삼았다. 은 1근으로 만들되 우리나라 지형을 본떠 만들었으며 속칭 활구라 하였다.

위와 관련된 시기는? → ㄱㄹ

4 벽란정은 예성항 연안에 있으며, 개경에서 30리 떨어져 있다. …… 벽란정은 두 채로 되어 있는데, 서쪽의 것은 우벽란정이라 부르며 조서를 봉안하고, 동쪽의 것은 좌벽란정이라 부르며 정사·부사를 접대한다.

위와 관련된 국제 무역항은? → ㅂㄹㄷ

핵심선지 문제에서 고려 경제 관련 자료인지를 파악할 줄 알아야 하고, 토지 제도의 변화는 지급 대상·기준을 확실히 암기!

1 (**태조** , 광종)은/는 개국 공신에게 인품, 공로를 기준으로 역분전을 지급하였다.

2 (정전 , **전시과**)은/는 관등에 따라 전지와 시지를 차등 지급하는 토지 제도이다.

3 성종 때 (**건원중보** , 상평통보)가 발행되어 금속 화폐의 통용이 추진되었다.

4 고려 시대에 수도의 시전을 감독하기 위해 (**경시서** , 동시전)이/가 설치되었다.

5 고려 시대에는 예성강 하구의 (**벽란도** , 울산항)이/가 국제 무역항으로 번성하였다.

OX 스피드퀴즈

01 태조는 개국 공신에게 인품과 공로에 따라 역분전을 지급하였다. (ㅇ , ×)

02 관료전은 관등에 따라 전지와 시지를 차등 지급하는 토지 제도이다. (ㅇ , ×)

03 시정 전시과는 인품과 관품을 고려하여 지급하였다. (ㅇ , ×)

04 경정 전시과는 현직 관리에게 전지와 시지를 지급하였다. (ㅇ , ×)

05 고려 시대에는 소를 이용한 깊이갈이가 일반화되었다. (ㅇ , ×)

06 고려 시대에는 목화가 일본에서 들어와 재배되기 시작하였다. (ㅇ , ×)

07 이암은 중국 화북 지방의 농법을 정리한 농사직설을 소개하였다. (ㅇ , ×)

08 의천은 화폐 유통의 필요성을 주장하였다. (ㅇ , ×)

09 광종은 주전도감을 설치하여 해동통보를 발행하였다. (ㅇ , ×)

10 고려 시대에는 활구라고 불리는 은병이 유통되었다. (ㅇ , ×)

11 경시서의 관리들이 수도의 시전을 감독하였다. (ㅇ , ×)

12 예성강 하구의 벽란도가 국제 무역항으로 번성하였다. (ㅇ , ×)

정답 | 자료 1 전시과 2 고려 3 고려 4 벽란도
선지 1 태조 2 전시과 3 건원중보 4 경시서 5 벽란도

정답 | 01 ㅇ 02 ×(전시과) 03 ㅇ 04 ㅇ 05 ㅇ
06 ×(중국) 07 ×(농상집요) 08 ㅇ 09 ×(숙종)
10 ㅇ 11 ㅇ 12 ㅇ

대표 기출문제

01

밑줄 그은 '이 시기'에 있었던 사실로 옳은 것은?

이곳은 김방경의 묘입니다. 그는 개경 환도 이후 몽골의 간섭이 본격화된 이 시기에 여·몽 연합군의 고려군 도원수로 일본 원정에 참여하였습니다.

① 삼수병으로 구성된 훈련도감이 창설되었다.
② 삼군부가 부활하여 군국 기무를 전담하였다.
③ 중서문하성과 상서성이 첨의부로 개편되었다.
④ 인재를 양성하기 위한 초계문신제가 시행되었다.
⑤ 국방 문제를 논의하기 위한 비변사가 설치되었다.

결정적 힌트 개경 환도, 몽골의 간섭, 일본 원정

정답 ③

자료에서 개경 환도 이후 몽골의 간섭이 본격화된 시기라고 하였고, 이 시기에 고려군이 일본 원정에 참여하였다고 한 점을 통해 밑줄 그은 '이 시기'는 원 간섭기임을 알 수 있다.
고려가 항복한 이후 원은 일본 원정을 위해 고려에 정동행성을 설치하였다. 두 차례의 일본 원정이 실패로 돌아간 이후에도 정동행성은 부속 기구인 이문소를 통해 존속하여 고려의 내정에 간섭하였다.
③ 원 간섭기에는 관제가 격하되어 중서문하성과 상서성이 첨의부로, 6부가 4사로 바뀌었다.

관련 기출선지 모아보기
1. [도병마사] 원 간섭기에 도평의사사로 개편되었다.
2. 원의 요청으로 일본 원정에 참여하였다.
3. 지배층을 중심으로 변발과 호복이 확산되었다.

02

밑줄 그은 '이 왕'의 정책으로 옳은 것은?

이곳에는 이 왕과 그의 왕비인 노국 대장 공주의 영정이 봉안되어 있습니다. 조선의 종묘에 고려 왕의 신당이 조성되었다는 점이 특이합니다. 이 왕은 기철 등 친원 세력을 숙청하고 정동행성 이문소를 폐지하였습니다.

① 만권당을 두어 원의 학자들과 교유하였다.
② 신돈을 등용하여 전민변정도감을 운영하였다.
③ 쌍기의 건의를 받아들여 과거제를 실시하였다.
④ 정계와 계백료서를 지어 관리의 규범을 제시하였다.
⑤ 최승로의 시무 28조를 받아들여 통치 체제를 정비하였다.

결정적 힌트 노국 대장 공주, 친원 세력 숙청, 정동행성 이문소 폐지

정답 ②

자료의 '노국 대장 공주', '기철 등 친원 세력 숙청', '정동행성 이문소 폐지' 등을 통해 밑줄 그은 '이 왕'이 고려 공민왕임을 알 수 있다.
② 고려 공민왕은 신돈을 등용하고 전민변정도감을 설치하여 권문세족이 불법으로 빼앗은 토지와 억울하게 노비로 삼은 양인을 되돌려 놓았다.

관련 기출선지 모아보기
1. 정동행성 이문소가 폐지되었다.
2. 쌍성총관부를 공격하여 철령 이북을 수복하였다.
3. 인사 행정을 담당하던 정방이 폐지되었다.

13 원 간섭기와 공민왕의 개혁
14 고려의 경제

03
다음 대화가 이루어진 시기의 경제 상황으로 옳은 것은?

주현에 명령하여 주식점(酒食店)을 열고 백성들에게 화폐를 활용해 음식을 사 먹을 수 있게 하여 그 이로움을 알게 하라.

몇 해 전 주전도감을 설치하고 화폐를 유통시켜 나라의 부강과 백성의 편익을 꾀하였으나, 널리 활용되지 못하고 있사옵니다.

① 활구라고 불리는 은병이 유통되었다.
② 특산품으로 솔빈부의 말이 유명하였다.
③ 송상이 전국 각지에 송방을 설치하였다.
④ 청해진을 설치하여 해상 무역을 전개하였다.
⑤ 시장을 감독하는 관청인 동시전이 설치되었다.

결정적 힌트 주전도감, 화폐 유통

정답 ①
자료의 '주전도감'을 통해 제시된 자료가 고려 시대의 상황임을 알 수 있다.
주전도감은 고려 시대 화폐 주조를 담당했던 기관이다. 문종의 아들이자 숙종의 아우인 의천이 화폐 주조를 건의함에 따라 숙종 때 주전도감이 설치되어 해동통보, 삼한통보 등의 화폐를 발행하였다.
① 고려 시대에는 건원중보, 삼한통보, 해동통보, 은병(활구) 등의 화폐가 발행되었다.

관련 기출선지 모아보기
1. [성종] 건원중보가 발행되어 금속 화폐의 통용이 추진되었다.
2. [의천] 화폐 유통의 필요성을 주장하였다.
3. [숙종] 주전도감을 설치하여 해동통보를 발행하였다.

04
교사의 질문에 대한 학생의 답변으로 옳은 것은?

지도와 같이 13곳의 조창에 조세를 모았다가 개경의 경창 등으로 조운하였던 시기의 경제 상황을 말해 볼까요?

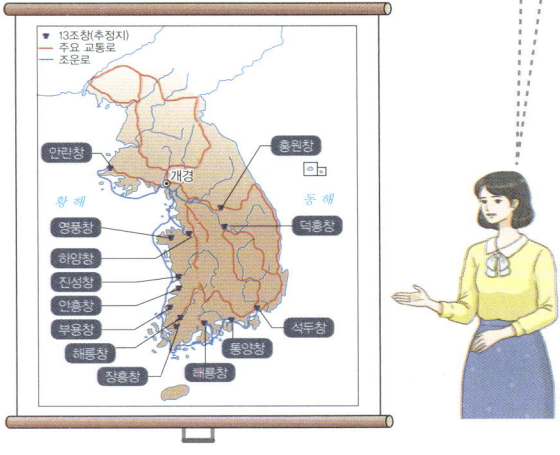

① 관료전을 지급하고 녹읍을 폐지하였어요.
② 덕대가 광산을 전문적으로 경영하였어요.
③ 고구마, 감자 등의 구황 작물을 재배하였어요.
④ 일본과의 무역을 허용하고 계해약조를 체결하였어요.
⑤ 예성강 하구의 벽란도가 국제 무역항으로 번성하였어요.

결정적 힌트 조창, 개경의 경창

정답 ⑤
자료의 '조창', '개경의 경창' 등을 통해 고려 시대의 경제 상황에 대해 묻고 있음을 알 수 있다.
⑤ 고려 시대에는 예성강 하구의 벽란도가 국제 무역항으로 번성하여 송과 아라비아 상인 등이 왕래하였다.

관련 기출선지 모아보기
1. [이암] 중국의 농서인 농상집요가 소개되었다.
2. 경시서의 관리들이 수도의 시전을 감독하였다.
3. 소를 이용한 깊이갈이가 일반화되었다.

15 고려의 학문과 사상

| 고려

81%
3개년 16회 중 13번 출제

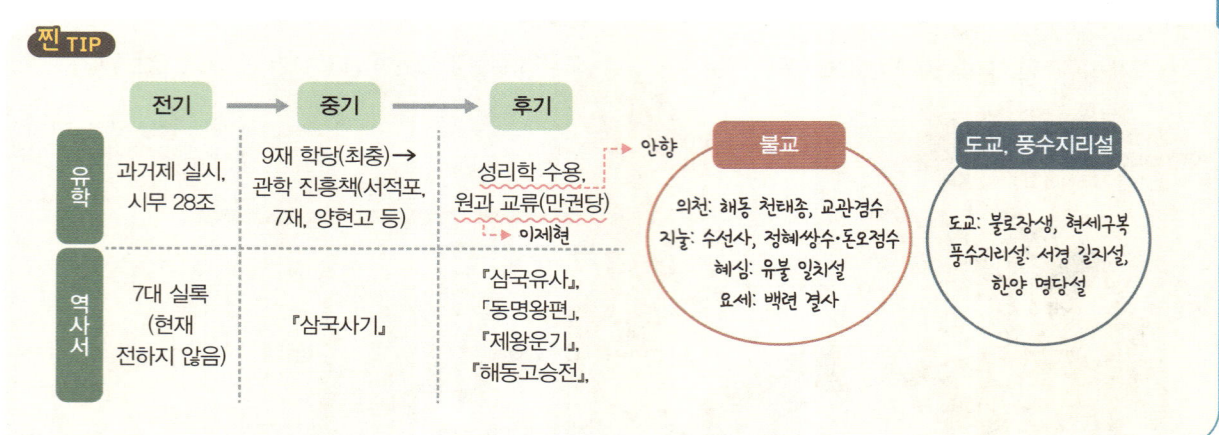

BIG DATA 유학의 발달과 역사서 편찬

유학		역사서
· 광종: 과거제 실시(쌍기의 건의) · 성종: 최승로의 시무 28조 채택, 국자감 설치	전기	현재 전하지 않음
사학 12도 융성(최충의 9재 학당) → 관학 진흥책	중기	『삼국사기』(김부식): 기전체, 우리나라 현존 최고(最古) 역사서
· 안향: 충렬왕 때 성리학 수용 · 이제현: 원의 학자와 만권당에서 교류 · 이색: 성균관에서 유학 교육 · 정몽주·정도전 등 신진 사대부가 사회 개혁 사상으로 성리학 수용	후기	· 『삼국유사』(일연): 불교사 중심, 민간 설화·단군 이야기 수록 · 『동명왕편』(이규보): 서사시, 고구려 계승 의식 · 『제왕운기』(이승휴): 단군~충렬왕 서사시로 정리, 단군 이야기 수록 · 『해동고승전』(각훈) **기출사료** ▶ 『삼국유사』: 삼국의 시조가 모두 신비로운 데에서 탄생 …… 이 책머리에 기이편을 싣는 까닭 …….

관학 진흥책
- 최충 9재 학당 등 사학 12도 융성 → 관학 위축
- 관학 진흥책: 7재 설치(국자감), 서적포(출판부) 설치, 양현고(장학 재단) 설립, 청연각·보문각 설치, 경사 6학(인종)

기출사료
- 인물1: 최근 최충의 9재 학당을 비롯한 사학 12도로 학생들이 모여들어 관학이 많이 위축되었다는군.
- 인물2: …… 그래서 정부에서는 관학 진흥을 위한 정책을 마련한다고 들었네.

BIG DATA 불교의 발달과 도교, 풍수지리설

불교
- 균여: 화엄종 성행, 「보현십원가」 저술
- 의천: 대각국사, 해동 천태종 창시(국청사), 교관겸수를 내세워 교종 중심 선종 통합, 『신편제종교장총록』 편찬
- 지눌: 보조국사, 수선사 결사(순천 송광사), 정혜쌍수·돈오점수를 내세워 선종 중심 교종 통합
- 혜심: 유불 일치설 → 성리학 수용의 사상적 토대 마련
- 요세: 법화 신앙, 백련 결사(강진 만덕사)

기출자료 ▶ 문종의 아들인 '그'가 국청사를 중심으로 천태종을 개창한 행적이 기록되어 있습니다.

기출자료 ▶ 법화 신앙에 바탕을 둔 백련 결사를 제창하였다.

도교, 풍수지리설
- 도교: 불로장생, 현세의 복 추구, 초제 거행
- 풍수지리설: 서경 길지설(북진 정책, 묘청의 서경 천도 운동), 한양 명당설(한양의 남경 승격, 조선의 수도 선정 배경)

대표발문 핵심선지

대표발문 기출자료 밑줄 그은 '그' or (가)에 들어갈 내용으로 적절한 것은?

1. • 인물1: 최근 최충의 9재 학당을 비롯한 사학 12도로 학생들이 모여들어 관학이 많이 위축되었다는군.
   • 인물2: 지공거 출신들이 세운 사학이 많아 과거 준비에 유리한 모양일세. 그래서 정부에서는 관학 진흥을 위한 정책을 마련한다고 들었네.
   위 밑줄 그은 '정책'은? → 7재 개설, ㅇㅎㄱ 설치, 청연각·보문각 설치 등

2. 부산 범어사가 소장한 (가) 권 4~5가 보물에서 국보로 승격되었다. 이번에 국보로 승격된 범어사 소장본은 일연이 저술한 (가)의 현존 판각본 중 가장 이른 시기의 것으로 추정된다.
   위 (가)에 들어갈 역사서는? → ㅅㄱㅇㅅ

3. 이것은 경상북도 칠곡군 선봉사에 있는 비석입니다. 문종의 아들인 그가 국청사를 중심으로 천태종을 개창한 행적이 기록되어 있습니다.
   위 밑줄 그은 '그'는? → ㅇㅊ

4. 이곳은 (가) 이/가 불교계 개혁 운동을 전개한 순천 송광사입니다. 그는 수행 방법으로 돈오점수를 주장하였습니다.
   위 (가)에 해당하는 인물은? → ㅈㄴ

핵심선지 삼국사기·삼국유사 비교, 불교 승려의 특징을 구분 짓는 것이 핵심!

1. 최충이 (만권당 , **9재 학당**)을 세워 유학 교육을 실시하였다.
2. 일연이 (삼국사기 , **삼국유사**)를 집필하여 불교 중심의 설화, 야사 등을 정리하였다.
3. 삼국유사와 (동명왕편 , **제왕운기**)에는 단군왕검의 건국 이야기가 기록되어 있다.
4. 의천이 불교 통합을 위해 해동 (수선사 , **천태종**)을/를 개창하였다.
5. (의천 , **지눌**)이 정혜쌍수와 돈오점수를 내세웠다.

OX 스피드퀴즈

01 국자감에서는 유학을 비롯하여 율학, 서학, 산학을 교육하였다. (○ , ×)
02 최충이 9재 학당을 세워 유학 교육을 실시하였다. (○ , ×)
03 안향이 만권당에서 유학자들과 교류하였다. (○ , ×)
04 관학 진흥을 위해 전문 강좌인 7재가 개설되었다. (○ , ×)
05 일연이 삼국유사를 집필하여 불교 중심의 설화, 야사 등을 정리하였다. (○ , ×)
06 삼국유사는 유교 사관에 입각하여 기전체 형식으로 구성되었다. (○ , ×)
07 제왕운기는 고구려 건국 시조의 일대기를 서사시 형태로 서술하였다. (○ , ×)
08 각훈이 해동고승전을 저술하여 승려들의 전기를 기록하였다. (○ , ×)
09 삼국유사·제왕운기에는 단군왕검의 건국 이야기가 기록되어 있다. (○ , ×)
10 의천이 불교 통합을 위해 해동 천태종을 개창하였다. (○ , ×)
11 균여가 보현십원가를 지어 불교 교리를 전파하였다. (○ , ×)
12 지눌이 정혜쌍수와 돈오점수를 내세웠다. (○ , ×)
13 의천이 불교 개혁을 주장하며 수선사 결사를 조직하였다. (○ , ×)
14 혜심이 심성 도야를 강조한 유불 일치설을 주장하였다. (○ , ×)
15 요세가 법화 신앙을 바탕으로 백련 결사를 이끌었다. (○ , ×)

정답 | 자료 1 양현고 2 삼국유사 3 의천 4 지눌
선지 1 9재 학당 2 삼국유사 3 제왕운기 4 천태종 5 지눌

정답 | 01 ○ 02 ○ 03 ×(이제현) 04 ○ 05 ○
06 ×(삼국사기) 07 ×(동명왕편) 08 ○ 09 ○
10 ○ 11 ○ 12 ○ 13 ×(지눌) 14 ○ 15 ○

16 고려의 문화유산

| 고려

50%

3개년 16회 중 8번 출제

찐 TIP

- **개성 경천사지 10층 석탑** → 원의 영향, 서울 원각사지 10층 석탑으로 계승
- **논산 관촉사 석조 미륵보살 입상** → 지역적 특색 + 대형 불상
- **『직지심체요절』** → 현존 세계 최고(最古) 금속 활자본
- **화통도감** → 최무선 설치 건의, 화약·화포 제작

BIG DATA 건축·조각

목조 건축	주심포 양식(안동 봉정사 극락전, 영주 부석사 무량수전, 예산 수덕사 대웅전) → 다포 양식(사리원 성불사 응진전)
석탑	다각 다층탑 유행: 평창 월정사 8각 9층 석탑(송의 영향) 개성 경천사지 10층 석탑(원의 영향) → 서울 원각사지 10층 석탑(조선)으로 계승
승탑	여주 고달사지 승탑·충주 정토사지 홍법국사탑(신라의 팔각 원당형 계승)
불상	논산 관촉사 석조 미륵보살 입상, 영주 부석사 소조 여래 좌상, 안동 이천동 마애여래 입상, 하남 하사창동 철조 석가여래 좌상, 파주 용미리 마애이불 입상

안동 봉정사 극락전

영주 부석사 무량수전

평창 월정사 8각 9층 석탑 / 개성 경천사지 10층 석탑

논산 관촉사 석조 미륵보살 입상

영주 부석사 소조 여래 좌상

안동 이천동 마애여래 입상

하남 하사창동 철조 석가여래 좌상

BIG DATA 인쇄술의 발달

| 목판 인쇄술 | 초조대장경: 거란의 침입 격퇴 기원
팔만대장경(재조대장경): 몽골의 침입 격퇴 기원 → 합천 해인사 장경판전에 보관 |
| 활판 인쇄술(금속 활자) | 『직지심체요절』: 현존 세계 최고(最古) 금속 활자본, 유네스코 세계 기록 유산 |

BIG DATA 청자·공예

청자 참외 모양 병

청자 상감 운학문 매병

청동 은입사 포류수금문 정병

BIG DATA 의학·무기

| 의학 | 『향약구급방』 편찬 |
| 무기 | 화통도감 설치(최무선의 건의) → 화약·화포 제작 |

대표발문 핵심선지

대표발문 기출자료
(가)에 해당하는 문화유산으로 옳은 것은?

1. 국보 제18호인 ⬜(가)⬜ 은/는 고려 시대의 목조 건물로, 배흘림 기둥에 주심포 양식으로 축조되었습니다. 건물 내부에는 국보 제45호인 소조 여래 좌상이 봉안되어 있습니다.

   위 (가)에 들어갈 문화유산은? → **영주 ㅂㅅㅅ ㅁㄹㅅㅈ**

2. • 종목: 국보 제48-1호
   • 소재지: 강원도 평창군
   • 소개: 고려 전기의 석탑으로 당시 불교문화 특유의 화려하고 귀족적인 면모를 잘 보여 준다. 전체적인 비례와 조각 수법이 착실하여 다각 다층 석탑을 대표하는 문화유산으로 손꼽힌다.

   위와 관련된 문화유산은? → **평창 ㅇㅈㅅ 8각 9층 석탑**

3. ○○ 시대에는 대형 철불이 유행하였으며, 논산 관촉사 석조 미륵보살 입상처럼 거대한 불상이 조성되기도 하였습니다.

   위 내용과 관련된 시대는? → **ㄱㄹ**

4. 이 자기는 상감 기법으로 고려 시대에 제작한 문화유산입니다. 상감은 겉 부분을 파낸 후에 그 자리에 백토나 흑토를 메우면서 무늬를 만들어 내는 방식으로, 이를 통해 다양한 무늬를 표현할 수 있었습니다.

   밑줄 그은 '이 자기'와 관련된 문화유산은? → **ㅅㄱ ㅊㅈ**

5. 그녀는 청주 흥덕사에서 금속 활자로 간행된 ⬜(가)⬜ 을/를 프랑스 국립 도서관에서 발견하였습니다. 또한 외규장각 의궤의 반환을 위해서도 노력하였습니다.

   위 (가)에 들어갈 문화유산은? → **ㅈㅈㅅㅊㅇㅈ**

핵심선지
대표적인 문화유산을 사진과 특징을 함께 파악해 둘 것!

1. 고려는 대장도감을 설치하여 (**초조대장경** , **팔만대장경**)판을 만들었다.
2. (**팔만대장경** , **직지심체요절**)은 청주 흥덕사에서 금속 활자로 간행되었다.
3. 최무선은 (**주전도감** , **화통도감**)을 설치하여 화약과 화포를 제작하였다.

정답 | 자료 1 부석사 무량수전 2 월정사 3 고려 4 상감 청자 5 직지심체요절
  선지 1 팔만대장경 2 직지심체요절 3 화통도감

OX 스피드퀴즈

01. 사리원 성불사 응진전은 주심포 양식의 목조 건축물이다. (○ , ×)

02. 안동 봉정사 극락전은 현존하는 최고(最古)의 목조 건물이다. (○ , ×)

03.
    안동 봉정사 극락전 (○ , ×)

04. 개성 경천사지 10층 석탑은 금의 영향을 받아 제작된 석탑이다. (○ , ×)

05. 개성 경천사지 10층 석탑은 서울 원각사지 10층 석탑에 영향을 주었다. (○ , ×)

06. 고려 시대에는 대형 철불이 유행하였다. (○ , ×)

07.
    논산 관촉사 석조 미륵보살 입상 (○ , ×)

08. 대장도감을 설치하여 초조대장경을 만들었다. (○ , ×)

09. 직지심체요절은 청주 흥덕사에서 금속 활자로 간행되었다. (○ , ×)

10.
    청자 참외 모양 병 (○ , ×)

정답 | 01 ×(다포 양식) 02 ○ 03 ×(영주 부석사 무량수전) 04 ×(원의 영향) 05 ○ 06 ○ 07 ○ 08 ×(팔만대장경판) 09 ○ 10 ×(청자 상감 운학문 매병)

대표 기출문제

01

(가) 인물에 대한 설명으로 옳은 것은?

> 이곳은 (가) 이/가 불교계 개혁 운동을 전개한 순천 송광사입니다. 그는 수행 방법으로 돈오점수를 주장하였습니다.
>
> 보조국사 감로탑 / 국사전

① 승려들의 전기를 담은 해동고승전을 집필하였다.
② 화엄일승법계도를 지어 화엄 사상을 정리하였다.
③ 권수정혜결사문을 작성하여 정혜쌍수를 강조하였다.
④ 불교 경전에 대한 주석서를 모아 교장을 편찬하였다.
⑤ 보현십원가를 지어 불교 교리를 대중에게 전파하였다.

 결정적 힌트 순천 송광사, 돈오점수, 보조국사

정답 ③

자료에서 불교계 개혁 운동을 전개하였다는 점, 순천 송광사가 언급된 점, 수행 방법으로 돈오점수를 주장하였다는 점 등을 통해 (가) 인물이 지눌임을 알 수 있다.

지눌은 고려 시대 무신 집권기에 활약한 승려로, 순천 송광사(수선사)를 근거지로 불교계 개혁 운동을 전개하였다. 지눌은 내 마음이 곧 부처라는 깨달음을 얻은 뒤 꾸준히 수행해야 한다는 돈오점수와 선과 교학을 함께 수행해야 한다는 정혜쌍수를 내세워 선종과 교종 간의 사상 통합을 지향하였다.

③ 지눌은 『권수정혜결사문』에서 선을 익혀 지혜를 고르는 데 힘쓰고, 예불하고 경전을 읽을 것을 주장(정혜쌍수)하였다.

관련 기출선지 모아보기

1. 지눌이 정혜쌍수와 돈오점수를 내세웠다.
2. [지눌] 불교 개혁을 주장하며 수선사 결사를 조직하였다.
3. 지눌이 정혜사를 결성하고 불교 개혁 운동을 전개하였다.

02

(가) 역사서에 대한 설명으로 옳은 것은?

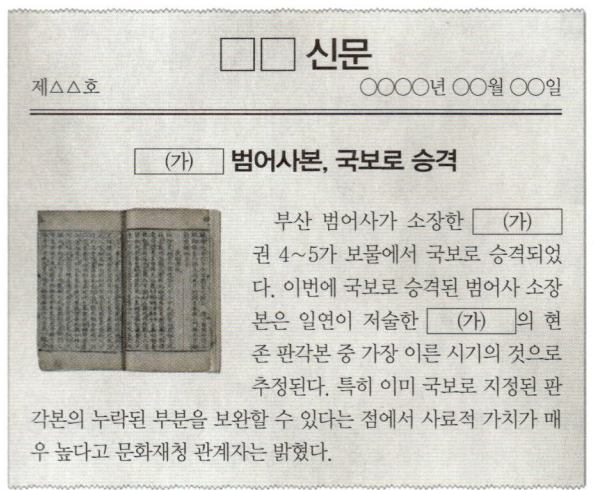

□□ 신문
제△△호 ○○○○년 ○○월 ○○일

(가) 범어사본, 국보로 승격

부산 범어사가 소장한 (가) 권 4~5가 보물에서 국보로 승격되었다. 이번에 국보로 승격된 범어사 소장본은 일연이 저술한 (가) 의 현존 판각본 중 가장 이른 시기의 것으로 추정된다. 특히 이미 국보로 지정된 판각본의 누락된 부분을 보완할 수 있다는 점에서 사료적 가치가 매우 높다고 문화재청 관계자는 밝혔다.

① 단군의 건국 이야기를 수록하였다.
② 사초, 시정기 등을 바탕으로 편찬되었다.
③ 왕명에 의해 고승들의 전기를 기록하였다.
④ 본기, 열전 등 기전체 형식으로 서술되었다.
⑤ 서사시 형태로 고구려 계승 의식이 반영되었다.

결정적 힌트 일연이 저술

정답 ①

자료에서 부산 범어사가 소장한 역사서라는 점, 일연이 저술하였다는 점 등을 통해 (가) 역사서가 『삼국유사』임을 알 수 있다.

원 간섭기인 고려 충렬왕 때 편찬된 『삼국유사』는 단군왕검의 고조선 건국 이야기를 수록하고 있을 뿐만 아니라, 불교와 관련된 설화와 삼국의 건국 설화에 대한 이야기를 담고 있다.

① 『삼국유사』는 단군왕검의 고조선 건국 이야기를 최초로 수록한 역사서이다.

관련 기출선지 모아보기

1. [삼국유사, 제왕운기] 단군왕검의 건국 이야기가 기록되어 있다.
2. [삼국사기] 현존하는 우리나라 최고(最古)의 역사서이다.
3. [동명왕편] 고구려 건국 시조의 일대기를 서사시 형태로 서술하였다.

15 고려의 학문과 사상
16 고려의 문화유산

03

다음 사진전에 전시될 사진으로 적절하지 않은 것은?

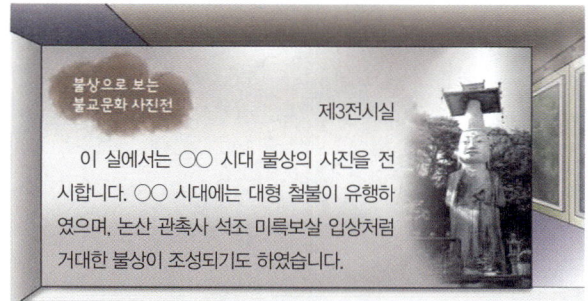

① 　② 　③

④ 　⑤

 대형 철불, 논산 관촉사 석조 미륵보살 입상

정답 ②

자료에서 고려 시대의 대형 불상인 논산 관촉사 석조 미륵보살 입상이 제시되었으므로 해당 시대는 고려 시대임을 알 수 있다.
② 통일 신라의 대표적 불상인 경주 석굴암 본존불이다.

관련 기출선지 모아보기

1. [개성 경천사지 10층 석탑] 원의 영향을 받아 제작된 석탑이다.
2. 국난을 극복하고자 초조대장경을 간행하였다.
3. [직지심체요절] 청주 흥덕사에서 금속 활자로 간행되었다.

04

다음 기획전에 전시될 문화유산으로 적절한 것은?

흙으로 빚은 푸른 보물

이번 기획전에서는 고려 시대 귀족 문화를 보여 주는 비색의 순청자와 음각한 부분에 백토나 흑토를 채워 화려하게 장식한 상감 청자가 전시됩니다. 관심 있는 분들의 많은 관람 바랍니다.

■ 기간: 2022년 ○○월 ○○일~○○월 ○○일
■ 장소: △△ 박물관

① 　② 　③

④ 　⑤

 고려, 순청자, 상감 청자

정답 ③

고려의 도자기는 신라와 발해의 전통과 기술을 토대로 송의 도자기 기술을 받아들여 11세기부터 크게 발전하기 시작하였다. 가장 유명한 것은 비취색이 나는 청자인데, 12세기 중엽에는 고려만의 독창적 기법인 상감 기법이 개발되었다. 상감 청자는 13세기 중엽까지 주류를 이루었으나, 점차 분청사기로 바뀌어 갔다.
③ 청자 상감 운학문 매병은 상감 기법으로 제작된 대표적인 고려 청자이다.

관련 기출선지 모아보기

청자 참외 모양 병　청동 은입사 포류수금문 정병

17 조선 전기 주요 왕

| 조선 전기

3개년 16회 중 14번 출제

찐 TIP

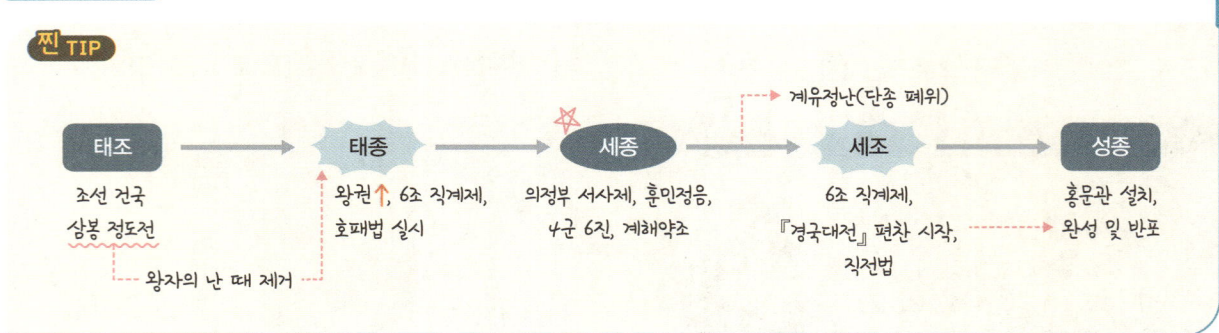

BIG DATA 조선 전기 주요 왕의 업적

태조 (이성계)
- 건국(1392) → 한양 천도(1394) → 경복궁 건립
- 정도전: 조선 건국 주도, 『조선경국전』, 『불씨잡변』(불교 폐단 비판)
  - 이방원에게 피살(제차 왕자의 난)

태종 (이방원)
- 6조 직계제 실시, 사간원 독립
- 사병 혁파, 신문고 제도 실시
- 호패법 실시 → 수취 대상 확보
- 주자소 설치 → 계미자 주조
- 「혼일강리역대국도지도」(세계 지도) 제작

> **기출자료** 태종 때 주자소에서 제작한 계미자를 이용하여 간행되었습니다. 또한 세계 지도인 「혼일강리역대국도지도」가 제작되기도 하였습니다.

세종
- 의정부 서사제 실시, 집현전 설치 → 왕권과 신권의 조화
- 4군(최윤덕) 6진(김종서) 개척, 쓰시마섬(대마도) 정벌(by 이종무)
- 3포 개항(부산포·제포·염포)
- 계해약조 체결 → 일본인에게 제한된 무역 허가
- 공법 실시: 토지의 비옥도와 풍흉에 따라 세금을 차등 부과(전분6등법, 연분9등법)
- 훈민정음 창제·반포, 혼천의·앙부일구·자격루 제작, 갑인자 주조
- 『칠정산』(역법)·『향약집성방』(의학)·『농사직설』(농사)·『삼강행실도』(유교 의례) 편찬

세조 (수양 대군)
- 계유정난으로 정권 장악(단종 폐위)
- 6조 직계제 실시, 집현전·경연 폐지 → 왕권 강화
- 『경국대전』 편찬 시작
- 이시애의 난 진압 → 유향소 폐지
- 직전법 실시(수신전·휼양전 폐지)
- 군사 조직: 5위(중앙군), 진관 체제(지방군)

> **기출자료** 성삼문이 아버지 성승 및 박팽년 등과 함께 상왕[단종]의 복위를 모의하여 거사하기로 기약하였다.

성종
- 『경국대전』 반포(완성)
- 홍문관(옥당) 설치 → 경연 부활 및 활성화
- 관수 관급제 실시 → 국가의 토지 지배권 강화
- 『동국통감』·『악학궤범』(음악 백과사전)·『동국여지승람』(지리서)·『동문선』·『국조오례의』 편찬

대표발문 핵심선지

대표발문 기출자료 (가)에 들어갈 내용 or 밑줄 그은 '이 왕'의 업적으로 옳은 것은?

1
- 1380년 삼도 도순찰사 (가) 이/가 이끄는 고려군이 전라도 황산에서 왜구를 격퇴하였습니다.
- 조선 선조 때 이를 기념하여 대첩비를 세웠지만 일제 강점기 일본인들이 파괴하여 파편만 남게 되었습니다.
- 그러나 탁본이 남아 있어 적장 아지발도를 죽인 (가) 의 활약상을 상세히 확인할 수 있습니다.

위와 관련된 왕은? → ㅌㅈ 이성계

2 일전에 좌정승 하륜이 나에게 국정의 처리를 육조에서 직계하자고 건의하였다. 지금까지는 겨를이 없어 논의하지 못했으나, 이제 경들이 의논하도록 하라.

위와 관련된 왕은? → ㅌㅈ

3 오늘 왕께서 공법을 윤허하셨습니다. 이 법의 내용은 전품을 6등급으로, 풍흉을 9등급으로 나누어 전세를 수취하는 것입니다. 일찍이 왕께서는 법안을 논의할 때 백성들의 의견을 들어보라 명하셨고, 전제상정소에서 이를 참조하여 마련하였습니다.

위 밑줄 그은 '왕'은? → ㅅㅈ

4
- 며칠 전 전하께서 과전을 혁파하고 직전을 설치하라는 명을 내리셨다고 하네.
- 이제 현직 관원들만 수조권을 지급받게 되겠군.

위 대화 내용과 관련된 왕은? → ㅅㅈ

핵심선지 왕의 업적 제시 후, 해당 왕에 관한 선지를 고르는 문제가 출제! 태종·세종·세조·성종의 업적을 구분할 줄 아는 것이 핵심!

1 (태종 , 세종)은 4군 6진을 설치하여 북방 영토를 개척하였다.

2 (태종 , 세종) 때 한양을 기준으로 한 역법서인 칠정산이 편찬되었다.

3 (세종 , 세조) 때 직전법을 실시하여 현직 관리에게만 수조지를 지급하였다.

4 (세종 , 성종) 때 경국대전을 완성하여 국가의 통치 규범을 마련하였다.

OX 스피드퀴즈

01 정도전은 재상 중심의 정치를 강조한 경국대전을 편찬하였다. (O , X)

02 정도전은 불씨잡변을 지어 불교의 폐단을 비판하였다. (O , X)

03 정종 때 문하부 낭사를 분리하여 사간원으로 독립시켰다. (O , X)

04 태종은 주자소를 설치하고 금속 활자인 계미자를 주조하였다. (O , X)

05 세종 때 4군 6진을 설치하여 북방 영토를 개척하였다. (O , X)

06 세종 때 학문 연구 기관인 규장각이 설치되었다. (O , X)

07 세종 때 이종무가 적의 근거지인 쓰시마를 정벌하였다. (O , X)

08 성종 때 계해약조가 체결되어 세견선의 입항이 허가되었다. (O , X)

09 세종 때 개량된 금속 활자인 갑인자가 주조되었다. (O , X)

10 세종 때 한양을 기준으로 한 역법서인 칠정산이 편찬되었다. (O , X)

11 세종 때 국가의 의례를 정비한 국조오례의가 완성되었다. (O , X)

12 세조 때 이시애의 난을 진압하고 유향소를 폐지하였다. (O , X)

13 세조 때 직전법을 실시하여 현직 관리에게만 수조지를 지급하였다. (O , X)

14 성종은 대전통편을 완성하여 국가의 통치 규범을 마련하였다. (O , X)

15 성종 때 음악 이론 등을 집대성한 악학궤범이 간행되었다. (O , X)

정답 | 자료 1 태조 2 태종 3 세종 4 세조
선지 1 세종 2 세종 3 세조 4 성종

정답 | 01 X(조선경국전) 02 O 03 X(태종) 04 O
05 O 06 X(집현전) 07 O 08 X(세종)
09 O 10 O 11 X(성종) 12 O 13 O
14 X(경국대전) 15 O

18 조선의 통치 체제

| 조선 전기

3개년 16회 중 11번 출제

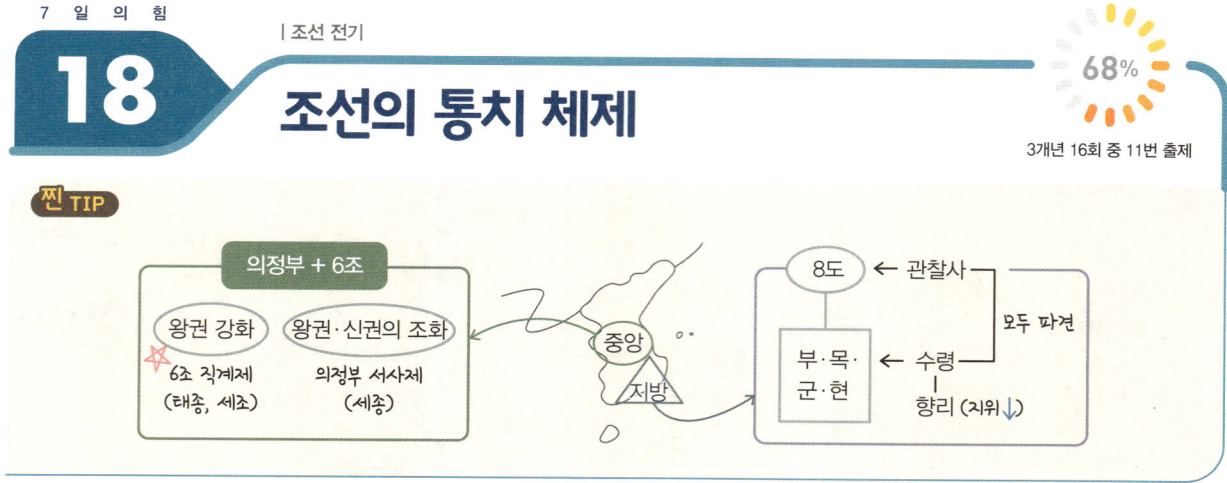

BIG DATA 조선의 중앙 정치 제도와 지방 행정 제도

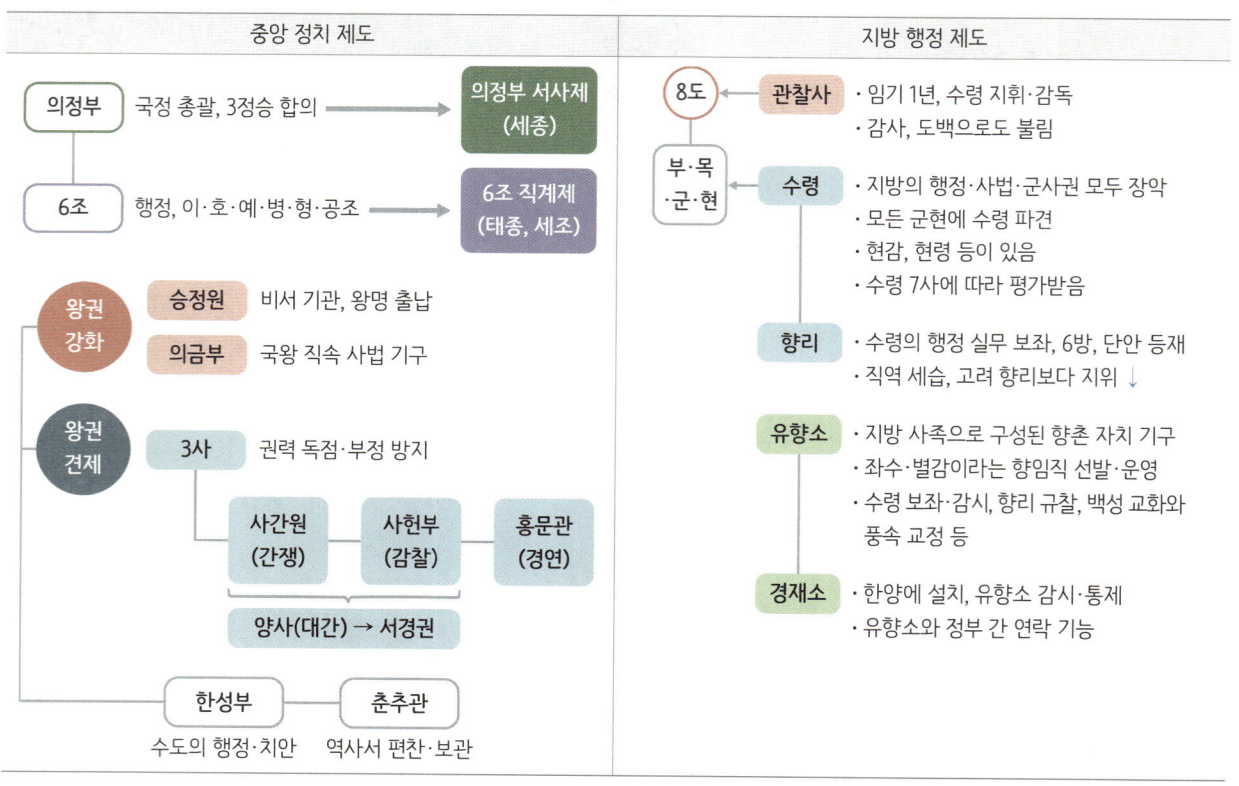

BIG DATA 교육 제도

교육(명륜당) + 제사(대성전)

성균관	4부 학당	향교	서당
• 최고 교육 기관 • 소과에 합격한 생원이나 진사 입학 가능	• 한양 설립, 관립 중등 교육 기관	• 지방 설립, 관립 중등 교육 기관 • 부·목·군·현에 하나씩 설립 • 중앙에서 교수·훈도 파견	• 사립 초등 교육 기관

대표발문 핵심선지

대표발문 기출자료 (가) 기구에 대한 설명으로 옳은 것은?

1 이 그림은 중종 때 그려진 미원계회도(薇垣契會圖)입니다. '미원'은 (가) 의 별칭으로 간쟁과 논박을 담당한 관청이었습니다. 소나무 아래에는 계회를 하고 있는 모습이 보이고, 하단에는 참석자들의 관직, 성명, 본관 등이 기록되어 있습니다.

위 (가)에 들어갈 기구는? → ㅅㄱㅇ

2
- (가) 에 대해 알려 줄래?
- 대제학, 부제학 등의 관직을 두었어.
- 궁중의 서적과 문서를 관리하였어.
- 옥당, 옥서 등의 별칭이 있었어.

위 (가)에 들어갈 기구는? → ㅎㅁㄱ

3 이것은 악장가사에 실린 상대별곡(霜臺別曲)으로 '상대'는 관리를 감찰하고 풍속을 바로잡는 임무를 맡은 (가) 을/를 의미합니다. (가) 의 대사헌을 역임한 권근은 이 가사에서 관원들이 일을 끝내고 즐기는 장면 등을 흥미롭게 묘사하였습니다.

위 (가)에 들어갈 기구는? → ㅅㅎㅂ

4 각 지역 출신 가운데 서울에 살며 벼슬하는 자들의 모임을 경재소라고 합니다. 경재소에서는 고향에 사는 유력자 중에서 강직하고 명석한 자들을 선택하여 (가) 에 두고 향리의 범법 행위를 규찰하고 풍속을 유지하였습니다.

위 (가)에 들어갈 기구는? → ㅇㅎㅅ

5 이곳은 경기도 수원시에 위치한 조선 시대 지방 교육 기관인 (가) 입니다. 대부분 지방 관아 가까운 곳에 위치하였으며 제향 공간인 대성전, 강학 공간인 명륜당, 기숙사인 동재와 서재 등으로 이루어져 있습니다.

위 (가)에 들어갈 교육 기관은? → ㅎㄱ

핵심선지 중앙 및 지방의 통치 기구를 각각의 기능과 함께 기억하는 것이 중요! 승정원·사헌부·홍문관·유향소 등이 빈출 문제!

1 (**승정원** , 홍문관)은 왕명 출납을 맡은 왕의 비서 기관이었다.

2 (춘추관 , **한성부**)은/는 수도의 치안과 행정을 담당하였다.

3 (경재소 , **유향소**)는 좌수와 별감을 선발하여 운영되었다.

정답 | 자료 1 사간원 2 홍문관 3 사헌부 4 유향소 5 향교
　　　선지 1 승정원 2 한성부 3 유향소

OX 스피드퀴즈

01 의정부는 6조 직계제의 실시로 권한이 강화되었다. (○ , ×)
02 승정원은 왕명 출납을 맡은 왕의 비서 기관이었다. (○ , ×)
03 의금부는 국왕 직속의 사법 기구로 반역죄, 강상죄 등을 처결하였다. (○ , ×)
04 사헌부·사간원은 5품 이하 관리의 임명 과정에서 서경권을 행사하였다. (○ , ×)
05 춘추관은 3사에 소속되어 관리의 비리를 감찰하였다. (○ , ×)
06 홍문관은 집현전의 학문 연구 기능을 계승하였다. (○ , ×)
07 홍문관은 사헌부, 사간원과 함께 3사로 불렸다. (○ , ×)
08 한성부는 수도의 치안과 행정을 담당하였다. (○ , ×)
09 춘추관은 실록을 보관하고 관리하는 업무를 관장하였다. (○ , ×)
10 관찰사는 관내 군현의 수령을 감독하고 근무 성적을 평가하였다. (○ , ×)
11 향리는 지방의 행정·사법·군사권을 행사하였다. (○ , ×)
12 향리는 단안(壇案)이라는 명부에 등재되었다. (○ , ×)
13 관찰사는 감사, 도백으로도 불렸다. (○ , ×)
14 향교는 전국의 부, 목, 군, 현에 하나씩 설립되었다. (○ , ×)
15 서당에는 중앙에서 교관인 교수나 훈도가 파견되었다. (○ , ×)

정답 | 01 ×(약화) 02 ○ 03 ○ 04 ○ 05 ×(사헌부)
　　　06 ○ 07 ○ 08 ○ 09 ○ 10 ○ 11 ×(수령)
　　　12 ○ 13 ○ 14 ○ 15 ×(향교)

대표 기출문제

01

(가) 인물에 대한 설명으로 옳은 것은?

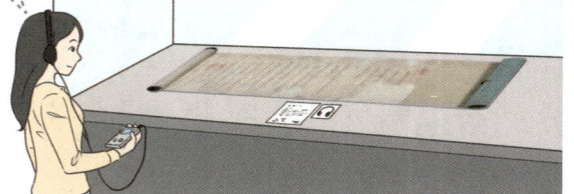

이것은 마천목을 좌명공신에 봉한다는 녹권입니다. 마천목은 제2차 왕자의 난 당시 회안공 이방간과의 치열한 전투에서 (가) 이/가 승리할 수 있도록 앞장섰습니다. 이후 왕위에 오른 (가) 은/는 마천목을 3등 공신으로 책봉하였습니다.

① 과전을 혁파하고 직전을 설치하였다.
② 최무선의 건의로 화통도감을 두었다.
③ 어영청을 중심으로 북벌을 추진하였다.
④ 왕권 강화를 위해 6조 직계제를 실시하였다.
⑤ 궁중 음악을 집대성한 악학궤범을 편찬하였다.

02

밑줄 그은 '왕'의 재위 시기에 있었던 사실로 옳은 것은?

오늘 왕께서 공법을 윤허하셨습니다. 이 법의 내용은 전품을 6등급으로, 풍흉을 9등급으로 나누어 전세를 수취하는 것입니다. 일찍이 왕께서는 법안을 논의할 때 백성들의 의견을 들어보라 명하셨고, 전제상정소에서 이를 참조하여 마련하였습니다.

공법, 6개 고을 시범 시행

① 음악 이론 등을 집대성한 악학궤범이 완성되었다.
② 민간의 광산 개발을 허용하는 설점수세제가 시행되었다.
③ 우리 풍토에 맞는 농법을 소개한 농사직설이 편찬되었다.
④ 현직 관리에게만 수조권을 지급하는 직전법이 제정되었다.
⑤ 우리나라와 중국의 의서를 망라한 동의보감이 간행되었다.

결정적 힌트 제2차 왕자의 난, 이후 왕위에 오름

정답 ④

자료의 '제2차 왕자의 난에서 승리'를 통해 (가) 인물이 조선 태종임을 알 수 있다.
제1, 2차 왕자의 난을 통해 권력을 장악한 이방원은 즉위 후 왕권을 강화하기 위한 개혁을 추진하였다. 6조 직계제를 시행하여 의정부의 힘을 약화시켰다. 또 사간원을 독립시켜 대신들을 견제하였으며, 사병을 혁파하였다. 태종은 세금과 군역을 확보하기 위해 호패법을 시행하였다.
④ 태종은 6조 직계제를 시행하여 6조에서 의정부를 거치지 않고 곧바로 왕에게 재가를 받도록 함으로써 의정부의 힘을 약화시켰다.

관련 기출선지 모아보기
1. 문하부 낭사를 분리하여 사간원으로 독립시켰다.
2. 세계 지도인 혼일강리역대국도지도가 만들어졌다.
3. 주자소를 설치하여 계미자를 주조하였다.

결정적 힌트 공법, 전품을 6등급, 풍흉을 9등급

정답 ③

자료에서 '공법', '전품을 6등급', '풍흉을 9등급' 등을 통해 밑줄 그은 '왕'이 조선 세종임을 알 수 있다.
조선 세종은 전세를 걷는 과정에서 관원이 부정행위를 자행하는 폐단이 발생하자, 이를 개선하고자 새로이 공법을 제정하였다. 공법은 토지의 비옥도와 그해 농사의 풍흉을 따져 1결당 4~20두를 차등 있게 부과하는 제도이다.
③ 정초 등은 세종의 명을 받아 우리 풍토에 맞는 농법을 정리한 『농사직설』을 편찬하였다.

관련 기출선지 모아보기
1. 제한된 범위의 무역을 허용한 계해약조가 체결되었다.
2. 4군 6진을 설치하여 북방 영토를 개척하였다.
3. 한양을 기준으로 한 역법서인 칠정산이 편찬되었다.

03

(가) 기구에 대한 설명으로 옳은 것은?

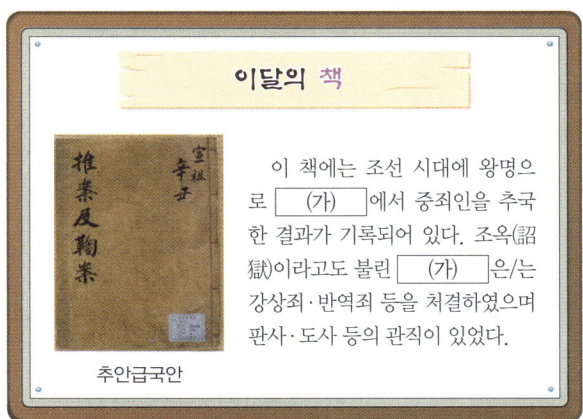

① 국왕 직속의 특별 사법 기구였다.
② 사림의 건의로 중종 때 폐지되었다.
③ 사헌부, 사간원과 함께 삼사로 불리었다.
④ 5품 이하의 관원에 대한 서경권을 행사하였다.
⑤ 서얼 출신의 학자들이 검서관으로 기용되었다.

결정적 힌트   중죄인을 추국, 강상죄·반역죄 등을 처결

정답

자료의 '왕명으로 중죄인을 추국', '반역죄 등을 처결' 등을 통해 (가) 기구가 조선의 의금부임을 알 수 있다.
① 의금부는 조선 시대 국왕 직속의 사법 기구로, 왕명을 받들어 추국하는 일을 관장하였다.

관련 기출선지 모아보기

1. [의금부] 국왕 직속의 사법 기구로 반역죄, 강상죄 등을 처결하였다.
2. [의금부] 반역죄, 강상죄 등을 범한 중죄인을 다스렸다.
3. [한성부] 수도의 치안과 행정을 담당하였다.

04

(가) 기구에 대한 설명으로 옳은 것은?

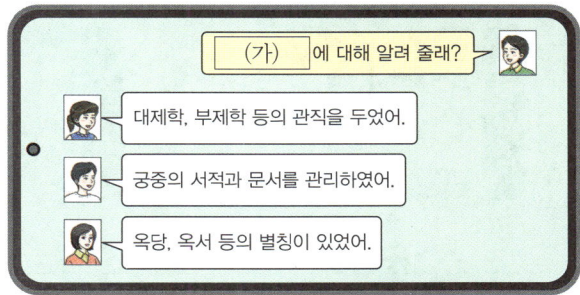

① 수도의 행정과 치안을 맡아보았다.
② 사헌부, 사간원과 함께 3사로 불렸다.
③ 을묘왜변을 계기로 상설 기구화되었다.
④ 왕의 비서 기관으로 왕명의 출납을 담당하였다.
⑤ 국왕 직속 사법 기구로 반역죄, 강상죄 등을 처결하였다.

결정적 힌트   대제학, 부제학, 옥당

정답

자료에서 '대제학, 부제학', '궁중의 서적과 문서 관리', '옥당, 옥서 등의 별칭'을 통해 (가) 기구가 홍문관임을 알 수 있다.
홍문관은 조선 시대에 궁중의 서적과 문서 관리 및 왕의 각종 자문에 응하는 일을 담당했던 관청이다. 옥당, 옥서 등의 별칭이 있었으며 사헌부, 사간원과 더불어 3사로 불렸다.
② 홍문관은 사헌부, 사간원과 함께 3사로 불리며, 언론의 기능을 하였다.

관련 기출선지 모아보기

1. [홍문관] 집현전의 학문 연구 기능을 계승하였다.
2. [홍문관] 옥당이라고 불리며 경연을 담당하였다.
3. [사헌부·사간원] 5품 이하 관리의 임명 과정에서 서경권을 행사하였다.

19 사림의 성장과 붕당 정치

| 조선 전기

3개년 16회 중 10번 출제

찐 TIP

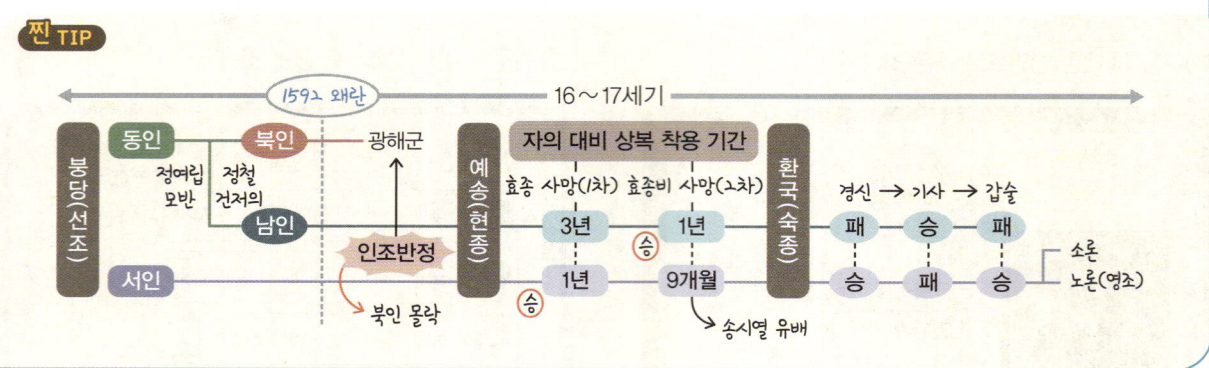

BIG DATA 사림의 성장과 사화

무오사화(1498, 연산군)
김종직의 조의제문 빌미 → 김일손 사형, 사림 피해

갑자사화(1504, 연산군)
폐비 윤씨 사사 사건 배경이 연산군에게 알려짐 → 훈구·사림 모두 피해

기묘사화(1519, 중종)
조광조의 개혁(현량과, 소격서 X, 위훈 X) → 훈구 세력의 조광조 제거, 사림 피해

을사사화(1545, 명종)
외척 대윤(윤임 일파) vs 소윤(윤원형 일파) → 윤원형 등 외척이 정국 주도

BIG DATA 붕당 정치의 시작과 변질

선조 (16세기 후반)
- 이조 전랑 임명 문제 + 척신 정치 청산 문제 → 동인·서인 분당
- 정여립 모반 사건(기축옥사), 정철의 건저의 사건 → 동인이 남인·북인으로 분당

광해군·인조·효종
- 광해군: 북인의 정권 장악 → 광해군의 영창 대군 사사, 인목 대비 폐위 → 인조반정(1623) → 광해군·북인 세력 축출
- 인조: 서인 정국 주도 + 남인 일부 참여 → 상호 비판적 공존 체제
- 효종: 서인 집권 → 북벌 추진(서인 vs 남인)

현종
- 예송: 자의 대비의 상복 착용 기간 문제 → 서인 vs 남인

구분	서인 주장	남인 주장	결과
1차 예송(기해예송): 효종 사후	1년(기년복)	3년	서인 승리
2차 예송(갑인예송): 효종비 사후	9개월(대공복)	1년(기년복)	남인 승리

숙종

경신환국(1680)	집권 남인 허적의 기름 천막 사건 → 남인 축출, 서인 집권 후 분열(노론·소론)
기사환국(1689)	희빈 장씨 소생의 원자 책봉 문제 → 인현 왕후 폐위, 희빈 장씨 왕비 책봉 → 송시열 등 서인 몰락, 남인 집권
갑술환국(1694)	서인(노론)의 인현 왕후 복위 운동 전개 → 인현 왕후 복위, 남인 몰락, 서인(노론·소론) 집권

대표발문 핵심선지

대표발문 기출자료 (가) 사건에 대한 설명으로 옳은 것은? or (가), (나) 시기에 있었던 사실로 옳은 것은?

1 김종직의 자는 계온이고 호는 점필재이며, 김숙자의 아들로 선산 사람이다. …… 후학 중에 김굉필과 정여창 같은 이는 도학으로 명성이 있었고, 김일손, 유호인 등은 문장으로 이름을 알렸으며 …… 연산군 때 유자광, 이극돈 등이 주도한 ⎡ (가) ⎤이/가 일어났을 당시 김종직은 이미 세상을 떠났지만 화가 그의 무덤까지 미치어 부관참시를 당하였다.

위 (가)에 들어갈 사건은? → ㅁㅇㅅㅎ

2 이것은 능주 목사 민여로가 건립한 정암 선생 적려 유허비입니다. 정암 선생은 소격서 폐지, 현량과 실시 등을 추진하다가 이 사건으로 능주에 유배되었습니다.

위 밑줄 그은 '이 사건'은? → ㄱㅁㅅㅎ

3 임금이 전교하기를, "내 생각에는 허적이 혹시 허견의 모반 사실을 알지 못했는가 하였는데, 문안(文案)을 보니 준기를 산속 정자에 숨긴 사실이 지금 비로소 드러났으니, 알고서도 엄호한 정황이 분명하여 감출 수가 없었다. 그저께 허적에게 사약을 내려 죽인 것도 이 때문이다."라고 하였다.

위와 관련된 사건은? → ㄱㅅㅎㄱ

4 임금이 명하기를, "국운이 평안하고 태평함을 회복하여 중전이 복위하였으니, …… 장씨에게 내렸던 왕후의 지위를 거두고, 옛 작호인 희빈을 내려 주도록 하라. 다만 세자가 조석으로 문안하는 것은 폐하지 말라."라고 하였다.

위와 관련된 사건은? → ㄱㅅㅎㄱ

핵심선지 사화와 사화 사이의 시기에 일어난 일을 묻는 문제가 자주 출제! 환국의 순서와 집권 세력의 변화를 함께 기억할 것!

1 (**무오사화** , 갑자사화)는 조의제문이 발단이 되어 일어났다.

2 (김일손 , **조광조**)은/는 신진 인사를 등용하기 위한 현량과를 실시하였다.

3 (을사사화 , **정여립 모반 사건**)(으)로 인해 기축옥사가 발생하였다.

4 자의 대비의 복상 문제를 둘러싸고 (**예송** , 환국)이 전개되었다.

5 (**경신환국** , 기사환국) 때 허적과 윤휴 등 남인들이 대거 축출되었다.

OX 스피드퀴즈

01 성종과 중종은 훈구 세력의 전횡을 막기 위해 사림을 등용하였다. (O , ×)

02 김일손은 무오사화의 발단이 된 조의제문을 작성하였다. (O , ×)

03 조광조는 현량과를 실시하여 신진 사림을 등용하고자 하였다. (O , ×)

04 소격서는 조광조를 비롯한 사림의 건의로 혁파되었다. (O , ×)

05 기묘사화는 폐비 윤씨 사사 사건을 빌미로 발생하였다. (O , ×)

06 명종 때 외척 간의 대립으로 을사사화가 발생하였다. (O , ×)

07 외척 간의 다툼으로 윤원형이 제거되었다. (O , ×)

08 을사사화는 대윤과 소윤의 대립으로 인해 발생하였다. (O , ×)

09 이조 전랑 임명을 둘러싸고 사림이 남인과 북인으로 나뉘었다. (O , ×)

10 정여립 모반 사건으로 기축옥사가 발생하였다. (O , ×)

11 광해군 때 북인이 서인과 남인을 배제하고 권력을 장악하였다. (O , ×)

12 자의 대비의 복상 문제를 둘러싸고 예송이 전개되었다. (O , ×)

13 경신환국으로 허적과 윤휴 등 남인들이 대거 축출되었다. (O , ×)

14 희빈 장씨 소생의 원자 책봉 문제로 경신환국이 발생되었다. (O , ×)

15 갑술환국으로 남인이 축출되고 노론과 소론이 정국을 주도하였다. (O , ×)

정답 | 자료 1 무오사화 2 기묘사화 3 경신환국 4 갑술환국
선지 1 무오사화 2 조광조 3 정여립 모반 사건 4 예송 5 경신환국

정답 01 O 02 ×(김종직이 작성) 03 O 04 O 05 ×(갑자사화) 06 O 07 ×(윤임) 08 O 09 ×(동인·서인) 10 O 11 O 12 O 13 O 14 ×(기사환국) 15 O

20 조선 전기 사회

| 조선 전기

25%
3개년 16회 중 4번 출제

찐 TIP

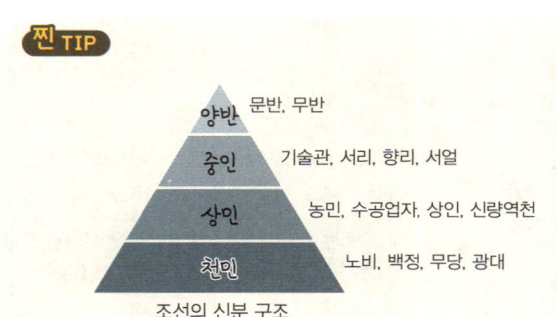

이황	이이
이(理) 강조 『성학십도』 『주자서절요』	이(理)·기(氣) 강조 『성학집요』 『동호문답』

BIG DATA 신분 구조

양반	문반·무반, 관료층, 지주층
중인	기술관·서리·향리·서얼(서얼은 문과 응시 X)
상민	농민·수공업자·상인·신량역천, 과거 응시 가능
천민	· 노비·백정·무당·광대 → 조선 시대 양인 중 천역에 종사한 사람들 · 매매·상속·증여 가능 · 일천즉천 · 장례원에서 관리

BIG DATA 가족 제도

재산 상속	자녀 균분 상속
여성의 지위	─ 아들딸 구별 없이 순서대로 호적 기재 ─ 자녀들이 돌아가며 제사를 맡음 ─ 아들이 없을 경우 딸이 제사를 지냄

BIG DATA 사회 시책

민생 안정	상평창(물가 조절 기구), 사창제

의료 시설	혜민국, 동·서 대비원 등

BIG DATA 서원과 향약

서원		향약
백운동 서원(주세붕)	시초	· 조광조 · 이황(예안 향약)·이이에 의해 보급
· 성현 제사 · 후진 양성(교육) · 사액 서원: 국왕으로부터 편액·서적 등을 받은 서원 (백운동 사원 → 소수 서원)	내용	· 향촌의 자치 규약 · 상호 부조 · 유교 윤리 실천
· 사림의 여론 형성 주도 · 붕당의 근거지	역할	· 농민 지배 강화 · 사회 풍속 교화 · 향촌 질서 유지

BIG DATA 성리학 발달

이황		이이
· 근본적, 이상적 · 이(理) 강조	성향	· 현실적, 개혁적 · 이(理)·기(氣) 강조
『성학십도』, 『주자서절요』	저술	『성학집요』, 『격몽요결』, 『동호문답』
영남학파, 동인	학파	기호학파, 서인
일본 성리학에 영향	특징	수미법 등 개혁안 주장

대표발문 핵심선지

대표발문 기출자료 (가)에 대한 설명 or (가) 인물에 대한 설명으로 옳은 것은?

1 [연조귀감]
이 책은 1777년(정조 1)에 이진흥이 (가) 의 사적(事蹟)을 모아 정리한 것이다. 이 책에는 지방 이서(吏胥)층인 (가) 의 기원과 형성 과정, 그리고 행적을 밝히고 처우 개선을 요구하는 상소 등이 수록되었다.
위 (가)에 들어갈 조선의 신분은? → ㅎㄹ

2 1. 주제: 조선의 교육 기관 (가) 을/를 찾아서
2. 개관
중종 38년(1543) 풍기 군수 주세붕이 처음 건립하였다. 국왕으로부터 현판과 토지, 노비 등을 받기도 하였다. 흥선 대원군에 의해 정리되어 47곳이 남았는데, 이 중 대표적인 9곳이 유네스코 세계 유산으로 등재되었다.
위 (가)에 들어갈 기관은? → ㅅㅇ

3 나이가 많고 덕망과 학술을 지닌 1인을 여러 사람들이 도약정으로 추대하고, 학문과 덕행을 지닌 2인을 부약정으로 삼는다.
위 내용과 관련된 조선의 향촌 자치 규약은? → ㅎㅇ

4 이곳 파주 자운 서원에는 (가) 의 위패가 모셔져 있습니다. 그는 군주가 수양해야 할 덕목과 지식을 담은 성학집요를 집필하여 임금에게 바쳤으며, 해주 향약 등을 시행하였습니다.
위 (가)의 인물은? → ㅇㅇ

5 이 자료는 (가) 이/가 지어 왕에게 바친 성학십도의 일부입니다. 그는 성리학에 대한 체계적 이해를 바탕으로 군주가 스스로 인격과 학문을 수양하기 위해 노력해야 함을 강조하였습니다.
위 (가)의 인물은? → ㅇㅎ

핵심선지 조선의 신분별 특징을 기억하고, 이황·이이의 성향과 각각의 저서를 구분할 줄 아는 것이 포인트!

1 주세붕이 최초의 서원인 (**도산 서원** , **백운동 서원**)을 건립하였다.

2 이황은 군주의 도를 도식으로 설명한 (**성학십도** , **성학집요**)를 지었다.

3 (**이황** , **이이**)이/가 동호문답을 통해 다양한 개혁 방안을 제시하였다.

OX 스피드퀴즈

01 양반은 경재소를 통해 향촌 자치를 주도하였다. (○ , ×)

02 중인·기술관은 잡과를 통해 선발되었다. (○ , ×)

03 서얼의 관직 진출을 법으로 제한하였다. (○ , ×)

04 수군·조례·역졸은 양인이지만 천역을 담당하는 신량역천으로 분류되었다. (○ , ×)

05 천민과 노비는 장례원(掌隸院)을 통해 개인의 관리를 받았다. (○ , ×)

06 조선 시대에 물가 조절을 위해 의창을 설치하였다. (○ , ×)

07 주세붕은 최초의 서원인 백운동 서원을 건립하였다. (○ , ×)

08 서원은 지방의 사림 세력이 주로 설립하였다. (○ , ×)

09 향교는 풍속 교화와 향촌 자치의 역할을 하였다. (○ , ×)

10 이황은 군주의 도를 도식으로 설명한 성학십도를 지었다. (○ , ×)

11 이황은 성학집요를 저술하여 군주가 수양해야 할 덕목을 제시하였다. (○ , ×)

12 이이는 동호문답을 통해 다양한 개혁 방안을 제시하였다. (○ , ×)

13 이이는 방납의 폐단을 줄이고자 수미법을 주장하였다. (○ , ×)

정답 | 자료 1 향리 2 서원 3 향약 4 이이 5 이황
선지 1 백운동 서원 2 성학십도 3 이이

정답 | 01 ×(유향소) 02 ○ 03 ○ 04 ○ 05 ×(국가 관리) 06 ×(상평창) 07 ○ 08 ○ 09 ×(향약) 10 ○ 11 ×(이이) 12 ○ 13 ○

대표 기출문제

01

(가), (나) 사이의 시기에 있었던 사실로 옳은 것은?

> (가) 항과 봉은 정씨의 소생이다. 왕은 어머니 윤씨가 폐위되고 죽은 것이 엄씨, 정씨의 참소 때문이라 여기고, 밤에 엄씨, 정씨를 대궐 뜰에 결박하여 놓고 손수 마구 치고 짓밟다가 항과 봉을 불러 엄씨, 정씨를 가리키며 "이 죄인을 치라." 라고 하였다. …… 왕은 대비에게 "어찌하여 내 어머니를 죽였습니까?"라고 하며 불손한 말을 많이 하였다.
>
> (나) 이덕응이 진술하였다. "윤임과는 항상 대윤, 소윤이라는 말 때문에 화가 미칠까 우려하여 서로 경계하였을 뿐이었고, 모략에 대해서는 모르겠습니다. …… 윤임이 신에게 '주상이 전혀 소생할 기미가 없으니 만약 대군이 왕위를 계승하여 윤원로가 뜻을 얻게 되면 우리 집안은 멸족당할 것이다.'라고 하였습니다."

① 허적과 윤휴 등 남인이 대거 축출되었다.
② 정여립 모반 사건으로 기축옥사가 일어났다.
③ 신진 인사를 등용하기 위해 현량과가 시행되었다.
④ 조의제문이 발단이 되어 김일손 등이 처형되었다.
⑤ 붕당의 폐해를 경계하기 위해 탕평비가 건립되었다.

 결정적 힌트 어머니 윤씨 폐위, 윤임, 대윤, 소윤, 윤원로

정답 ③

(가) '어머니 윤씨가 폐위'되었다는 점 등을 통해 조선 연산군 때 일어난 갑자사화(1504)와 관련된 사료임을 알 수 있다.
(나) '윤임', '대윤', '소윤', '윤원로' 등을 통해 조선 명종 때 일어난 을사사화(1545)와 관련된 사료임을 알 수 있다.
③ 조선 중종 때 조광조는 현량과 시행을 건의하는 등 급진적인 개혁을 추진하였다. 조광조의 급진적인 개혁 정치에 반발한 훈구 세력은 기묘사화를 일으켜 조광조 등 사림 세력을 제거하였다.

관련 기출선지 모아보기
1. [김종직] 무오사화의 발단이 된 조의제문을 작성하였다.
2. [기묘사화] 위훈 삭제에 대한 훈구 세력의 반발이 원인이 되었다.
3. [을사사화] 외척 간의 권력 다툼으로 윤임이 제거되었다.

02

(가), (나) 사이의 시기에 있었던 사실로 옳은 것은?

> (가) 임금이 전교하기를, "내 생각에는 허적이 혹시 허견의 모반 사실을 알지 못했는가 하였는데, 문안(文案)을 보니 준기를 산속 정자에 숨긴 사실이 지금 비로소 드러났으니, 알고서도 엄호한 정황이 분명하여 감출 수가 없었다. 그저께 허적에게 사약을 내려 죽인 것도 이 때문이다."라고 하였다.
>
> (나) 임금이 명하기를, "국운이 평안하고 태평함을 회복하여 중전이 복위하였으니, 백성에게 두 임금이 없는 것은 고금을 통하는 도리이다. 장씨에게 내렸던 왕후의 지위를 거두고, 옛 작호인 희빈을 내려 주도록 하라. 다만 세자가 조석으로 문안하는 것은 폐하지 말라."라고 하였다.

① 양재역 벽서 사건이 발생하였다.
② 송시열이 관작을 삭탈당하고 유배되었다.
③ 자의 대비 복상 문제로 예송이 전개되었다.
④ 정여립 모반 사건으로 기축옥사가 일어났다.
⑤ 붕당의 폐해를 막기 위해 탕평비가 세워졌다.

 결정적 힌트 허적, 중전 복위, 희빈 장씨

정답 ②

(가) '허적, 허견의 모반' 등을 통해 경신환국에 대한 사료임을 알 수 있다.
(나) '중전이 복위', '장씨에게 내렸던 왕후의 지위를 거두고' 등을 통해 갑술환국에 대한 사료임을 알 수 있다.
숙종은 왕권을 강화하고자 집권 붕당을 자주 교체하는 환국을 단행하였다. 서인은 남인의 영수인 허적이 역모를 꾸몄다고 고발하여 남인을 축출하고 집권하였으나(경신환국, 1680), 이후 숙종이 희빈 장씨 소생의 왕자를 세자로 책봉하는 것에 반대하다가 축출되었고 남인이 집권하였다(기사환국, 1689). 그러나 인현 왕후가 복위하고 희빈 장씨가 강등되면서 남인은 축출되고 서인이 다시 권력을 잡게 되었다(갑술환국, 1694).
② 기사환국 당시 서인의 영수였던 송시열은 희빈 장씨 소생(경종)의 세자 책봉을 반대하다가 축출되었다.

관련 기출선지 모아보기
1. [경신환국] 허적과 윤휴 등 남인들이 대거 축출되었다.
2. [기사환국] 희빈 장씨 소생의 원자 책봉 문제로 환국이 발생되었다.
3. [갑술환국] 남인이 축출되고 노론과 소론이 정국을 주도하였다.

결정적 힌트와 정답해부

19 사림의 성장과 붕당 정치
20 조선 전기 사회

03

(가) 교육 기관에 대한 설명으로 옳은 것은?

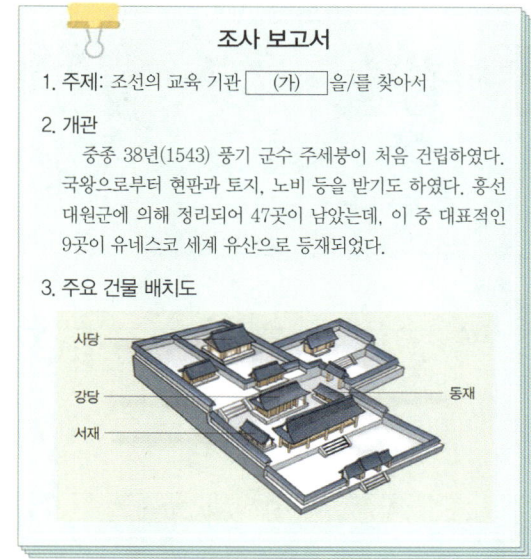

조사 보고서

1. 주제: 조선의 교육 기관 (가) 을/를 찾아서
2. 개관
   중종 38년(1543) 풍기 군수 주세붕이 처음 건립하였다. 국왕으로부터 현판과 토지, 노비 등을 받기도 하였다. 흥선 대원군에 의해 정리되어 47곳이 남았는데, 이 중 대표적인 9곳이 유네스코 세계 유산으로 등재되었다.
3. 주요 건물 배치도

① 전국의 모든 군현에 하나씩 설치되었다.
② 선현의 제사와 유학 교육을 담당하였다.
③ 전문 강좌인 7재가 설치되어 운영되었다.
④ 중앙에서 교수나 훈도를 교관으로 파견하였다.
⑤ 소과에 합격한 생원, 진사에게 입학 자격이 부여되었다.

 결정적 힌트 주세붕, 흥선 대원군에 의해 정리

정답 ②

자료에서 주세붕이 처음 건립하였다는 점, 흥선 대원군에 의해 정리되어 47곳이 남았다는 점 등을 통해 (가) 교육 기관이 서원임을 알 수 있다. 서원은 조선 중기 이후 설립된 사립 교육 기관으로 향촌 사림의 활동 기반이자 붕당의 근거지로 기능하였으나, 폐단이 심해 영조와 흥선 대원군에 의해 대폭 정리되었다.
② 서원은 조선의 사립 교육 기관으로, 유학 교육과 선현에 대한 제사를 담당하였다.

관련 기출선지 모아보기
1. [주세붕] 최초의 서원인 백운동 서원을 건립하였다.
2. [사액 서원] 국왕으로부터 편액과 함께 서적을 받기도 하였다.
3. 서원은 지방의 사림 세력이 주로 설립하였다.

04

(가) 인물에 대한 설명으로 옳은 것은?

이곳 파주 자운 서원에는 (가) 의 위패가 모셔져 있습니다. 그는 군주가 수양해야 할 덕목과 지식을 담은 성학집요를 집필하여 임금에게 바쳤으며, 해주 향약 등을 시행하였습니다.

① 불씨잡변을 지어 불교를 비판하였다.
② 노론의 영수로 북벌론을 주장하였다.
③ 양명학을 연구하여 강화학파를 형성하였다.
④ 북한산비가 진흥왕 순수비임을 고증하였다.
⑤ 다양한 개혁 방안을 담은 동호문답을 저술하였다.

 결정적 힌트 성학집요, 해주 향약

정답 ⑤

자료의 '성학집요', '해주 향약' 등을 통해 (가) 인물이 이이임을 알 수 있다.
이이는 조선의 문신이자 성리학자로, 중앙에서 관료로 활동하며 『동호문답』, 「만언봉사」 등을 지어 올려 개혁책을 제시하였다. 이후에는 황해도 관찰사로 활동하며 해주 향약을 만들어 시행하기도 하고, 『성학집요』를 저술하여 현명한 신하가 왕의 수양을 도와주어야 한다고 주장하였다.
⑤ 『동호문답』은 이이가 조선 선조에게 제출한 정치 개혁 보고서로, 이이의 현실 인식 및 개혁안을 11개 조항으로 정리한 것이다.

관련 기출선지 모아보기
1. [이이] 군주가 수양해야 할 덕목을 제시한 성학집요가 집필되었다.
2. [이이] 동호문답에서 수취 제도의 개혁 등을 제안하였다.
3. [이황] 군주의 도를 도식으로 설명한 성학십도를 지었다.

21 조선 전기 대외 관계와 왜란

| 조선 전기

62%
3개년 16회 중 10번 출제

찐 TIP

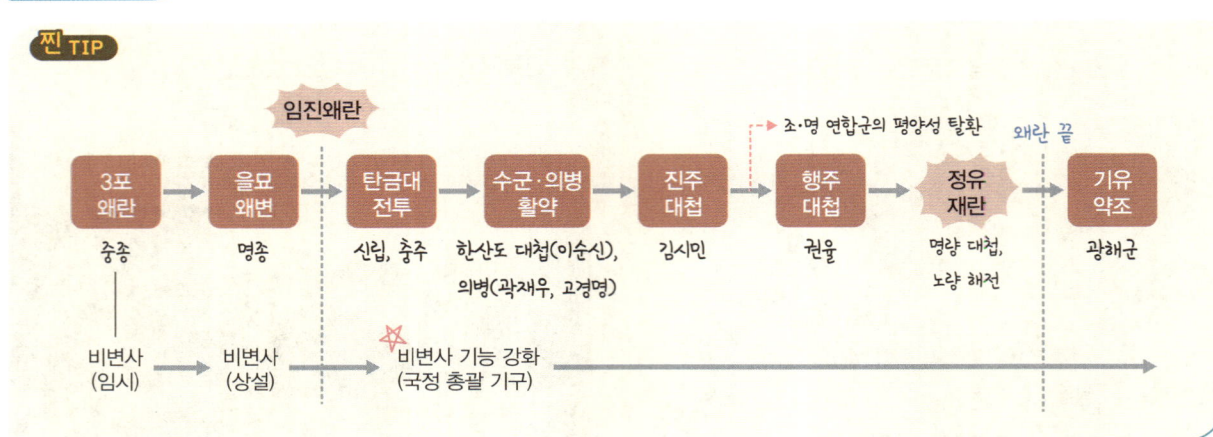

BIG DATA 조선 전기의 대외 관계

명(사대)	여진(교린)	일본(교린)
• 태종 이후 원만한 관계 → 조공 책봉 관계 속에서 실리 도모 • 매년 사절 교환(하정사, 성절사, 천추사 등)	• 강경: 세종 때 4군 6진 개척 • 회유: 무역소 설치(경원·경성), 북평관 설치 (한양, 사신 왕래)	• 강경: 세종 때 쓰시마섬(대마도) 정벌(by 이종무) • 회유: 왜관, 3포 개항, 계해약조 체결(세종)

BIG DATA 왜란

정세 및 배경
- 16세기 정세: 3포 왜란, 을묘왜변 → 조선 vs 일본 대립 ↑, 비변사 설치(3포 왜란 때 임시 기구 → 을묘왜변 때 상설 기구)
- 배경: 도요토미 히데요시의 일본 전국 시대 통일 → 대륙 침략 야욕('명을 치러 가는 데 길을 빌려 달라!')

전개

❶ 발발(1592) : 부산진(정발)·동래성(송상현) 함락 → 충주 탄금대 전투 패배(1592. 4, 신립) → 선조 의주 피란 → 평양성 함락 → 명에 지원군 요청

❷ 수군과 의병의 항쟁 :
- 수군(이순신): 옥포 해전, 한산도 대첩 등 → 남해의 제해권 장악, 전라도 곡창 지대 보존
- 의병: 곽재우(경상), 고경명(전라), 조헌(충청) 등 활약

❸ 전세 역전 : 수군과 의병의 승리, 진주 대첩(김시민), 조·명 연합군의 평양성 탈환(유성룡), 행주 대첩(권율), 훈련도감(삼수병) 설치 → 일본과 명의 휴전 협상 결렬

❹ 정유재란(1597) : 명량 대첩(이순신), 노량 해전(이순신 전사)

임진왜란의 주요 전투

영향
- 조선: 양안·호적 소실, 경복궁·불국사·사고 등 문화재 소실, 신분제 동요(납속책, 공명첩)
- 일본: 조선의 도자기(이삼평) 및 성리학(이황)의 전파 → 문화 발전
- 중국: 명의 국력 쇠퇴, 여진 급성장(→ 후금 건국, 1616)
- 기유약조 체결(광해군, 1609): 일본의 요청 → 국교 재개, 제한된 범위 내에서 무역 허용

대표발문 핵심선지

대표발문 기출자료 (가)~(다)를 일어난 순서대로 옳게 나열한 것은? or '이 전쟁' 중에 있었던 사실로 옳은 것은?

1 이 작품은 야연사준도로 김종서가 ㉠두만강 일대에 흩어져 살던 야인들을 몰아내고 동북면의 6진을 개척한 뒤의 일화를 그린 것이다. 그림 속에는 연회 중 갑자기 화살이 날아와 큰 술병에 꽂히자, 다른 장수들은 겁을 먹었지만 김종서는 침착하게 연회를 진행하였다는 이야기가 묘사되어 있다.

위 밑줄 그은 ㉠은? → ㅇㅈ

2 이 자료는 이 전쟁에서 공을 세운 김시민을 선무 2등 공신으로 책봉한 교서입니다. 그는 진주성 전투에서 대승을 거두어 왜군의 보급로를 끊었으며 전라도의 곡창 지대를 지키는 데 기여하였습니다.

위 밑줄 그은 '이 전쟁'은? → ㅇㅈㅇㄹ

3 삼도 순변사 신립이 이끄는 관군이 탄금대에서 적군에게 패배, 충주 방어에 실패하였다. 신립은 탄금대에 배수진을 쳤으나, 고니시 유키나가가 이끄는 적군에게 둘러싸여 위태로운 상황에 놓였다. 신립은 종사관 김여물과 최후의 돌격을 감행하였으나 실패하자 전장에서 순절하였다.

위 전투와 관련된 전란은? → ㅇㅈㅇㄹ

4 10여 척의 배로 명량에서 대승을 거두었어.

위 전투와 관련된 전란은? → ㅈㅇㅈㄹ

핵심선지 조선 전기 여진·일본과의 관계, 왜란의 전개 순서 파악이 필수!

1 (**세종** , 중종) 때 제한된 범위의 무역을 허용한 계해약조가 체결되었다.

2 3포 왜란 때 외적의 침입에 대응하여 임시 기구로 (왜관 , **비변사**)이/가 처음 설치되었다.

3 임진왜란 당시 (**신립** , 곽재우)이/가 탄금대에서 배수의 진을 치고 싸웠다.

4 임진왜란 도중에 포수 · 사수 · 살수의 삼수병으로 편제된 (별기군 , **훈련도감**)이 신설되었다.

5 임진왜란 때 (김시민 , **이순신**)이 명량에서 대승을 거두었다.

OX 스피드퀴즈

01 조선 전기에 명과의 교류를 위해 하정사, 성절사, 천추사 등이 있었다. (O , ×)

02 세종 때 북방에 4군 6진이 개척되었다. (O , ×)

03 여진과의 관계를 위해 경성과 경원에 무역소를 설치하여 회유하였다. (O , ×)

04 한양에 북평관을 개설하여 일본의 조공 무역을 허용하였다. (O , ×)

05 이사부가 적의 근거지인 쓰시마를 정벌하였다. (O , ×)

06 조선 전기에 일본과의 무역을 위한 왜관이 설치되었다. (O , ×)

07 세종 때 제한된 범위의 무역을 허용한 계해약조가 체결되었다. (O , ×)

08 중종 때 조선 정부의 통제에 반발하여 3포 왜란이 일어났다. (O , ×)

09 인조 때 외적의 침입에 대응하여 임시 기구로 비변사가 처음 설치되었다. (O , ×)

10 임진왜란 때 송상현이 동래성 전투에서 항전하였다. (O , ×)

11 임진왜란이 일어나자 신립이 탄금대에서 배수의 진을 치고 싸웠다. (O , ×)

12 임진왜란이 일어나자 곽재우, 고경명 등이 의병장으로 활약하였다. (O , ×)

13 임진왜란 당시 고경명이 진주성에서 적군을 크게 물리쳤다. (O , ×)

14 임진왜란 때 권율이 행주산성에서 적군을 격퇴하였다. (O , ×)

15 광해군 때 기유약조를 체결하여 일본과의 무역을 재개하였다. (O , ×)

정답 | 자료 1 여진 2 임진왜란 3 임진왜란 4 정유재란
선지 1 세종 2 비변사 3 신립 4 훈련도감 5 이순신

정답 | 01 ○ 02 ○ 03 ○ 04 ×(여진) 05 ×(이종무)
06 ○ 07 ○ 08 ○ 09 ×(중종 때) 10 ○ 11 ○ 12 ○ 13 ×(김시민) 14 ○ 15 ○

22 호란

| 조선 전기

43%
3개년 16회 중 7번 출제

찐 TIP

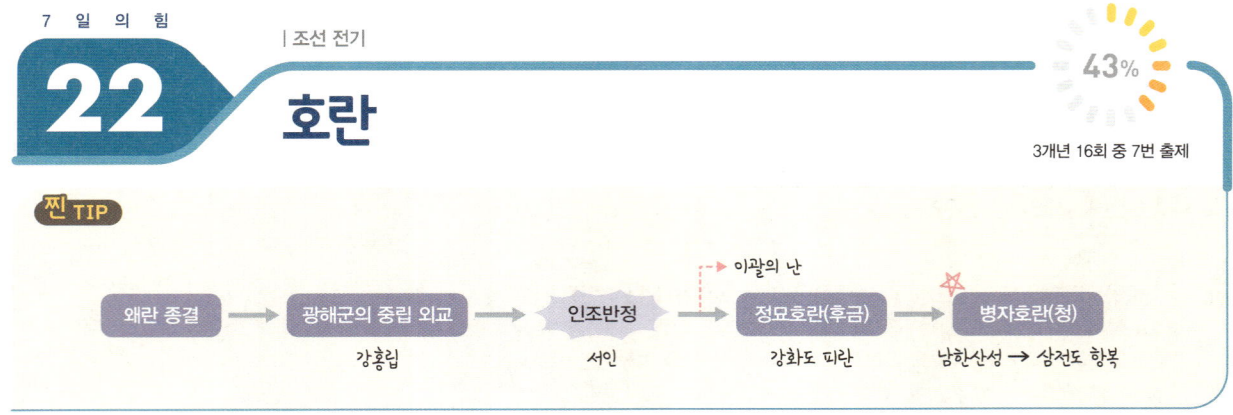

BIG DATA 정묘호란과 병자호란

광해군 (북인)
- 왜란 이후 대동법 실시(이원익의 건의 → 경기도에서 처음 실시)
- 『동의보감』 완성(허준)
- 명 ↓, 후금 건국 → 광해군의 중립 외교(강홍립 부대 파병 but 항복)

인조반정 (1623)

배경	전개	
광해군의 폐모살제(인목 대비 폐위, 영창 대군 사사) 및 중립 외교	광해군·북인 축출 → 인조 즉위, 서인 집권	→ 친명배금 정책 추진

기출자료 ▶ 김제남과 함께 영창 대군을 옹립하기로 모의한 사실이 밝혀졌습니다.

이괄의 난 (1624)
- 이괄이 공신 책봉에 불만 → 반란 일으킴
- 인조가 공산성으로 피란
- 잔당들이 후금에 투항 → 인조반정의 부당함 고발

정묘호란 (1627)

배경	전개	결과
친명배금 정책(후금 배척), 이괄의 난	• 인조, 강화도 피란 • 의병(정봉수, 이립)의 활약	후금과 화의 → 형제 관계 체결

병자호란 (1636)

배경	전개	결과
• 후금이 국호를 청으로 바꿈 • 청이 조선에 군신 관계 요구 → 주전론(김상헌) vs 주화론(최명길)	• 청의 조선 침략 • 조정은 강화도로 피란 → 김상용 순절 • 인조: 남한산성 피란 및 저항 • 김준룡: 광교산 전투	삼전도 항복 → 군신 관계 체결

북벌 운동
- 효종 때 추진(송시열의 기축봉사: 명에 대한 의리 강조)
- 나선 정벌: 조총 부대를 파견하여 청을 도와 러시아군과 교전
- 북학론 대두: 청의 선진 문물 수용 주장

대표발문 핵심선지

대표발문 기출자료 (가)~(다)를 일어난 순서대로 옳게 나열한 것은? or '이 전쟁' 중에 있었던 사실로 옳은 것은?

1 왕은 군사를 일으켜 왕대비를 받들어 복위시킨 뒤 경운궁에서 즉위하였다. 광해군을 폐위시켜 강화로 내쫓고 이이첨 등을 처형한 다음 전국에 대사령을 내렸다.

위와 관련된 사건은? → ㅇㅈㅂㅈ

2 부원수 이괄이 금부도사 고덕률 등을 죽이고 군사를 일으켜 반란하였다. 도원수 장만이 역적을 베어 바치는 자가 있으면 직의 유무를 막론하고 1품에 제직(除職)하겠다는 국왕의 뜻을 군민(軍民)에게 전달하였다.

위와 관련된 사건은? → ㅇㄱㅇㄴ

3 왕은 김상용에게 도성의 일을 맡기고 종묘사직의 신주를 받들어 강화로 피난해 들어갔다. 이에 김류, 이귀, 최명길, 김자점 등의 신하들이 모두 따라갔다.

위와 관련된 전란은? → ㅈㅁㅎㄹ

4 용골대 등이 왕을 인도하여 들어가 단 아래에 북쪽을 향해 자리를 마련하고 왕에게 자리로 나아가기를 청하였다. 왕이 세 번 절하고 아홉 번 머리를 조아리는 예를 행하였다.

위와 관련된 전란은? → ㅂㅈㅎㄹ

5
- 청에 볼모로 끌려갔다 돌아온 왕자에게는 꿈이 있었습니다.
- 왕이 된 그는 성곽과 무기를 정비하고 군대를 양성했습니다.
- 하지만 냉혹한 국내외의 현실로 북벌은 미완의 꿈으로 남았습니다.

위와 관련된 왕은? → ㅎㅈ

핵심선지 광해군-북인, 인조-서인 등 왕과 집권 붕당을 함께 기억할 것!
두 차례 호란의 전개 양상을 파악하는 것이 빈출 포인트!

1 (**광해군** , 인조) 때 명의 요청에 따라 강홍립이 이끄는 부대가 파병되었다.

2 (임진왜란 , **정묘호란**) 때 용골산성에서 정봉수와 이립이 의병을 이끌고 항전하였다.

3 (정묘호란 , **병자호란**) 때 인조가 남한산성으로 피신하여 청군에 항전하였다.

4 (**효종** , 숙종) 때 나선 정벌을 위해 조총 부대를 파견하였다.

정답 | **자료 1** 인조반정 **2** 이괄의 난 **3** 정묘호란 **4** 병자호란 **5** 효종
선지 1 광해군 **2** 정묘호란 **3** 병자호란 **4** 효종

OX 스피드퀴즈

01 광해군 때 경기도에 한해서 대동법이 실시되었다. (○ , ×)

02 광해군 때 허준이 전통 한의학을 정리한 동의수세보원을 완성하였다. (○ , ×)

03 광해군이 중립 외교를 추진하였다. (○ , ×)

04 금의 요청에 따라 강홍립이 이끄는 부대가 파병되었다. (○ , ×)

05 광해군은 인목 대비 유폐와 영창 대군 사사를 명분으로 폐위되었다. (○ , ×)

06 인조반정 이후 공신 책봉에 불만을 품고 장만이 반란을 일으켰다. (○ , ×)

07 이괄의 난이 일어나자 왕이 도성을 떠나 강화로 피란하였다. (○ , ×)

08 정묘호란 때 용골산성에서 정봉수와 이괄이 의병을 이끌고 항전하였다. (○ , ×)

09 병자호란 때 김상용이 강화도에서 순절하였다. (○ , ×)

10 병자호란 때 인조가 남한산성으로 피신하여 청군에 항전하였다. (○ , ×)

11 병자호란 때 김상헌이 근왕병을 이끌고 광교산에서 항전하였다. (○ , ×)

12 병자호란 이후 소현 세자와 봉림 대군 등이 청에 인질로 끌려갔다. (○ , ×)

13 호란 이후 청에 당한 치욕을 갚자는 북벌론이 전개되었다. (○ , ×)

14 송시열이 기축봉사를 올려 금에 대한 의리를 강조하였다. (○ , ×)

15 효종 때 나선 정벌을 위해 조총 부대를 파견하였다. (○ , ×)

정답 | 01 ○ 02 ×(동의보감) 03 ○ 04 ×(명의 요청) 05 ○ 06 ×(이괄) 07 ×(공산성) 08 ×(이괄 → 이립) 09 ○ 10 ○ 11 ×(김준룡) 12 ○ 13 ○ 14 ×(명에 대한 의리) 15 ○

대표 기출문제

01

(가)에 대한 조선의 정책으로 옳은 것은?

이달의 인물
우리 외교를 빛낸 인물, 이예

- 생몰: 1373년~1445년
- 경력: 통신부사. 첨지중추원사. 동지중추원사

울산의 아전 출신으로 호는 학파(鶴坡), 시호는 충숙(忠肅)이다. 수십 차례 (가) 에 파견되어 외교 문제를 해결하려고 노력하였다. 특히 조선과 (가) 사이에 세견선의 입항 규모를 정한 계해약조 체결에 기여하였다.

① 하정사, 성절사 등을 파견하였다.
② 경성, 경원에 무역소를 설치하였다.
③ 광군을 조직하여 침입에 대비하였다.
④ 부산포, 제포, 염포의 삼포를 개항하였다.
⑤ 사절 왕래를 위하여 북평관을 개설하였다.

결정적 힌트 세견선, 계해약조

정답 ④

자료의 '세견선의 입항', '계해약조'를 통해 (가)가 일본임을 알 수 있다. 조선은 세종 때인 1443년에 일본과 계해약조를 체결하여 일본에게 제한된 범위의 무역을 허용하고 부산포, 제포(진해), 염포(울산) 등 3포를 개항하였다. 개항 이후 왜인의 무역 요구는 늘어났지만 조선 정부의 통제는 강해졌기에, 3포에 출입하던 일본인들은 3포 왜란과 을묘왜변을 일으키기도 했다.
④ 조선은 일본과 계해약조를 체결하고 부산포, 제포(진해), 염포(울산) 등 3포를 개항하여 제한된 형태의 무역을 허용하였다.

관련 기출선지 모아보기
1. 이종무가 적의 근거지인 쓰시마를 정벌하였다.
2. 한양에 동평관을 두어 무역을 허용하였다.
3. 제한된 범위의 무역을 허용한 계해약조가 체결되었다.

02

다음 기사에 보도된 전투 이후의 사실로 옳지 않은 것은?

역사 신문

제△△호　　　　　　　　　○○○○년 ○○월 ○○일

신립, 탄금대에서 패배

삼도 순변사 신립이 이끄는 관군이 탄금대에서 적군에게 패배, 충주 방어에 실패하였다. 신립은 탄금대에 배수진을 쳤으나, 고니시 유키나가가 이끄는 적군에게 둘러싸여 위태로운 상황에 놓였다. 신립은 종사관 김여물과 최후의 돌격을 감행하였으나 실패하자 전장에서 순절하였다.

① 김시민이 진주성에서 항쟁하였다.
② 조명 연합군이 평양성을 탈환하였다.
③ 이순신이 한산도에서 대승을 거두었다.
④ 송상현이 동래성 전투에서 항전하였다.
⑤ 권율이 행주산성에서 적군을 격퇴하였다.

결정적 힌트 신립, 탄금대, 충주 방어

정답 ④

자료에서 '신립', '탄금대' 등을 통해 임진왜란 중에 벌어진 탄금대 전투(1592. 4.)에 대한 기사임을 알 수 있다.
일본 통일에 성공한 도요토미 히데요시는 국내 정치를 안정시키고 대륙으로 진출하기 위하여 1592년 조선 침략을 감행하였다. 일본군은 부산진성을 시작으로 동래성까지 함락하고 북상하였다. 조선 정부는 신립을 충주에 파견하였지만 신립이 패하면서 실패로 돌아갔고, 선조는 의주로 피란하여 명에 원군을 요청하였다.
④ 1592년 4월, 동래부사 송상현은 조선을 침략한 일본군과 싸우다가 순절하였다.

관련 기출선지 모아보기
1. 신립이 배수의 진을 치고 왜군에 항전하였다.
2. 김시민이 진주성에서 적군을 크게 물리쳤다.
3. 포수·사수·살수의 삼수병으로 편제된 훈련도감이 신설되었다.

결정적 힌트와 정답해부

21 조선 전기 대외 관계와 왜란
22 호란

03

밑줄 그은 '이 전쟁' 중에 있었던 사실로 옳은 것은?

> 이 비각에는 홍명구 충렬비와 유림 대첩비가 나란히 세워져 있습니다. 홍명구와 유림은 <u>이 전쟁</u> 당시 남한산성에 피란해 있던 국왕을 구하기 위해 근왕병을 이끌고 김화에서 적을 크게 물리쳤습니다.

① 훈련도감이 설치되었다.
② 외규장각 도서가 약탈되었다.
③ 곽재우가 의령에서 의병을 일으켰다.
④ 강홍립이 이끄는 부대가 참전하였다.
⑤ 김준룡이 광교산 전투에서 승리하였다.

 결정적 힌트 남한산성 피란, 근왕병

정답 ⑤

자료의 '국왕이 남한산성에 피란', '근왕병' 등을 통해 밑줄 그은 '이 전쟁'이 병자호란임을 알 수 있다. 인조반정 이후 서인이 정권을 장악하고 친명배금 정책을 추진하자, 이를 계기로 후금은 압록강을 건너 황해도 지역까지 쳐들어왔다가 일단 화의를 맺고 돌아갔다(정묘호란, 1627). 정묘호란 이후 후금은 국호를 청으로 고치고, 조선에 사대를 요구하면서 다시 대군을 이끌고 침입해 왔다(병자호란, 1636).
⑤ 김준룡은 병자호란 당시 전라도 병마절도사로 광교산 전투에서 활약하였다.

관련 기출선지 모아보기

1. 김상용이 강화도에서 순절하였다.
2. 임경업이 백마산성에서 항전하였다.
3. 소현 세자와 봉림 대군 등이 청에 인질로 끌려갔다.

04

(가) 시기에 있었던 사실로 옳은 것은?

① 나선 정벌에 조총 부대가 동원되었다.
② 권율이 행주산성에서 적군을 격퇴하였다.
③ 정봉수와 이립이 용골산성에서 항쟁하였다.
④ 소현 세자와 봉림 대군 등이 청에 인질로 끌려갔다.
⑤ 외적의 침입에 대비하고자 비변사가 처음 설치되었다.

결정적 힌트 강홍립, 항복, 삼전도

정답 ③

왼쪽 자료에서 후금에 투항한 강홍립의 죄를 물어야 한다는 신하의 말을 받아들이지 않고 있는 점을 통해 명의 지원 요청을 받아 파견된 강홍립이 광해군의 중립 외교에 따라 후금에 항복한 일과 관련된 상황임을 알 수 있다.
오른쪽 자료에서 청의 복식을 한 인물이 삼전도에서 항복 의식이 거행될 예정임을 전하는 점을 통해 병자호란의 결과 인조가 삼전도에서 청 태종에게 항복한 삼전도의 항복(1637)과 관련된 상황임을 알 수 있다. (가) 시기에는 인조반정 이후부터 병자호란 이전까지의 사실이 들어가야 한다.
③ 정묘호란(1627)이 일어나자 정봉수와 이립은 의병을 일으켜 용골산성에서 항쟁하였다.

관련 기출선지 모아보기

1. 강홍립 부대가 사르후 전투에 참전하였다.
2. 공신 책봉에 불만을 품고 이괄이 반란을 일으켰다.
3. [병자호란] 김준룡이 근왕병을 이끌고 광교산에서 항전하였다.

23 조선의 경제

| 조선 후기

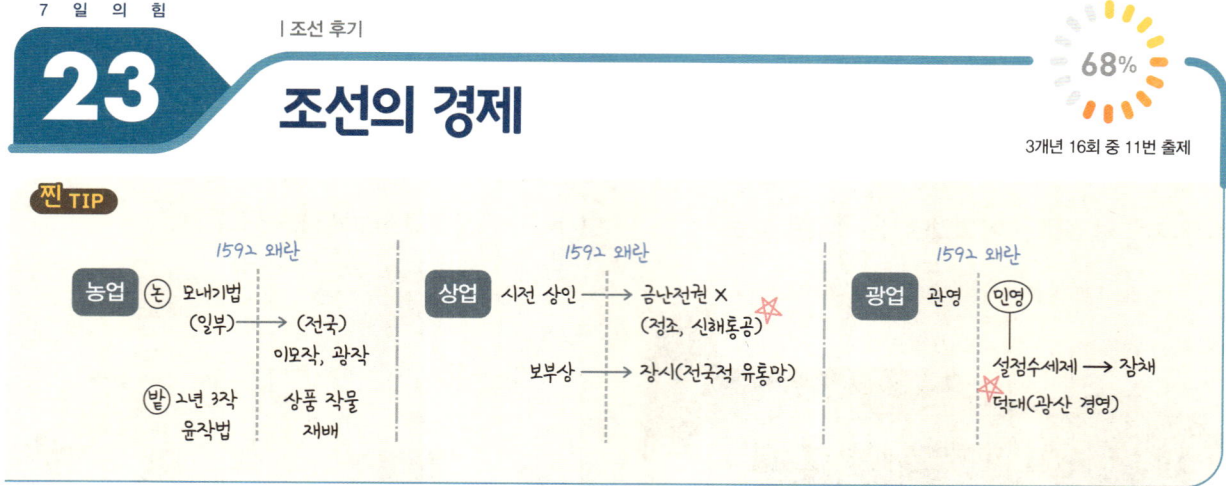

BIG DATA 조선 전기 토지 제도의 변화

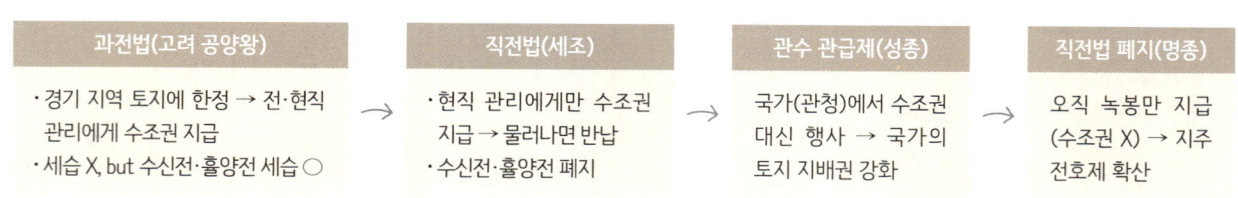

BIG DATA 전기·후기의 경제 변화

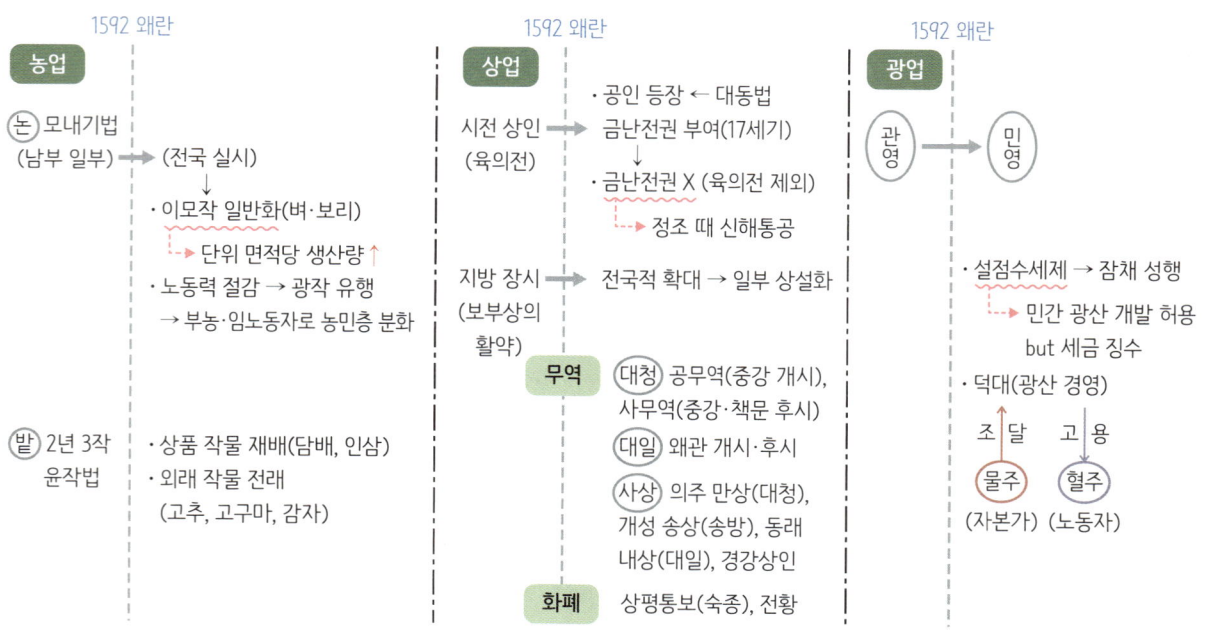

대표발문 핵심선지

대표발문 기출자료 밑줄 그은 '이 법'(대책) or (가) 제도에 대한 설명으로 옳은 것은?

1 공양왕 3년, 도평의사사에서 왕에게 글을 올려 과전을 지급하는 법을 정하기를 청하니, 왕이 이를 따랐다. …… 1품에서 산직(散職)까지를 나누어 18과(科)로 한다.

위와 관련된 제도는? → ㄱㅈㅂ

2
- 성종: 그대들의 의견을 말해 보도록 하라.
- 김유: 우리나라의 수신전, 휼양전 등은 진실로 아름다운 것이지만 오히려 일이 없는 자가 앉아서 그 이익을 누린다고 하여 세조께서 과전을 없애고 이 제도를 만드셨습니다.

위 밑줄 그은 '이 제도'는? → ㅈㅈㅂ

3
- 인물1: 며칠 전 전하께서 형조와 한성부에 시전 상인의 금난전권을 철폐하고 이를 어길 경우 처벌하라는 지시를 내리셨다네.
- 인물2: 나도 들었네. 다만 육의전은 이번 조치에서 제외되었다고 하더군.

위와 관련된 조치는? → ㅅㅎㅌㄱ

4 사행(使行)이 책문을 출입할 때에는 만상과 송상 등이 은과 인삼을 몰래 가지고 인부나 말 속에 섞여들어 물건을 팔아 이익을 꾀하였다. 되돌아올 때는 수레를 일부러 천천히 가게 하고 사신을 먼저 책문으로 나가게 하여 거리낄 것이 없게 한 뒤에 저희 마음대로 매매하고 돌아오는데 이것을 책문 후시라 한다.

위의 상황이 나타난 시기는? → ㅈㅅ ㅎㄱ

핵심선지 '토지 제도-실시한 왕'을 함께 기억하는 것이 출제 포인트!
상품 작물·사상·덕대 등은 조선 후기 경제 문제의 빈출 키워드!

1 세조 때 (과전법 , **직전법**)을 실시하여 현직 관리에게만 수조권을 지급하였다.

2 조선 후기에 담배와 면화 등이 (**상품** , 자급자족) 작물로 활발하게 재배되었다.

3 (**송상** , 내상)이 전국 각지에 송방을 설치하였다.

4 조선 후기에는 (**덕대** , 보부상)이/가 광산을 전문적으로 경영하였다.

OX 스피드퀴즈

01 조준 등의 건의로 과전법을 제정하였다. (○ , ×)

02 과전법은 지급 대상 토지를 원칙적으로 서울 지역에 한정하였다. (○ , ×)

03 세종 때 직전법을 실시하여 현직 관리에게만 수조권을 지급하였다. (○ , ×)

04 세조는 수신전, 휼양전 등의 명목으로 세습되는 토지를 폐지하였다. (○ , ×)

05 성종 때 관수 관급제를 시행하여 거둔 세금을 수조권자에게 분급하였다. (○ , ×)

06 명종 때 관리에게 녹봉을 지급하고 수조권을 폐지하였다. (○ , ×)

07 조선 후기에는 모내기법의 확대로 벼와 보리의 이모작이 확산되었다. (○ , ×)

08 조선 후기에 감자, 고구마 등의 구황 작물을 널리 재배하였다. (○ , ×)

09 조선 후기에 담배와 면화 등이 상품 작물로 활발하게 재배되었다. (○ , ×)

10 정조 때 육의전을 포함한 시전상인의 금난전권이 폐지되었다. (○ , ×)

11 조선 후기에 송상, 만상이 대일 무역으로 부를 축적하였다. (○ , ×)

12 만상은 책문 후시를 통해 대청 무역을 주도하였다. (○ , ×)

13 내상은 전국 각지에 송방이라는 지점을 설치하였다. (○ , ×)

14 조선 후기에 설점수세제를 시행하여 민간의 광산 개발을 허용하였다. (○ , ×)

15 조선 후기에는 덕대가 광산을 전문적으로 경영하였다. (○ , ×)

정답 | **자료 1** 과전법 **2** 직전법 **3** 신해통공 **4** 조선 후기
선지 1 직전법 **2** 상품 **3** 송상 **4** 덕대

정답 | 01 ○ 02 ×(경기 지역) 03 ×(세조) 04 ○
05 ○ 06 ○ 07 ○ 08 ○ 09 ○ 10 ×(육의전 제외) 11 ×(대청 무역) 12 ○ 13 ×(송상)
14 ○ 15 ○

24. 영조와 정조의 탕평 정치

| 조선 후기

3개년 16회 중 10번 출제

찐 TIP

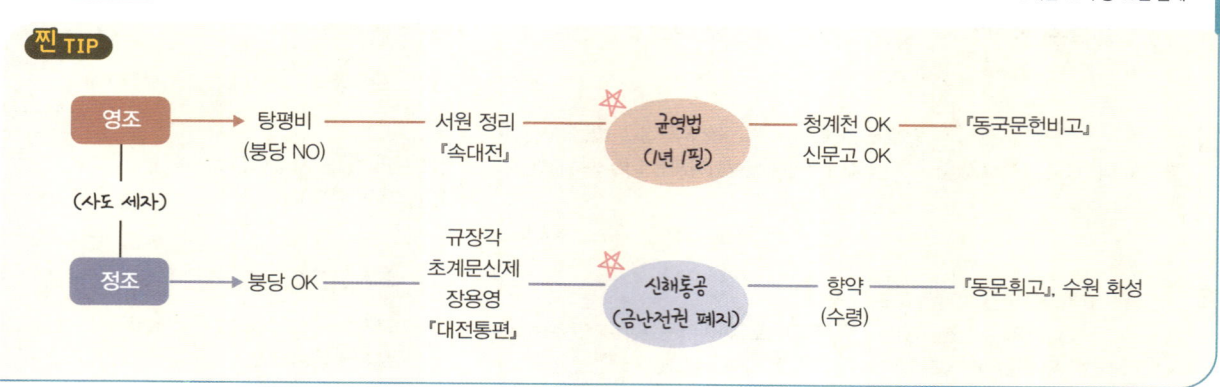

BIG DATA 영조와 정조의 탕평 정치

영조		정조
· 완론 탕평 → 붕당 인정 X · 강력한 왕권을 바탕으로 한 탕평 추진 · 탕평파 육성 · 탕평비 건립(성균관 입구)	탕평	· 준론 탕평 → 붕당 인정 ○ · 노론(시파 중심) + 소론 + 남인 계열 고르게 등용

· 이인좌의 난 진압(1728)
· 산림 인정 X
· 서원 정리 → 붕당의 근거지
· 이조 전랑의 권한 축소
· 『속대전』 편찬(『경국대전』 속편)
	정치	· 규장각 설치: 학술 연구 기관, 서얼 출신을 규장각 검서관에 등용(이덕무, 유득공, 박제가 등)
		  – 유득공: 『발해고』
		  – 박제가: 『북학의』
		· 장용영 설치: 국왕 직속 친위 부대 → 군권 장악
		· 초계문신제 실시: 문신 재교육 → 왕권 강화(임금이자 스승 역할)
		· 수원 화성 건설: 정치·군사적 기능 부여 + 상업적 목적
		· 『대전통편』 편찬

균역법(세금 ↓) → 2필씩 걷던 군포를 1필로 축소 (어장·염전·선박세 징수, 선무군관포·결작 징수)	경제	신해통공 → 육의전을 제외한 시전 상인의 특권인 금난전권 폐지 **기출자료** 며칠 전 전하께서 형조와 한성부에 시전 상인의 금난전권을 철폐하고 ……
· 가혹한 형벌 폐지 · 청계천 준설(준천사), 신문고 제도 부활	사회	· 수령의 권한 강화: 수령이 향약 주관 · 공노비 해방 추진(→ 실시는 순조 때)
· 『동국문헌비고』(홍봉한) · 『속오례의』	문화	· 『동문휘고』: 외교 문서 정리 · 『탁지지』: 호조 업무 · 『무예도보통지』: 훈련 교범 · 『일성록』: 정조의 일기, 유네스코 세계 기록 유산

대표발문 핵심선지

대표발문 기출자료 밑줄 그은 '이 왕' or 다음 왕 or (가) 왕의 재위 기간에 있었던 사실로 옳은 것은?

1 왕은 늘 양역의 폐단을 염려하여 군포 한 필을 감하고 균역청을 설치하여 각 도의 어염·은결의 세를 걷어 보충하니, 그 은택을 입은 백성들은 서로 기뻐하였다. 이런 시책으로 화기(和氣)를 끌어올려 대명(大命)을 이을 만하였다.
위와 관련된 왕은? → ㅇㅈ

2 [수문상친림관역도] 이 그림은 한성의 홍수 예방을 위하여 이 왕이 시행한 청계천 준설 공사의 모습을 그린 기록화입니다. 이 왕은 신문고를 다시 설치하여 백성의 억울함을 듣고자 하였습니다.
위 밑줄 그은 '이 왕'은? → ㅇㅈ

3 [초계문신제명록] 이 책은 초계문신제로 선발된 학자들의 명단을 정리한 인명록입니다. (가) 때부터 시행된 초계문신제는 인재 양성과 문풍 진작을 위한 문신 재교육 과정으로 37세 이하의 문신 중 학문에 재능이 뛰어난 이들을 선발하여 운영하였습니다.
위 (가)에 들어갈 왕은? → ㅈㅈ

4 이곳 만석거(萬石渠)는 이 왕이 수원 화성을 건립하면서 축조한 수리 시설 중 하나입니다.
위 밑줄 그은 '이 왕'은? → ㅈㅈ

핵심선지 영조 문제에는 정조에 대한 선지가, 정조 문제에는 영조에 대한 선지가 반드시 등장!

1 (**영조** , **정조**)가 붕당 정치의 폐해를 극복하고자 탕평비를 건립하였다.
2 (**영조** , **정조**)가 1년에 2필씩 걷던 군포를 1필로 줄이는 균역법을 시행하였다.
3 (**영조** , **정조**)가 유능한 인재를 양성하기 위해 초계문신제를 시행하였다.
4 (**영조** , **정조**) 때 국왕의 친위 부대인 장용영이 설치되었다.

OX 스피드퀴즈

01 영조는 붕당 정치의 폐해를 극복하고자 척화비를 건립하였다. (○ , ×)
02 영조는 속대전을 편찬하여 통치 체제를 정비하였다. (○ , ×)
03 영조는 1년에 2필씩 걷던 군포를 1필로 줄이는 영정법을 시행하였다. (○ , ×)
04 균역법 실시 후 재정 감소 보완책으로 어장세, 염전세, 선박세를 거두었다. (○ , ×)
05 균역법 실시 후 부족한 재정을 보충하기 위해 선무군관포를 징수하였다. (○ , ×)
06 영조는 준천사를 신설하여 홍수에 대비하였다. (○ , ×)
07 정조 때 역대 문물을 정리한 동국문헌비고가 편찬되었다. (○ , ×)
08 정조 때 서얼 출신의 학자들이 규장각 검서관에 기용되었다. (○ , ×)
09 정조 때 국왕의 친위 부대인 별기군이 창설되었다. (○ , ×)
10 정조 때 왕조의 통치 규범을 재정비한 대전회통이 편찬되었다. (○ , ×)
11 정조 때 육의전 이외 시전 상인의 특권을 폐지하는 신해통공을 실시하였다. (○ , ×)
12 정조는 유능한 인재를 양성하기 위해 초계문신제를 시행하였다. (○ , ×)
13 정조 때 훈련 교범인 무예도보통지가 편찬되었다. (○ , ×)
14 정조 때 대외 관계를 정리한 탁지지를 간행하였다. (○ , ×)
15 정조는 수원 화성을 건설하였다. (○ , ×)

정답 | 자료 1 영조 2 영조 3 정조 4 정조
선지 1 영조 2 영조 3 정조 4 정조

정답 | 01 ×(탕평비) 02 ○ 03 ×(균역법) 04 ○ 05 ○ 06 ○ 07 ×(영조) 08 ○ 09 ×(장용영) 10 ×(대전통편) 11 ○ 12 ○ 13 ○ 14 ×(동문휘고) 15 ○

대표 기출문제

01
밑줄 그은 '이 제도'에 대한 설명으로 옳은 것은?

> #3. 궁궐 안
>
> 성종이 경연에서 신하들과 토지 제도 개혁을 논의하고 있다.
>
> 성종: 그대들의 의견을 말해 보도록 하라.
> 김유: 우리나라의 수신전, 휼양전 등은 진실로 아름다운 것이지만 오히려 일이 없는 자가 앉아서 그 이익을 누린다고 하여 세조께서 과전을 없애고 <u>이 제도</u>를 만드셨습니다.

① 전지와 시지를 등급에 따라 지급하였다.
② 풍흉에 관계없이 전세 부담액을 고정하였다.
③ 현직 관리에게만 토지의 수조권을 지급하였다.
④ 관리에게 녹봉을 지급하고 수조권을 폐지하였다.
⑤ 개국 공신에게 인성, 공로를 기준으로 토지를 지급하였다.

결정적 힌트 세조, 과전을 없애고 만듦

정답 ③
자료에서 '세조께서 과전을 없애고 만들었다'고 한 점 등을 통해 밑줄 그은 '이 제도'가 직전법임을 알 수 있다.
조선은 고려 말에 제정된 과전법을 통해 관리에게 국역의 대가로 과전을 지급하였는데, 지급받은 사람이 죽으면 국가에 반환하도록 하였다. 그러나 과전이 수신전, 휼양전 등의 명목으로 국가로 환수되지 않고 관료들에 의해 세습되면서 새롭게 임용된 관리들에게 지급할 토지가 부족해졌다. 이에 세조는 직전법을 실시하여 현직 관리에게만 과전을 지급하였다.
③ 조선 세조는 직전법을 실시하여 수신전과 휼양전을 폐지하고, 현직 관리에게만 토지의 수조권을 지급하였다.

관련 기출선지 모아보기
1. 과전을 혁파하고 직전을 설치하였다.
2. [직전법] 수신전, 휼양전 등의 명목으로 세습되는 토지를 폐지하였다.
3. [명종] 관리에게 녹봉을 지급하고 수조권을 폐지하였다.

02
다음 대화가 이루어진 시기의 경제 상황으로 옳지 <u>않은</u> 것은?

 며칠 전 전하께서 형조와 한성부에 시전 상인의 금난전권을 철폐하고 이를 어길 경우 처벌하라는 지시를 내리셨다네.

 나도 들었네. 다만 육의전은 이번 조치에서 제외되었다고 하더군.

① 고액 화폐인 활구가 주조되었다.
② 담배, 면화 등 상품 작물이 재배되었다.
③ 관청에 물품을 조달하는 공인이 활동하였다.
④ 송상, 만상이 대청 무역으로 부를 축적하였다.
⑤ 광산을 전문적으로 경영하는 덕대가 등장하였다.

결정적 힌트 금난전권 철폐, 육의전 제외

정답 ①
자료의 '금난전권 철폐', '육의전 제외' 등을 통해 조선 정조 때 반포된 신해통공에 대해 이야기하고 있음을 알 수 있다.
조선 정부는 시전 상인에게 세금을 내게 하고, 왕실이나 관청에 물품을 공급하도록 하는 대신 특정 상품에 대한 독점 판매권인 금난전권을 부여하였다. 그러나 시전 상인의 독점 판매에 대한 비판 여론이 높아지자 정조는 신해통공을 발표하여 육의전을 제외한 시전 상인의 금난전권을 폐지하였다(1791).
① 활구(은병)은 고려 시대에 주조되었던 고액 화폐이다.

관련 기출선지 모아보기
1. 설점수세제를 시행하여 민간의 광산 개발을 허용하였다.
2. 보부상이 장시를 돌아다니며 활동하였다.
3. [청] 국경 지대에서 개시 무역과 후시 무역이 이루어졌다.

03

밑줄 그은 '이 왕'에 대한 설명으로 옳은 것은?

> 이것은 이 왕이 농경을 장려하기 위해 세손과 더불어 친경(親耕)과 친잠(親蠶)을 거행하고 그 기쁨을 표현한 경잠기입니다. 그는 균역법을 제정하여 백성의 군역 부담을 줄여 주는 등 민생 안정에 많은 노력을 기울였습니다.

① 조선의 기본 법전인 경국대전을 완성하였다.
② 붕당의 폐해를 경계하기 위한 탕평비를 건립하였다.
③ 시전 상인의 특권을 축소한 신해통공을 실시하였다.
④ 전세를 1결당 4~6두로 고정하는 영정법을 제정하였다.
⑤ 각 궁방과 중앙 관서의 공노비 6만여 명을 해방하였다.

결정적 힌트 세손, 균역법 제정

정답
자료에서 '세손(정조)', '균역법' 등을 통해 밑줄 그은 '이 왕'이 조선 영조임을 알 수 있다.
영조는 숙종 재위기를 거치며 심화된 붕당 간의 갈등을 완화하고자 탕평책을 추진하였다. 이를 위해 탕평파를 중심으로 정국을 운영하고, 산림의 존재를 부정하였으며, 붕당의 근거지인 서원을 대폭 정리하였다. 또한 민생 안정을 위해 균역법을 시행하고, 가혹한 형벌을 폐지하였으며, 『속대전』을 편찬하여 법전 체계를 정리하였다.
② 조선 영조는 붕당의 폐해를 경계하고 탕평 정치를 실현하고자 하는 의지를 나타내기 위해 성균관 입구에 탕평비를 건립하였다.

관련 기출선지 모아보기
1. 속대전을 편찬하여 통치 체제를 정비하였다.
2. 1년에 2필씩 걷던 군포를 1필로 줄이는 균역법을 시행하였다.
3. 역대 문물을 정리한 동국문헌비고가 편찬되었다.

04

검색창에 들어갈 왕에 대한 설명으로 옳은 것은?

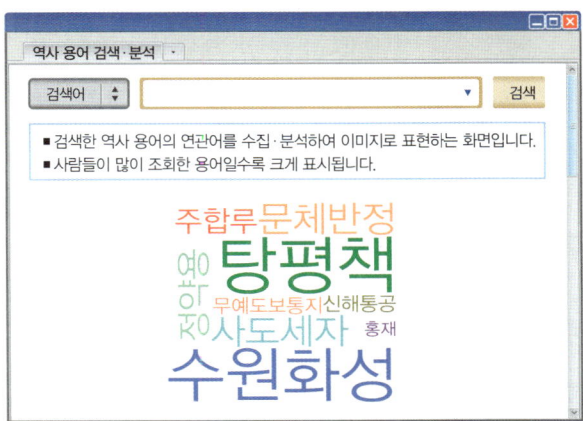

① 어영청을 중심으로 북벌을 추진하였다.
② 국왕의 친위 부대인 장용영을 설치하였다.
③ 조선의 기본 법전인 경국대전을 완성하였다.
④ 청과의 경계를 정한 백두산정계비를 세웠다.
⑤ 군역의 부담을 줄이기 위해 균역법을 제정하였다.

결정적 힌트 사도 세자, 신해통공, 수원 화성

정답
자료의 '탕평책', '신해통공', '사도 세자', '수원 화성' 등을 통해 검색창에 들어갈 왕이 조선 정조임을 알 수 있다.
② 조선 정조는 국왕의 친위 부대인 장용영을 설치하여 왕권을 강화하였다.

관련 기출선지 모아보기
1. 유능한 인재를 양성하기 위해 초계문신제를 시행하였다.
2. 서얼 출신의 학자들이 규장각 검서관에 기용되었다.
3. 왕조의 통치 규범을 재정비한 대전통편이 편찬되었다.

25 조선 후기 수취 체제

| 조선 후기

3개년 16회 중 4번 출제

찐 TIP

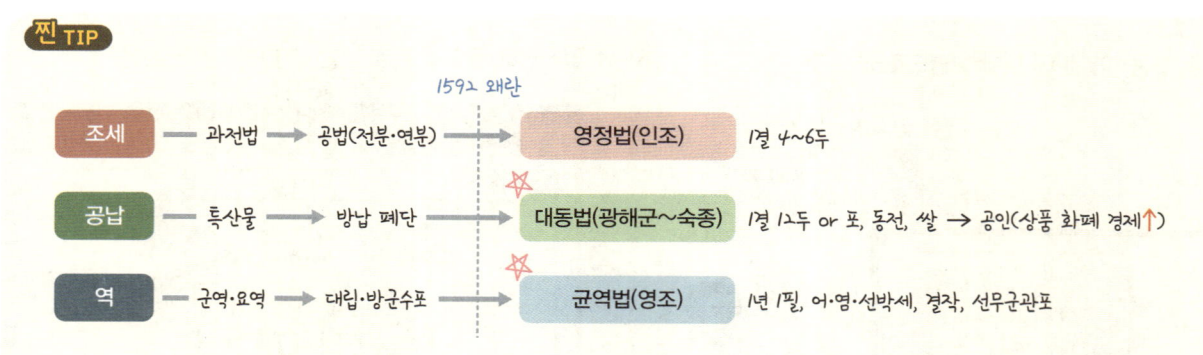

BIG DATA 영정법, 대동법, 균역법

전세	영정법 (인조)	• 배경: 양 난 이후 농경지 감소로 국가 재정 수입↓, 공법 제도의 복잡한 징수 절차 • 내용: 풍흉에 관계없이 토지 1결당 미곡(쌀) 4~6두 징수로 정액화(징수액 고정) • 결과 ─ 국가: 안정적인 재정 확보 ─ 지주: 전세 부담 감소 ─ 농민: 부담 일시적 감소 → 재정 부족분을 보충하기 위해 여러 가지 명목으로 부가세 징수 → 농민에게 전가

공납	대동법 (광해군~숙종)	• 배경: 공납 폐단 → 농민 부담 증가, 농민의 토지 이탈↑ • 내용: 특산물 대신 쌀·무명·삼베·동전 징수 → 조세의 금납화 • 기준 변화: 가호 기준, 토산물 징수 → 토지 결수 기준, 1결당 미곡(쌀) 12두 → 공납의 전세화 • 시행

광해군(1608)	인조(1623)	효종(1651)	숙종(1708)
이원익 → 경기도 (선혜청 설치)	강원도	김육 → 충청도·전라도	경상도·황해도 (잉류 지역 제외 전국 실시)

• 결과 ─ 양반 지주 부담 증가, 농민 부담 감소
 ─ 공인 등장 → 상평통보를 사용하여 물품 조달, 일부 도고로 성장, 상품 화폐 경제 발달 촉진

군역	균역법 (영조)	• 배경: 농민의 군역 부담 증가 • 내용: 1년에 군포 2필 → 1필로 감액　　기출자료 1필로 줄이는 것으로 돌아갈 것이다. 1필로 줄었을 때 생기는 세입 감소분을 대신할 방법을 강구하라. • 재정 부족분 보충

어·염·선박세	선무군관포	결작
어(장)세·염(전)세·선박세를 국고로 전환 → 균역청에서 징수	일부 상류층에게 '선무군관' 칭호 부여 → 1년에 군포 1필 징수	지주에게 토지 1결당 쌀 2두 징수 → 군역의 전세화

• 결과: 일시적인 농민 혜택(Why? 결작·선무군관포를 농민에게 전가했기 때문)

대표발문 핵심선지

대표발문 기출자료 밑줄 그은 '이 왕' or '이 법'에 대한 설명으로 옳은 것은?

1
- 인물1: 이 법은 공납의 폐단을 해결할 목적으로 경기도와 강원도 지역에서 실시되고 있습니다. 고통 받는 백성을 위해 충청도와 전라도에도 이 법을 확대 시행해야 합니다.
- 인물2: 그렇다면 충청도에 먼저 시행하시오.

  위 밑줄 그은 '이 법'은? → ㄷㄷㅂ

2 이 비는 김육의 건의로 (가) 이/가 호서 지방에 시행된 것을 기념하고 널리 알리기 위해 삼남 지방으로 통하는 길목에 세워졌다. 김육은 경기도에서 처음 시행된 (가) 을/를 호서 지방에도 실시하여 방납의 폐단으로 고통받는 백성의 부담을 줄이고자 하였다.

  위 (가)에 들어갈 수취 제도는? → ㄷㄷㅂ

3 이것은 정민교의 서사시 '군정탄(軍丁歎)'입니다. 이 작품에 표현된 황구첨정 등의 폐단을 해결하고자 이 왕은 균역청을 설치하고 양역 제도를 개선하였습니다.

  위 밑줄 그은 '이 왕'은? → ㅇㅈ

4
- 인물1: 국왕께서 군포를 2필에서 1필로 감면하라는 명을 내리셨다고 들었습니다.
- 인물2: 그렇습니다. 백성들의 군역 부담을 줄이기 위한 조치입니다. 아울러 감면으로 인한 재정 부족 문제를 해결할 수 있는 방책도 마련하라고 하셨습니다.

  위 밑줄 그은 '방책'은? → ㅅㅁㄱㄱㅍ, ㄱㅈ 징수

핵심선지 대동법 문제에는 영정법·균역법 선지가, 균역법 문제에는 대동법·영정법 선지가 등장하니 주의!

1 인조 때 전세를 1결당 4~6두로 고정하는 (**영정법** , 균역법)을 제정하였다.

2 대동법의 시행은 관청에 필요한 물품을 납부하는 (**공인** , 도고)이/가 등장하는 배경이 되었다.

3 공납의 폐단을 시정하기 위해 (**대동법** , 균역법)이 시행되었다.

4 (**영조** , 정조) 때 농민들의 군역 부담을 줄여 주고자 균역법을 시행하였다.

정답 | 자료 1 대동법 2 대동법 3 영조 4 선무군관포, 결작
선지 1 영정법 2 공인 3 대동법 4 영조

OX 스피드퀴즈

01 인조 때 전세를 1결당 4~6두로 고정하는 균역법을 제정하였다. (O , ×)

02 영정법을 제정하여 풍흉에 관계없이 토지 1결당 쌀 4두를 거두었다. (O , ×)

03 대동법은 관청에 필요한 물품을 납부하는 공인이 등장하는 배경이 되었다. (O , ×)

04 대동법은 토지 1결당 미곡 4두를 부과하였다. (O , ×)

05 광해군 때 경기도에 한해서 대동법이 실시되었다. (O , ×)

06 공법의 폐단을 시정하기 위해 대동법이 시행되었다. (O , ×)

07 대동법은 특산물 대신 쌀, 베, 동전 등으로 납부하게 하였다. (O , ×)

08 김육은 경상도 지역까지 대동법의 확대 실시를 건의하였다. (O , ×)

09 대동법은 관청에 필요한 물품을 납부하는 도고가 등장하는 배경이 되었다. (O , ×)

10 대동법은 선혜청에서 관련 업무를 담당하였다. (O , ×)

11 영조 때 농민들의 군역 부담을 줄여 주고자 균역법을 시행하였다. (O , ×)

12 균역법 시행 후 부족한 재정을 보충하기 위해 방군수포를 징수하였다. (O , ×)

13 균역법 시행 후 어장세, 염전세, 선박세를 거두어 군사비로 충당하였다. (O , ×)

14 균역법 시행 후 재정 부족 문제를 해결하기 위해 지주에게 지계를 징수하였다. (O , ×)

정답 | 01 ×(영정법) 02 O 03 O 04 ×(12두) 05 O 06 ×(공납의 폐단) 07 O 08 ×(충청도) 09 ×(공인의 등장) 10 O 11 O 12 ×(선무군관포) 13 O 14 ×(결작 징수)

26. 조선 후기 사회·문화 | 조선 후기

7일의 힘

50%
3개년 16회 중 8번 출제

찐 TIP

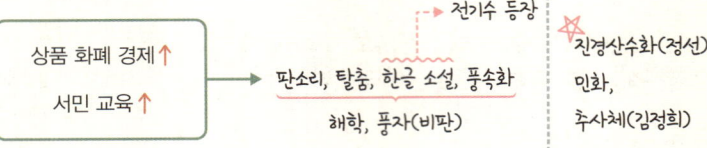

BIG DATA 조선 후기 신분 상승 운동

서얼	중인
• 왜란 이후 차별 완화(납속책·공명첩 → 관직 진출) • 영조·정조 때 신분 상승 운동 전개, 집단 상소(통청 운동) • 정조 때 서얼 차별 완화 → 유득공, 이덕무, 박제가 등 서얼 출신을 규장각 검서관으로 등용	• 축적한 재산과 실무 경험을 바탕으로 신분 상승 추구(역관, 의관) • 철종 때 관직 진출 제한 없애 달라는 대규모 소청 운동 전개 → 실패 but 전문직으로서의 존재감 ↑ • 시사 조직 → 위항 문학 활동 전개

BIG DATA 조선 후기 문화

서양 문물	• 17세기경부터 중국을 다녀오는 사신을 통해 수용 • 곤여만국전도·화포·자명종·천리경 등 전래
과학 기술의 발달	• 천문학: 홍대용(지전설 주장, 혼천의 제작) • 역법: 청으로부터 시헌력 도입(김육) • 지도: 곤여만국전도 • 의학서: 『동의보감』(허준), 『동의수세보원』(이제마), 『침구경험방』(허임), 『마과회통』(정약용) • 농서: 『농가집성』(신속), 『색경』(박세당), 『산림경제』(홍만선), 『임원경제지』(서유구)
서민 문화 발달	• 배경: 상공업↑, 농업 생산력↑, 서당 교육 보급(의식 수준↑), 서민의 경제적·신분적 지위↑ • 종류: 판소리, 탈놀이(탈춤), 산대놀이, 한글 소설(책 읽어 주는 전기수 등장), 사설시조
그림·건축	인왕제색도(좌), 금강전도(우)(겸재 정선) 씨름(단원 김홍도) 월하정인(혜원 신윤복) 파적도(김득신) 세한도(추사 김정희) 영통동구도(강세황) 총석정도(단원 김홍도) 보은 법주사 팔상전
공예	백자가 민간에까지 널리 사용, 푸른색의 회회청 안료를 사용한 청화 백자 유행

대표발문 핵심선지

대표발문 기출자료 밑줄 그은 부분에 해당하는 or (가)에 들어갈 문화유산 or (가)의 작품으로 옳은 것은?

1 [이향견문록]
이 책은 (가) 출신인 유재건이 지은 인물 행적기로, 위항 문학 발달에 크게 기여하였다. (가) 은/는 자신들의 신분에 따른 사회적인 차별에 불만이 많았는데, 시사(詩社)를 조직하는 등의 문예 활동을 통해 스스로의 위상을 높이고자 하였다.

위 (가)에 들어갈 신분은? ㅈㅇ

2 • 인물1: 이 그림은 겸재 (가) 이/가 한양 근교의 경치를 그린 경교명승첩 중 한 작품이야.
• 인물2: 그는 우리나라의 산천을 사실적으로 표현한 진경산수화의 대표적인 화가로 금강전도를 비롯한 뛰어난 작품을 남겼지.

위 (가)에 들어갈 조선 후기 화가는? ㅈㅅ

3 • 인물1: 이 그림은 조선 후기 풍속화가 (가) 이/가 그린 미인도인가요?
• 인물2: 맞아요. (가) 은/는 이 그림 외에도 양반들의 풍류와 남녀 사이의 애정을 소재로 한 작품을 많이 남겼어요.

위 (가)에 들어갈 조선 후기 화가는? ㅅㅇㅂ

4 국보 제258호인 이 자기는 회회청 또는 토청 등의 코발트 안료를 사용하여 만들어진 것입니다. 이러한 종류의 자기는 조선 전기부터 생산되었고, 후기에 널리 보급되었습니다.

위 밑줄 그은 '이 자기'는? ㅊㅎ ㅂㅈ

핵심선지 회화 작품은 그림과 화가를 함께 암기하는 것이 중요!
조선 전기 안견·강희안의 그림은 대표적인 오답 선지!

1 서얼 출신의 학자들이 (**규장각** , 집현전) 검서관에 기용되었다.

2 (**홍대용** , 박제가)이/가 지전설을 주장하여 중국 중심의 세계관을 비판하였다.

3 (**허준** , 이제마)에 의해 전통 한의학을 정리한 동의보감이 간행되었다.

4 장시에서 책을 읽어 주는 (**전기수** , 덕대)

OX 스피드퀴즈

01 조선 정조 때 서얼 출신의 학자들이 집현전 학자에 기용되었다. (O , ×)

02 서얼이 통청 운동을 전개하였다. (O , ×)

03 철종 때 중인이 신분 상승을 위해 소청 운동을 전개하였다. (O , ×)

04 조선 후기에 중인이 시사(詩社)를 조직해 위항 문학 활동을 하였다. (O , ×)

05 조선 후기에 청에서 천리경, 자명종, 홍이포 등을 들여왔다. (O , ×)

06 홍대용이 지전설과 무한우주론을 주장하였다. (O , ×)

07 허준이 전통 한의학을 정리한 동의보감을 편찬하였다. (O , ×)

08 허임이 침구술을 집대성하여 침구경험방을 저술하였다. (O , ×)

09 정약용이 홍역에 관한 국내외 자료를 종합하여 흠흠신서를 편찬하였다. (O , ×)

10 농가집성은 농촌 생활을 위한 백과사전으로 서유구가 저술하였다. (O , ×)

11 조선 후기에는 저잣거리에서 한글 소설을 읽어 주는 전기수가 등장하였다. (O , ×)

12 정선이 우리의 산천을 소재로 한 진경산수화라는 화풍을 개척하였다. (O , ×)

13 조선 후기에는 권선징악, 기복 등을 기원하는 민화가 유행하였다. (O , ×)

14 조선 후기에 회회청 안료를 사용한 청자가 널리 보급되었다. (O , ×)

정답 | 자료 1 중인 2 정선 3 신윤복 4 청화 백자
선지 1 규장각 2 홍대용 3 허준 4 전기수

정답 | 01 ×(규장각 검서관에 기용) 02 O 03 O 04 O 05 ×(명) 06 O 07 O 08 O 09 ×(마과회통) 10 ×(임원경제지) 11 O 12 O 13 O 14 ×(청화 백자)

대표 기출문제

01

밑줄 그은 '이 법'의 영향으로 가장 적절한 것은?

① 관청에 물품을 조달하는 공인이 등장하였다.
② 어염세, 선박세 등이 국가 재정으로 귀속되었다.
③ 전세를 풍흉에 따라 9등급으로 차등 과세하였다.
④ 양반에게도 군포를 징수하는 호포제가 시행되었다.
⑤ 재정을 보충하기 위해 지주에게 결작이 부과되었다.

 방납의 폐단, 현물 대신 쌀·베 등으로 납부

정답 ①

자료의 '방납의 폐단', '공물을 쌀·베 등으로 납부', '토지 결수를 기준으로 납부' 등을 통해 대동법에 대해 이야기하고 있음을 알 수 있다.
방납 등 공납의 폐단을 해결하기 위해 광해군 때부터 대동법이 시행되어 현물 대신 토지 1결당 쌀, 베, 동전 등으로 거두었다. 대동법은 경기도에서 시작하여 효종 때 김육의 건의로 충청도 등지에서도 시행되었으며, 숙종 때 전국으로 확대되었다.
① 공인은 대동법 실시를 계기로 등장한 상인으로, 나라에 필요한 물품을 조달하였다. 공인이 막대한 물품을 거래하면서 상품 화폐 경제가 발달하는 계기가 되었다.

관련 기출선지 모아보기
1. [광해군] 경기도에 한해서 대동법이 실시되었다.
2. 토지 1결당 미곡 12두를 부과하였다.
3. 관청에 필요한 물품을 납부하는 공인이 등장하는 배경이 되었다.

02

밑줄 그은 '방책'에 해당하는 내용으로 옳은 것은?

① 일부 부유한 양민에게 선무군관포를 징수하였다.
② 풍흉에 따라 전세를 9등급으로 차등 과세하였다.
③ 백성들에게 곡식을 빌려주는 진대법을 시행하였다.
④ 수신전, 휼양전 등의 명목으로 세습되는 토지를 폐지하였다.
⑤ 기금을 모아 그 이자로 빈민을 구제하는 제위보를 운영하였다.

 군포를 2필에서 1필로 감면

정답 ①

자료에서 '군포를 2필에서 1필로 감면' 등을 통해 밑줄 그은 '방책'이 균역법 시행에 따른 재정 부족 문제 보완책임을 알 수 있다.
조선 후기의 백성들은 군역을 지는 대신 1년에 군포를 2필씩 납부하였는데, 영조는 백성들의 군포 부담을 2필에서 1필로 줄여 주는 균역법을 시행하였다(1750). 균역법의 시행으로 감소한 세수를 보충하기 위해 토지 소유자에게 결작을 부과하였고, 일부 부유한 상민에게는 선무군관이라는 명예직 벼슬을 주고 군포를 부과하였으며, 어염세와 선박세도 국가 재정 수입으로 전환하였다.
① 조선 영조는 균역법 시행에 따른 세수 감소를 보충하고자 부유한 상민에게 선무군관포를 징수하였다.

관련 기출선지 모아보기
1. 농민들의 군역 부담을 줄여 주고자 균역법을 시행하였다.
2. 부족한 재정을 보충하기 위해 선무군관포를 징수하였다.
3. 어장세, 염전세, 선박세를 거두어 국가 재정으로 귀속하였다.

03

다음 그림이 그려진 시기의 문화에 대한 설명으로 옳지 <u>않은</u> 것은?

 이 그림은 김득신이 대장간의 모습을 묘사한 풍속화이다. 한 명이 화덕에서 달궈진 쇳덩어리를 방울집게로 집어 모루 위에 올려놓자 두 명이 쇠망치로 두드리는 모습, 도리에 매어 놓은 그네에 상체를 기대고 어깨너머로 구경하는 아이의 모습 등이 생동감 있게 표현되어 있다.

① 중인들이 시사(詩社)를 조직하였다.
② 양반의 위선을 풍자한 탈춤이 공연되었다.
③ 춘향가, 흥보가 등의 판소리가 유행하였다.
④ 금속 활자본인 직지심체요절이 간행되었다.
⑤ 홍길동전, 박씨전 등의 한글 소설이 널리 읽혔다.

 김득신

정답 ④
조선 후기에 활동한 화가인 김득신의 풍속화를 통해, 조선 후기의 문화에 대해 묻는 문제임을 알 수 있다.
조선 후기에는 농업과 상공업 발달과 함께 문화에서도 새로운 경향이 나타났다. 특히 서민의 경제력이 확대되고 신분이 상승하면서 종래 양반층만 향유하던 문예 활동에 참여하는 계층이 늘어났다. 중인들은 시사를 조직하여 활동하였으며, 상민들은 『춘향전』, 『심청전』 등의 한글 소설을 읽거나 판소리와 탈춤 등을 즐겼다.
④ 현존하는 최고(最古)의 금속 활자본인 『직지심체요절』은 고려 시대인 1377년에 청주 흥덕사에서 간행되었다.

관련 기출선지 모아보기
1. 저잣거리에서 한글 소설을 읽어 주는 전기수
2. 장시에서 판소리를 구경하는 농민
3. 장시에서 탈춤 공연을 벌이는 광대

04

(가)에 들어갈 그림으로 옳은 것은?

①  ②

③  ④

⑤

 겸재 정선

정답 ③
겸재 정선은 조선 후기에 활동한 화가로, 주로 우리나라 산천을 소재로 한 진경산수화를 그렸다. 조선 전기 산수화는 중국의 화풍을 모방한 것이 많았는데, 정선은 이러한 경향에서 탈피하여 「금강전도」, 「인왕제색도」 등을 통해 조선의 자연을 있는 그대로 담아 냈다.
③ 정선의 대표 작품 중 하나인 「인왕제색도」이다.

관련 기출선지 모아보기
1. [정선] 우리의 산천을 소재로 한 진경산수화라는 화풍을 개척하였다.
2. 권선징악, 기복 등을 기원하는 민화가 유행하였다.
3. [김정희] 역대의 명필을 연구하여 추사체를 완성하였다.

27 새로운 사상의 등장과 농민 봉기

| 조선 후기

75%
3개년 16회 중 12번 출제

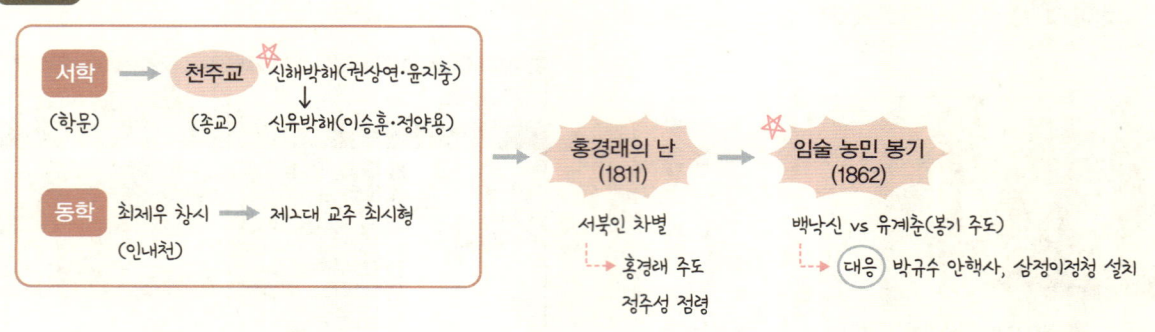

BIG DATA 새로운 사상의 등장

천주교
- 전래: 17세기에 청에 다녀온 사신들에 의해 서학이라는 학문의 형태로 소개(이수광의 『지봉유설』 → 『천주실의』 소개)
- 수용: 남인 계열 실학자(정약용)가 신앙으로 수용(정조 때)
- 확장: 인간 평등, 내세 신앙 → 백성의 공감
- 박해: 제사 거부 등으로 정부의 탄압
  - 신해박해(1791) → 권상연, 윤지충 등 순교
  - 신유박해(1801) → 정약용·정약전 유배, 이승훈 순교, 황사영 백서 사건
    - 기출자료 서학은 반드시 큰 화를 가져올 것입니다. 이를 따르는 이가환, 이승훈, 정약용을 처벌하여 주소서.
  - 병인박해(1866) → 병인양요의 배경이 됨

동학
- 창시: 경주 출신 최제우가 창시(1860)
- 교리: 유·불·선 + 민간 신앙 융합
- 사상
  - 시천주(인간 존중)
  - 인내천(사람이 곧 하늘)
  - 후천개벽·보국안민 주장
- 탄압: 혹세무민을 이유로 고종 때 최제우 처형
  - 기출자료 동학은 어리석은 사람들을 현혹하는 것이니 그 두목인 최제우를 효수하여 본보기로 삼으소서.
- 교세 확장: 최시형
  - 교단 조직 정비
  - 『동경대전』(경전), 『용담유사』(포교 가사집, 최제우)

BIG DATA 19세기 농민 봉기

홍경래의 난 (1811, 순조)
- 원인: 평안도(서북인)에 대한 차별 대우, 지배층의 수탈
- 과정: 몰락 양반 홍경래의 봉기 주도 + 상공업자·광산 노동자·빈농 합세 → 정주성 점령(청천강 이북 지역 장악) → 관군에 진압되어 실패
- 영향: 이후 농민 봉기에 영향

임술 농민 봉기 (1862, 철종)
- 원인: 삼정의 문란, 지배층의 수탈
- 과정: 경상 우병사 백낙신의 부정 → 몰락 양반 유계춘이 주도한 진주 농민 봉기(진주성 점령)를 계기로 전국으로 확산
- 정부의 대응: 박규수를 안핵사로 파견, 삼정이정청 설치 → 성과 X
- 영향: 농민 의식 성장, 양반 중심 통치 체제의 붕괴 계기
  - 기출자료 임술년 2월 19일, 진주 백성 수만 명이 머리에 흰 수건을 두르고 손에는 나무 몽둥이를 들고 무리를 지어 진주 읍내에 모여 서리들의 가옥 수십 호를 불사르고 부수니, 그 움직임이 심상치 않았다.

대표발문 핵심선지

대표발문 기출자료 다음 사건 or (가) 종교(사건) or 밑줄 그은 '변란'에 대한 설명으로 옳은 것은?

1
- 인물1: 진산의 윤지충은 조상의 신주를 불사르고, 어머니의 장례에도 신주를 모시지 않았습니다. 이런 행동을 하면서도 태연하였으니, 정말 흉악한 자입니다.
- 인물2: 근심과 한탄을 금할 수가 없다. 사학(邪學)을 따르는 죄인을 처벌하여 경계로 삼으라.

위와 관련된 사건은? → ㅅㅎㅂㅎ

2 경주 사람 최복술은 아이들에게 공부 가르치는 것을 직업으로 삼았다. 그런데 양학(洋學)이 갑자기 퍼지는 것을 차마 보고 앉아 있을 수 없어서, 하늘을 공경하고 순종하는 마음으로 글귀를 지어, (가) (이)라 불렀다.

위 (가)에 들어갈 종교는? → ㄷㅎ

3 [정주성공격도]
이것은 평안도 지역에 대한 차별 등에 반발하여 일어난 (가) 을/를 진압하기 위해 관군이 정주성을 에워싸고 있는 상황을 그린 그림입니다.

위 (가)에 들어갈 사건은? → ㅎㄱㄹ의 난

4 경상 감사 이돈영이 진주의 백성들이 변란을 일으켜 경상 우병사 백낙신을 협박하고 인명을 살상하였다고 보고하니, 왕이 하교하였다.

위 밑줄 그은 '변란'은? → ㅇㅅ ㄴㅁ ㅂㄱ

OX 스피드퀴즈

01 천주교는 일본을 다녀온 사신들에 의하여 서학으로 소개되었다. (O , ×)
02 동학은 제사와 신주를 모시는 문제로 정부의 탄압을 받았다. (O , ×)
03 신해박해 때 이승훈, 정약용 등이 연루되어 처벌받았다. (O , ×)
04 황사영이 외국 군대의 출병을 요청하는 백서를 작성하였다. (O , ×)
05 최시형이 동학을 창시하였다. (O , ×)
06 동학은 유·불·선을 바탕으로 민간 신앙의 요소까지 포함하였다. (O , ×)
07 동학은 인내천 사상을 내세워 인간 평등을 주장하였다. (O , ×)
08 동학은 마음 속에 한울님을 모시는 미륵을 강조하였다. (O , ×)
09 동학은 동경대전과 용담유사를 경전으로 삼았다. (O , ×)
10 홍경래의 난은 서북인에 대한 차별에 반발하여 발생하였다. (O , ×)
11 홍경래 등이 봉기하여 정주성을 점령하였다. (O , ×)
12 임술 농민 봉기는 조병갑의 탐학이 발단이 되어 발생하였다. (O , ×)
13 임술 농민 봉기는 유계춘을 중심으로 봉기하여 진주성을 점령하였다. (O , ×)
14 정부는 임술 농민 봉기의 수습을 위해 박제가를 안핵사로 파견하였다. (O , ×)
15 삼정의 문란을 개선하기 위해 삼정이정청을 설치하였다. (O , ×)

핵심선지 천주교·동학의 특징과 탄압 과정에 주목!
19세기 농민 봉기의 원인과 주요 인물, 전개 과정을 파악할 것!

1 신유박해로 다수의 (동학교도 , **천주교도**)가 처형되었다.
2 지역(서북인) 차별에 반발한 (**홍경래** , 유계춘)이/가 주도하여 봉기하였다.
3 임술 농민 봉기의 수습을 위해 (**박규수** , 박제가)가 안핵사로 파견되었다.
4 삼정의 문란을 개선하기 위해 (**삼정이정청** , 통리기무아문)을 설치하였다.

정답 | 자료 1 신해박해 2 동학 3 홍경래 4 임술 농민 봉기
선지 1 천주교도 2 홍경래 3 박규수 4 삼정이정청

정답 | 01 ×(청에 다녀온 사신들) 02 ×(천주교) 03 ×(신유박해) 04 O 05 ×(최제우) 06 O 07 O 08 ×(시천주 강조) 09 O 10 O 11 O 12 ×(백낙신) 13 O 14 ×(박규수) 15 O

27 새로운 사상의 등장과 농민 봉기

28 실학

| 조선 후기

50%
3개년 16회 중 8번 출제

찐 TIP

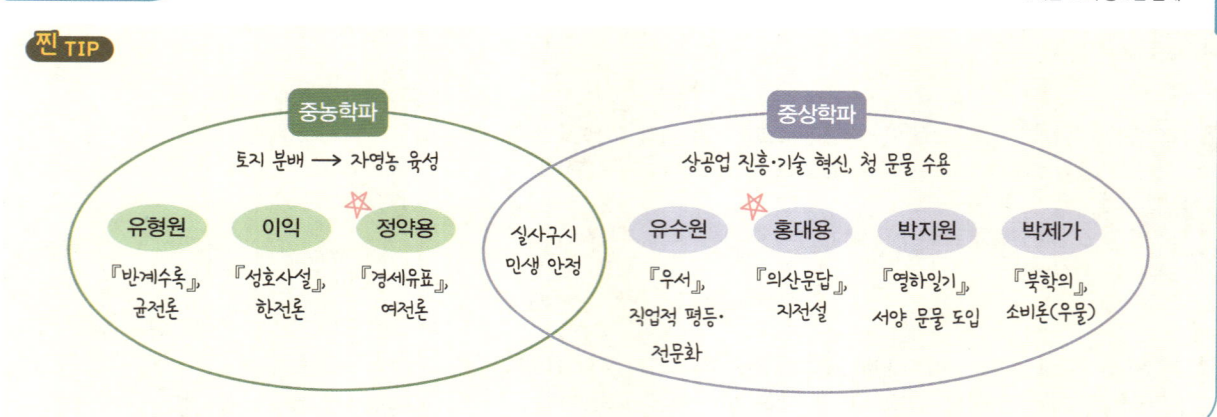

BIG DATA 중농학파와 중상학파

중농학파(경세치용학파)

유형원 (반계)
- 균전론: 관리, 선비, 농민 등 신분에 따른 토지의 차등 분배를 통한 자영농 육성
- 저서: 『반계수록』
- 기출자료 ▶ 이곳은 유형원이 낙향하여 학문 연구에 전념했던 전라북도 부안군의 반계 서당입니다. 그는 이곳에서 제자들을 양성하여 반계수록을 저술하였습니다.

이익 (성호)
- 한전론: 영업전(생계유지를 위한 최소한의 토지) 매매 금지 but 그 외 토지 매매 OK → 하한선 제한
- 나라를 좀먹는 여섯 가지 폐단: 노비 제도, 과거 제도, 양반 문벌제도, 사치와 미신, 승려, 게으름
- 저서: 『성호사설』, 『곽우록』(한전론 기록)
- 기출자료 ▶ 성호사설은 이익이 평소 학문을 연구하여 기록한 글과 제자들의 질문에 답한 것을 정리한 백과전서류의 저서이다.

정약용 (여유당)
- 여전론: 마을 단위 공동 소유·노동 but 노동량에 따른 수확물 차등 분배(지나치게 이상적) → 정전론(타협안) 주장
- 저서: 『목민심서』, 『경세유표』, 『흠흠신서』, 『마과회통』, 『여유당전서』(1934년 조선학 운동 차원에서 정인보, 안재홍 등이 간행)
- 과학 기술에 관심 → 거중기 설계(수원 화성 축조에 활용)
- 기출자료 ▶ 여전(閭田)의 법을 시행하여 나의 뜻을 이룰 수 있을 것이다. 무엇을 여전이라 하는가? 산골짜기와 천원(川原)의 형세로써 나누어 경계로 삼아 그 안을 여(閭)라 한다.

중상학파(이용후생학파)

유수원 (농암)
- 사농공상의 직업적 평등화와 전문화 주장
- 저서: 『우서』

홍대용 (담헌)
- 지전설 주장(『의산문답』)
  ('우주는 무한하며, 지구는 구른다.')
- 혼천의 제작, 문벌제도 철폐 주장
- 저서: 『임하경륜』, 『의산문답』, 『담헌서』
- 기출자료 ▶ 서양 사람은 서양을 정계로 삼고 중국을 도계로 삼는다. …… 횡(橫)이나 도(倒)할 것 없이 다 정계이다.

박지원 (연암)
- 서양 문물 도입 주장
- 수레·선박 이용 주장
- 화폐 유통의 필요성 강조
- 양반의 위선과 무능 비판 → 한문 소설(「양반전」, 「허생전」, 「호질」)
- 저서: 『열하일기』

박제가 (초정)
- 청 문물의 적극적 수용 주장
- 수레와 선박 이용 주장
- 절약보다 소비 강조(생산과 소비를 우물에 비유)
- 서얼 출신의 규장각 검서관
- 저서: 『북학의』
- 기출자료 ▶ 그는 청에 다녀온 후 북학의를 저술하여 …… 특히 재물을 우물에 비유하여 절약보다 소비를 권장하였다.

대표발문 핵심선지

대표발문 기출자료 (가) 인물 or 다음 글을 쓴 인물에 대한 설명으로 옳은 것은?

1 [성호사설] 이 책은 (가) 이/가 평소 학문을 연구하여 기록한 글과 제자들이 질문에 답한 것을 정리한 백과전서류의 저서이다. …… 특히 인사문에는 노비제, 과거제, 벌열(閥閱) 등을 나라를 해치는 6가지 좀벌레로 규정하여 비판하는 내용이 담겨 있다.

위 (가)에 들어갈 인물은? → ㅇㅇ

2 • 인물1: 수원 화성 건설을 위해 설계한 거중기에 대해 설명해 주십시오.
• 인물2: 공사에 참여한 백성의 어려움을 덜어 주고자 기기도설에 실린 도르래의 원리를 활용하였습니다. 전하께서는 거중기의 사용으로 4만 냥의 비용을 절약했다고 말씀하셨습니다.

위 인터뷰의 주인공은? → ㅈㅇㅇ

3 (가) 이/가 과학 기술인 명예의 전당에 헌정되었습니다. 그는 천문학에 조예가 깊어 기존의 혼천의를 개량했으며, 그의 학문은 담헌서로 정리되어 오늘날 전해지고 있습니다.

위 (가)에 들어갈 인물은? → ㅎㄷㅇ

4 이 시는 연행사의 일원으로 다녀온 그가 청의 발달한 문물을 경험하고 지은 것이다. 서얼 출신으로 규장각 검서관에 발탁된 그는 시의 내용처럼 재화를 우물물에 비유하며 소비 촉진을 통한 생산력의 증대를 주장하였다.

위 밑줄 그은 '그'는? → ㅂㅈㄱ

핵심 선지 실학자의 '호-이름-저서'를 함께 기억하는 것이 핵심!
실학 문제라면 해당 실학자의 '호'가 핵심 힌트!

1 유형원은 (**반계수록** , 성호사설)에서 토지 제도 개혁론을 제시하였다.

2 이익은 곽우록에서 토지 매매를 제한하는 (**한전론** , 균전론)을 제시하였다.

3 정약용은 기기도설을 참고하여 (**거중기** , 앙부일구)를 설계하였다.

4 (박지원 , **박제가**)은/는 북학의를 저술하여 절약보다 소비를 권장하였다.

정답 | 자료 **1** 이익 **2** 정약용 **3** 홍대용 **4** 박제가
선지 **1** 반계수록 **2** 한전론 **3** 거중기 **4** 박제가

OX 스피드퀴즈

01 유형원은 반계수록에서 토지 제도 개혁론을 제시하였다. (ㅇ , ×)

02 이익은 곽우록에서 토지 매매를 제한하는 한전론을 제시하였다. (ㅇ , ×)

03 정약용은 목민심서에서 지방 행정의 개혁안을 제시하였다. (ㅇ , ×)

04 유형원은 경세유표를 저술하여 국가 제도의 개혁 방향을 제시하였다. (ㅇ , ×)

05 정약용은 기기도설을 참고하여 거중기를 설계하였다. (ㅇ , ×)

06 유수원은 우서에서 사농공상의 직업적 평등과 전문화를 주장하였다. (ㅇ , ×)

07 유수원은 자영농 육성을 위해 신분에 따른 토지의 차등 분배를 주장하였다. (ㅇ , ×)

08 홍대용은 무한우주론을 주장한 의산문답을 집필하였다. (ㅇ , ×)

09 홍대용은 천체의 운행과 위치를 측정하는 혼천의를 제작하였다. (ㅇ , ×)

10 박지원은 양반전에서 양반의 위선과 무능을 풍자하였다. (ㅇ , ×)

11 박제가는 열하일기에서 수레와 선박의 필요성을 강조하였다. (ㅇ , ×)

12 박제가는 북학의를 저술하여 절약보다 소비를 권장하였다. (ㅇ , ×)

13 정약용은 서얼 출신으로 규장각 검서관에 발탁되어 활동하였다. (ㅇ , ×)

14 박지원·박제가·홍대용 등은 북경에 다녀온 후 연행록을 남겼다. (ㅇ , ×)

정답 | 01 ㅇ 02 ㅇ 03 ㅇ 04 ×(정약용) 05 ㅇ 06 ㅇ 07 ×(유형원) 08 ㅇ 09 ㅇ 10 ㅇ 11 ×(박지원) 12 ㅇ 13 ×(박제가 등) 14 ㅇ

대표 기출문제

01

(가)~(다)를 일어난 순서대로 옳게 나열한 것은?

> (가) 한영규가 아뢰기를, "서양의 간특한 설이 윤리와 강상을 없애고 어지럽히니 어찌 진산의 권상연, 윤지충 같은 자가 또 있겠습니까? 제사를 폐하고 위패를 불태웠으며, 조문을 거절하고 그 부모의 시신을 내버렸으니 그 죄가 매우 큽니다."라고 하였다.
>
> (나) 사헌부에서 아뢰기를, "아! 통분스럽습니다. 이가환, 이승훈, 정약용의 죄가 무거우니 이를 어찌 다 처벌할 수 있겠습니까? 사학(邪學)이란 것은 반드시 나라에 흉악한 화를 가져오고야 말 것입니다."라고 하였다.
>
> (다) 의금부에서, "죄인 남종삼은 명백한 근거도 없이, 러시아에 변란이 있을 것이고 프랑스와 조약을 맺을 계책이 있다면서 사람들을 현혹하였습니다. 감히 나라를 팔아먹고자 몰래 외적을 끌어들이려 하였으니, 그 죄는 만 번을 죽여도 모자랍니다. 죄인이 자백하였습니다."라고 아뢰었다.

① (가) – (나) – (다)
② (가) – (다) – (나)
③ (나) – (가) – (다)
④ (나) – (다) – (가)
⑤ (다) – (나) – (가)

결정적 힌트 윤지충, 이승훈, 정약용, 남종삼, 프랑스와 조약

정답 ①

(가) 권상연, 윤지충 등이 제사를 폐하고 위패를 불태웠다는 사실을 통해 신해박해(1791)와 관련된 상황임을 알 수 있다.

(나) 이승훈, 정약용의 죄가 무겁다는 사실을 통해 조선 순조 때인 1801년에 있었던 신유박해와 관련된 상황임을 알 수 있다.

(다) '남종삼, 프랑스와 조약을 맺을 계책' 등을 통해 1866년에 있었던 병인박해와 관련된 사실임을 알 수 있다.

① 일어난 순서대로 나열하면 (가) 조선 정조 때 – (나) 조선 순조 때 – (다) 조선 고종 때이다.

관련 기출선지 모아보기

1. [천주교] 제사와 신주를 모시는 문제로 정부의 탄압을 받았다.
2. 신유박해로 다수의 천주교도가 처형되었다.
3. [병인박해] 조선 정부의 프랑스 선교사 처형이 구실이 되어 일어났다.

02

밑줄 그은 '사건'에 대한 설명으로 옳은 것은?

① 청의 군대에 의해 진압되었다.
② 삼정이정청이 설치되는 계기가 되었다.
③ 서북인에 대한 차별에 반발하여 일어났다.
④ 남접과 북접이 연합하여 조직적으로 전개되었다.
⑤ 함경도와 황해도에 방곡령이 선포되는 결과를 가져왔다.

결정적 힌트 진주, 백낙신, 안핵사 박규수

정답 ②

자료에서 '진주', '백낙신', '박규수' 등을 통해 밑줄 그은 '사건'이 임술 농민 봉기(진주 농민 봉기)임을 알 수 있다.

1862년에 경상 우병사 백낙신의 탐학에 분노한 진주의 백성들이 봉기하였고, 곧 전국으로 농민 봉기가 확산되었다(임술 농민 봉기). 이에 정부는 박규수를 안핵사로 파견하고, 삼정이정청을 설치하여 사태를 수습하고자 하였다.

② 조선 정부는 임술 농민 봉기가 발생하자 삼정이정청을 설치하여 삼정의 문란을 개선하려고 했지만 성과를 거두지 못하였다.

관련 기출선지 모아보기

1. 백낙신의 탐학이 발단이 되어 일어났다.
2. 유계춘을 중심으로 봉기하여 진주성을 점령하였다.
3. 사건 수습을 위해 박규수가 안핵사로 파견되었다.

27 새로운 사상의 등장과 농민 봉기
28 실학

03

다음 가상 인터뷰의 주인공에 대한 설명으로 옳은 것은?

수원 화성 건설을 위해 설계한 거중기에 대해 설명해 주십시오.

공사에 참여한 백성의 어려움을 덜어 주고자 기기도설에 실린 도르래의 원리를 활용하였습니다. 전하께서는 거중기의 사용으로 4만 냥의 비용을 절약했다고 말씀하셨습니다.

① 북학의에서 절약보다 소비를 권장하였다.
② 의산문답에서 중국 중심의 세계관을 비판하였다.
③ 우서에서 사농공상의 직업적 평등을 주장하였다.
④ 마과회통에서 홍역에 대한 의학 지식을 정리하였다.
⑤ 금석과안록에서 북한산비가 진흥왕 순수비임을 고증하였다.

 결정적 힌트 거중기 설계, 기기도설

정답 ④
자료의 '거중기 설계' 등을 통해 인터뷰의 주인공이 정약용임을 알 수 있다.
18세기 전반에 농업 중심의 개혁론을 제시한 실학자들은 농촌 사회의 안정을 꾀하기 위해 각종 제도의 개혁을 추구하였다. 이 중 정약용은 귀양살이를 하면서 지방 행정의 개혁에 관한 『목민심서』와 중앙 행정의 개혁에 관한 『경세유표』, 형법에 관한 『흠흠신서』 등 500여 권의 책을 저술하였다. 또한 토지 제도의 개혁론으로 일종의 공동 농장 제도인 여전론과 정전제를 주장하였다.
④ 정약용은 홍역에 관한 국내외 자료를 종합하여 『마과회통』을 저술하였다.

관련 기출선지 모아보기
1. 목민심서에서 지방 행정의 개혁안을 제시하다.
2. 기기도설을 참고하여 거중기를 설계하였다.
3. 여전론을 통해 토지의 공동 소유와 공동 경작을 주장하였다.

04

(가)~(마)에 들어갈 내용으로 옳은 것은?

〈온라인 한국사 교양 강좌〉
인물로 보는
조선 후기 사회 개혁론

우리 학회에서는 조선 후기 학자들의 다양한 개혁론을 이해하는 교양 강조를 마련하였습니다. 많은 분들의 관심과 참여 바랍니다.

■ 강좌 안내 ■

제1강 이익, (가)
제2강 홍대용, (나)
제3강 박지원, (다)
제4강 박제가, (라)
제5강 정약용, (마)

• 기간: 2021년 ○○월 ○○일~○○월 ○○일
  매주 화요일 16:00
• 방식: 화상 회의 플랫폼 활용
• 주최: ◇◇ 학회

① (가) – 의산문답에서 중국 중심의 세계관을 비판하다
② (나) – 목민심서에서 지방 행정의 개혁안을 제시하다
③ (다) – 열하일기에서 수레와 선박의 필요성을 강조하다
④ (라) – 성호사설에서 사회 폐단을 여섯 가지 좀으로 규정하다
⑤ (마) – 북학의에서 절약보다 적절한 소비를 권장하다

 결정적 힌트 조선 후기 학자들, 실학자

정답 ③
왜란 이후 사회적, 경제적 문제가 발생하면서 실학자들을 중심으로 현실을 개혁하려는 움직임이 나타났다. 유형원, 이익, 정약용은 농촌 사회의 안정을 위한 토지 문제 해결을 주장하였고, 홍대용, 박지원, 박제가, 유수원은 상공업의 진흥과 기술 혁신, 청 문물의 수용을 주장하였다.
③ 박지원은 연행사를 따라 청에 다녀온 뒤『열하일기』를 지어 수레의 사용뿐만 아니라 잘 갖추어진 도로 시설의 중요성 등을 이야기하였다.

관련 기출선지 모아보기
1. [이익] 곽우록에서 토지 매매를 제한하는 한전론을 제시하였다.
2. [박제가] 북학의를 저술하여 절약보다 소비를 권장하였다.
3. [홍대용] 무한우주론을 주장한 의산문답을 집필하였다.

| 근대

29 흥선 대원군 집권기

3개년 16회 중 9번 출제

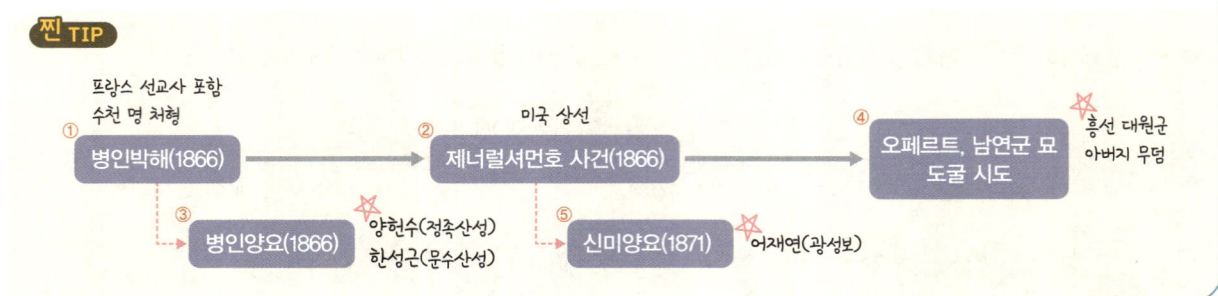

BIG DATA 흥선 대원군의 정치(대내)

왕권 강화	· 비변사 축소·폐지 → 의정부(정치)·삼군부(군사)의 기능 부활 → 국방 강화 · 경복궁 중건: 당백전(화폐) 발행, 원납전(성금) 징수, 양반의 묘지림 벌목 → 양반을 비롯한 백성들의 원망 · 법전 정비: 『대전회통』, 『육전조례』 · 전국 600여 개의 서원을 47개만 남기고 모두 정리, 만동묘 철폐 → 국가 재정 확충, 양반의 기반 약화 → 유생 반발
민생 안정	· 전정 개혁 – 양전 사업: 은결 색출, 토지 겸병 금지 · 군정 개혁 – 호포제: 집집마다 군포 징수, 양반에게도 군포 징수 · 환곡 개혁 – 사창제: 마을에 창고를 만들어 지역민들이 자치적 운영

BIG DATA 흥선 대원군의 정치(대외)

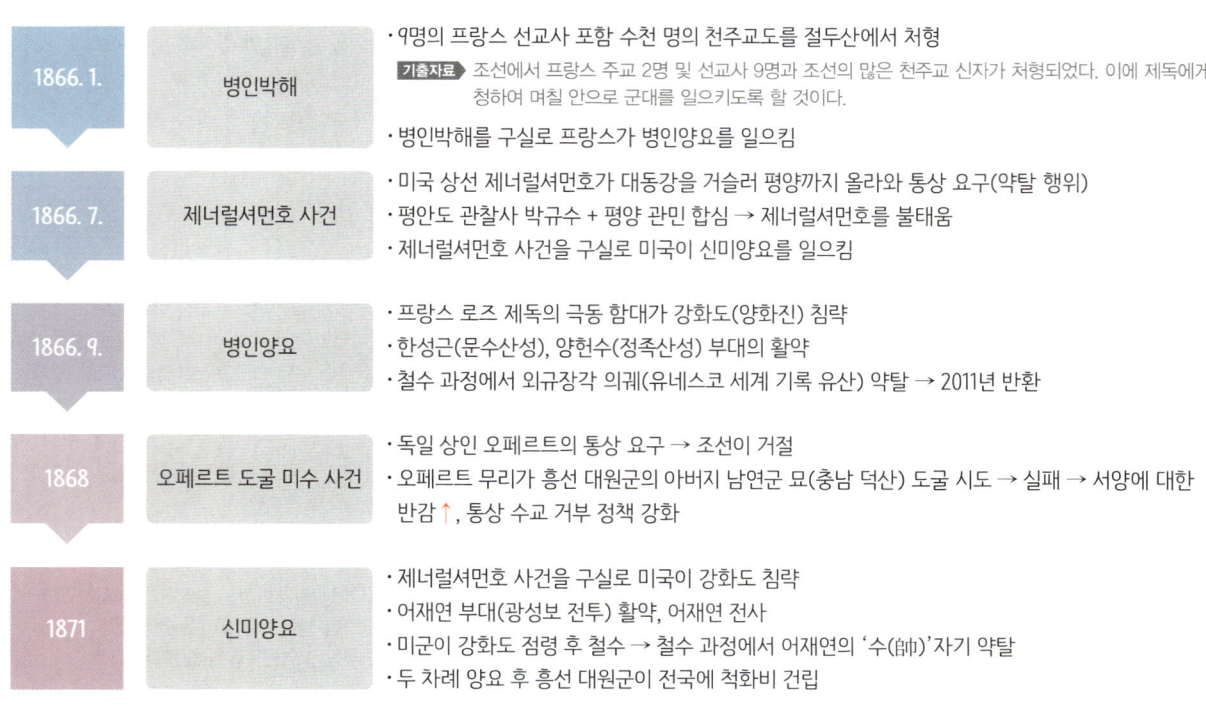

대표발문 핵심선지

대표발문 기출자료 (가) 인물에 대한 설명 or 다음 상황 이후에 전개된 사실로 옳은 것은?

1 왕이 말하였다. "요즘에 서원마다 사무를 자손들이 주관하고 붕당을 각기 주장하니, 이로 인한 폐해가 백성들에게 미치는 경우가 많다고 한다. (가) 의 분부대로 서원을 철폐하고 신주를 땅에 묻어 버리는 등의 절차를 거행하도록 전국에 알려라."

위 (가)에 들어갈 인물은? → ㅎㅅㄷㅇㄱ

2 대전통편 이후 80여 년 만에 새롭게 편찬된 법전이다. 기존 법전을 기본으로 삼고, 각종 조례 등을 보완하여 체계적으로 정리한 조선 시대 마지막 통일 법전이다.

위와 관련된 법전은? → ㄷㅈㅎㅌ

3 양헌수가 은밀히 정족산 전등사로 가서 주둔하였다. …… 산 위에서 매복하고 있다가 한꺼번에 북을 치고 나발을 불며 좌우에서 총을 쏘았다. 적장이 총에 맞아 말에서 떨어지고 서양인 10여 명이 죽었다. 달아나는 서양인들을 쫓아가니 그들은 동료의 시체를 옆에 끼고 급히 본진으로 도망갔다.

위와 관련된 사건은? → ㅂㅇㅇㅇ

4 진무사 정기원의 장계에, "초지와 덕진을 제대로 지키지 못한 것도 저의 불찰인데, 광성보에서는 군사가 다치고 장수가 죽었으니 저의 죄가 더욱 큽니다."라고 하였다. 이에 전교하기를, "병가의 승패는 늘 있는 일이다. 저 흉측한 무리들이 지금 다소 물러가기는 했으나 목전의 방비를 더욱 소홀히 할 수 없다."라고 하였다.

위와 관련된 사건은? → ㅅㅁㅇㅇ

핵심선지 자료를 통해 흥선 대원군이 실시한 정책을 고르는 문제가 빈출! 병인박해부터 척화비 건립까지 사건의 순서가 핵심!

1 (**삼군부** , 비변사)가 부활하여 군국 기무를 전담하였다.
2 경복궁 중건의 공사비 마련을 위하여 (**당백전** , 상평통보)이/가 발행되었다.
3 양반에게도 군포를 징수하는 (**호포제** , 호패제)를 추진하였다.
4 (한성근 , **양헌수**) 부대가 정족산성에서 프랑스군을 격퇴하였다.

OX 스피드퀴즈

01 흥선 대원군 집권 후 삼군부가 부활하여 군국 기무를 전담하였다. (O , ×)
02 흥선 대원군이 대전회통을 편찬하여 통치 체제를 정비하였다. (O , ×)
03 흥선 대원군은 환곡의 폐단을 시정하기 위해 사창제를 전국적으로 시행하였다. (O , ×)
04 흥선 대원군에 의해 47개소의 서원 외에는 모두 철폐되었다. (O , ×)
05 흥선 대원군은 양반에게도 군포를 징수하는 호패법을 추진하였다. (O , ×)
06 흥선 대원군은 궁궐의 공사비 마련을 위해 당백전을 발행하였다. (O , ×)
07 병인박해로 천주교 선교사와 신자들이 처형되었다. (O , ×)
08 신미양요는 조선 정부의 프랑스 선교사 처형이 구실이 되어 일어났다. (O , ×)
09 병인양요 때 한성근 부대가 서양 세력에 맞서 문수산성에서 항전하였다. (O , ×)
10 양헌수 부대가 정족산성에서 프랑스군을 격퇴하였다. (O , ×)
11 미국군이 철수 과정에서 외규장각 도서를 약탈하였다. (O , ×)
12 개성 관민이 제너럴셔먼호를 불태웠다. (O , ×)
13 제너럴셔먼호 사건을 구실로 미군이 강화도를 침략하였다. (O , ×)
14 오페르트가 대원군 묘 도굴을 시도하였다. (O , ×)
15 흥선 대원군이 종로와 전국 각지에 탕평비를 건립하였다. (O , ×)

정답 | 자료 1 흥선 대원군 2 대전회통 3 병인양요 4 신미양요
선지 1 삼군부 2 당백전 3 호포제 4 양헌수

정답 | 01 O 02 O 03 O 04 O 05 ×(호포제)
06 O 07 O 08 ×(병인양요) 09 O 10 O
11 ×(프랑스군) 12 ×(평양 관민) 13 O 14 ×(남연군 묘) 15 ×(척화비)

29 흥선 대원군 집권기

30 각국 조약 체결과 국권 피탈

| 근대

62%
3개년 16회 중 10번 출제

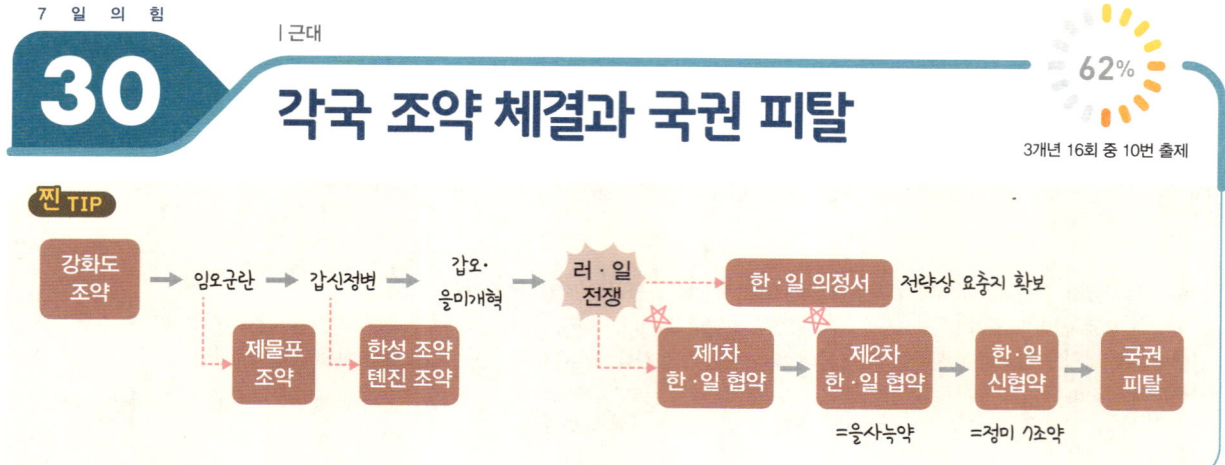

BIG DATA 각국 조약 체결과 국권 피탈

1876
- 강화도 조약(2월)
  - 배경: 운요호 사건(1875), 통상 개화론 대두(박규수, 오경석, 유홍기)
  - 내용: 해안 측량권, 부산 외 원산·인천 개항, 치외 법권, 청의 종주권 부정
  - 부속 조약
    - 조·일 수호 조규 부록(7월): 일본 화폐 유통 허용, 거류지(간행이정) 10리 설정
    - 조·일 무역 규칙(7월): 일본 상품 무관세, 양곡 무제한 유출 허용

1882
- 조·미 수호 통상 조약(4월)
  - 배경: 황준헌(황쭌셴)의 『조선책략』 국내 유포
  - 내용: 치외 법권, 최혜국 대우, 낮은 세율의 관세, 거중 조정 → 조약 체결 후 보빙사 파견
- 임오군란(6월)
- 조·청 상민 수륙 무역 장정(8월): 청 상인의 실질적 내지 통상 허용 → 청의 종주권 재규정

1883
- 조·일 통상 장정(7월): 관세 및 방곡령 규정, 최혜국 대우 → 일본 상인의 실질적 내지 통상 허용

1904
- 러·일 전쟁 발발(2월 8일): 용암포 사건 → 러·일 전쟁 발발 → 대한 제국의 '국외 중립 선언'
- 한·일 의정서(2월 23일): 대한 제국의 주요 군사 요지·시설 점령(독도 강탈), 외교권 제한, 내정 간섭
- 제1차 한·일 협약(8월): 고문 정치 → 재정(메가타 - 화폐 정리 사업, 1905), 외교(스티븐스)

1905
- 제2차 한·일 협약(11월) (=을사늑약)
  - 통감부(초대 통감: 이토 히로부미) 설치(1906. 2.)
  - 외교권 박탈
    - 헤이그 특사 파견: 이준·이상설·이위종 + 헐버트 → 실패
    - 고종 강제 퇴위: 헤이그 특사 파견 구실로 고종 강제 퇴위, 순종 즉위

1907
- 한·일 신협약(7월 24일) (=정미 7조약): 차관 정치 → 일본인 차관 임명, 통감부의 내정 간섭 심화
- 7월 31일: 대한 제국의 군대 해산(→ 정미의병에 영향) **기출자료** 박승환은 병대(兵隊)에 대한 해산 소식을 듣고 부하들에게 말하기를 ……

1909
- 기유각서(7월): 사법권 박탈

1910
- 한·일 병합 조약(8월 29일): 대한 제국의 국권 강탈(경술국치) → 총독 통치(초대 총독: 데라우치)

대표발문 핵심선지

대표발문 기출자료 밑줄 그은 '조약' or (가) 조약에 대한 설명 or (가), (나) 조약 사이의 시기에 있었던 사실로 옳은 것은?

1
- 인물1: 이번에 우리 측 대표 신헌과 일본 측 대표 구로다가 조약을 체결했다는군.
- 인물2: 그렇다네. 작년에 일어났던 운요호 사건을 빌미로 일본이 요구했다더군.

위 밑줄 그은 '조약'은? → `ㄱㅎㄷ 조약`

2 대조선국 군주가 어떤 혜택·은전의 이익을 타국 혹은 그 나라 상인에게 베풀면 …… 미국 관민이 일체 균점하도록 승인한다.

위와 관련된 조약은? → `ㅈ·ㅁ ㅅㅎ 통상 조약`

3
- 대한 제국 정부는 일본 제국 정부가 추천한 일본인 1명을 재정 고문에 초빙하여 재무에 관한 사항은 모두 그의 의견을 들어 시행할 것
- 대한 제국 정부는 일본 제국 정부가 추천한 외국인 1명을 외교 고문으로 삼아 외부(外部)에 용빙하여 외교에 관한 주요 사무는 일체 그의 의견을 물어서 시행할 것

위와 관련된 조약은? → `제1차 ㅎ·ㅇ ㅎㅇ`

4 [사건 일지]
11월 16일 이토, 대한 제국 대신들에게 조약 체결 강요
11월 17일 일본군을 동원한 강압적 분위기 속에서 조약 체결 진행
11월 18일 이토, 외부인(外部印)을 탈취하여 고종의 윤허 없이 조인

위와 관련된 조약은? → `ㅇㅅ늑약`

핵심선지 외국과 체결한 조약을 주요 내용별로 기억해 둘 것!
고문 정치·을사늑약 체결과 반발·고종의 강제 퇴위 등이 빈출 선지!

1 강화도 조약은 부산, (**원산** , 안산), 인천에 개항장이 설치되는 결과를 가져왔다.

2 조·청 상민 수륙 무역 장정에서 (내국 상인 , **외국 상인**)의 내지 통상권을 최초로 규정하였다.

3 러시아가 (**용암포** , 절영도)를 점령하고 조차를 요구하였다.

4 제1차 한·일 협약 후 재정 고문으로 (**메가타** , 스티븐스)가 임명되었다.

OX 스피드퀴즈

01 강화도 조약은 제너럴셔먼호 사건이 원인이 되었다. (○ , ×)
02 강화도 조약은 부산, 원산, 인천에 개항장이 설치되는 결과를 가져왔다. (○ , ×)
03 조·일 무역 규칙은 양곡의 무제한 유출 조항을 포함하고 있다. (○ , ×)
04 조·일 통상 장정에는 방곡령을 선포할 수 있는 조항을 명시하였다. (○ , ×)
05 조·미 수호 통상 조약에서 외국에 대한 최혜국 대우를 처음으로 규정하였다. (○ , ×)
06 조·미 수호 통상 조약은 조선책략의 영향으로 체결되었다. (○ , ×)
07 조·미 수호 통상 조약은 일본의 알선으로 서양 국가와 맺은 최초의 조약이다. (○ , ×)
08 조·미 수호 통상 조약 체결 이후 보빙사가 미국에 파견되었다. (○ , ×)
09 조·청 상민 수륙 무역 장정에서 외국 상인의 내지 통상권을 최초로 규정하였다. (○ , ×)
10 제1차 한·일 협약에 의해 스티븐스가 재정 고문으로 임명되었다. (○ , ×)
11 을사늑약으로 외교권이 박탈되고 통감부가 설치되었다. (○ , ×)
12 이상설·이준·이위종 등이 네덜란드 헤이그에서 열린 만국 평화 회의에 특사로 파견되었다. (○ , ×)
13 을사늑약 체결 후 초대 통감으로 이토 히로부미가 부임하였다. (○ , ×)
14 한·일 신협약 체결 후 대한 제국의 군대가 해산되었다. (○ , ×)
15 기유각서를 통해 일제에 사법권을 박탈당하였다. (○ , ×)

정답 | 자료 1 강화도 2 조·미 수호 3 한·일 협약 4 을사
선지 1 원산 2 외국 상인 3 용암포 4 메가타

정답 | 01 ×(운요호 사건) 02 ○ 03 ○ 04 ○ 05 ○
06 ○ 07 ×(청의 알선) 08 ○ 09 ○ 10 ×(메가타) 11 ○ 12 ○ 13 ○ 14 ○ 15 ○

대표 기출문제

01

밑줄 그은 '중건' 시기에 있었던 사실로 옳은 것을 보기 에서 고른 것은?

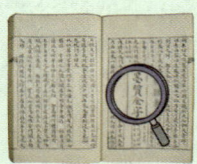 경복궁 영건일기는 한성부 주부 원세철이 경복궁 중건의 시작부터 끝날 때까지의 상황을 매일 기록한 것이다. 이 일기에 광화문 현판이 검은색 바탕에 금색 글자였음을 알려 주는 '묵질금자(墨質金字)'가 적혀 있어 광화문 현판의 옛 모습을 고증하는 근거가 되었다.

ㅡ 보기 ㅡ
ㄱ. 비변사가 설치되었다.
ㄴ. 사창제가 실시되었다.
ㄷ. 원납전이 징수되었다.
ㄹ. 대전통편이 편찬되었다.

① ㄱ, ㄴ ② ㄱ, ㄷ ③ ㄴ, ㄷ
④ ㄴ, ㄹ ⑤ ㄷ, ㄹ

 결정적 힌트 경복궁 중건

정답 ③

경복궁 중건은 흥선 대원군이 집권하던 시기인 1865년부터 1868년에 실시되었다. 따라서 흥선 대원군이 추진한 개혁을 골라야 한다.
ㄴ. 흥선 대원군은 환곡의 폐단을 시정하고자 사창제를 전국적으로 실시하였다. 사창제는 환곡의 운영을 각 지역의 덕망 있는 인물에게 맡긴 제도이다.
ㄷ. 흥선 대원군은 경복궁 중건 비용을 마련하기 위해 기부금이라는 명목으로 1865년부터 원납전을 징수하였다.

관련 기출선지 모아보기
1. 삼군부가 부활하여 군국 기무를 전담하였다.
2. 환곡의 폐단을 시정하기 위해 사창제를 전국적으로 시행하였다.
3. 궁궐의 공사비 마련을 위하여 당백전이 발행되었다.

02

다음 사건이 일어난 배경으로 옳은 것은?

> 양헌수가 은밀히 정족산 전등사로 가서 주둔하였다. …… 산 위에서 매복하고 있다가 한꺼번에 북을 치고 나발을 불며 좌우에서 총을 쏘았다. 적장이 총에 맞아 말에서 떨어지고 서양인 10여 명이 죽었다. 달아나는 서양인들을 쫓아가니 그들은 동료의 시체를 옆에 끼고 급히 본진으로 도망갔다.

① 종로와 전국 각지에 척화비가 세워졌다.
② 오페르트가 남연군 묘 도굴을 시도하였다.
③ 위안스카이가 이끄는 군대가 조선에 상륙하였다.
④ 병인박해로 천주교 선교사와 신자들이 처형되었다.
⑤ 김홍집이 가지고 온 조선책략이 국내에 유포되었다.

 결정적 힌트 양헌수, 정족산, 서양인

정답 ④

자료의 '양헌수', '정족산' 등을 통해 해당 사건이 병인양요임을 알 수 있다.
흥선 대원군은 프랑스 선교사를 통해 프랑스를 끌어들여 러시아의 남하를 저지하려 하였으나 무산되었다. 더욱이 양반들의 천주교 금지 요구까지 거세지자 흥선 대원군은 9명의 프랑스 선교사를 포함한 8,000여 명의 천주교도를 절두산에서 처형하였다(병인박해, 1866).
④ 프랑스 극동 함대 사령관 로즈 제독은 병인박해를 구실로 군함을 이끌고 강화도를 침략하였다(병인양요, 1866).

관련 기출선지 모아보기
1. 조선 정부의 프랑스 선교사 처형이 구실이 되어 일어났다.
2. 로즈 제독의 함대가 양화진을 침입하였다.
3. 양헌수 부대가 정족산성에서 프랑스군을 격퇴하였다.

03

교사의 질문에 대한 학생의 답변으로 옳은 것은?

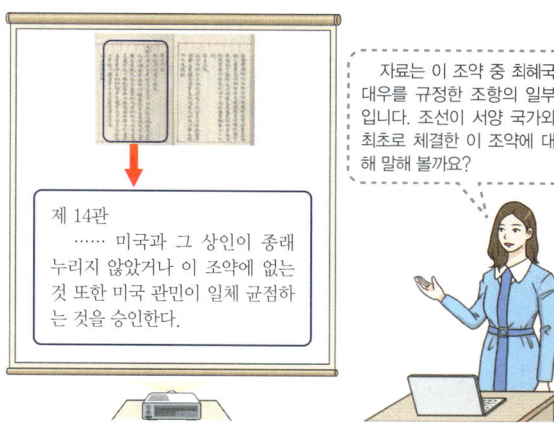

자료는 이 조약 중 최혜국 대우를 규정한 조항의 일부입니다. 조선이 서양 국가와 최초로 체결한 이 조약에 대해 말해 볼까요?

제 14관
…… 미국과 그 상인이 종래 누리지 않았거나 이 조약에 없는 것 또한 미국 관민이 일체 균점하는 것을 승인한다.

① 병인양요 발생의 배경이 되었어요.
② 갑신정변의 영향으로 체결되었어요.
③ 통감부가 설치되는 결과를 가져왔어요.
④ 거중 조정에 대한 내용이 포함되었어요.
⑤ 메가타가 재정 고문으로 부임하는 계기가 되었어요.

결정적 힌트 미국, 서양 국가와 최초 체결

정답 ④

자료의 '최혜국 대우', '미국', '서양 국가와 맺은 최초의 조약'을 통해 조·미 수호 통상 조약(1882)에 대해 묻고 있음을 알 수 있다.
강화도 조약 체결 이후 조선에서 『조선책략』이 유포되면서 미국에 대한 관심이 커졌다. 이에 조선은 청의 알선으로 1882년에 미국과 조·미 수호 통상 조약을 체결하였다.
④ 조·미 수호 통상 조약에는 거중 조정 조항과 치외 법권, 최혜국 대우 조항도 포함되었다.

관련 기출선지 모아보기

1. 조선책략의 영향으로 체결되었다.
2. 청의 알선으로 서양 국가와 맺은 최초의 조약이다.
3. 외국에 대한 최혜국 대우를 처음으로 규정하였다.

04

(가), (나) 조약 사이의 시기에 있었던 사실로 옳은 것은?

(가) 제2조 일본국 정부는 한국과 타국 사이에 현존하는 조약의 실행을 완수하는 책임을 지며 한국 정부는 금후 일본국 정부의 중개를 거치지 않고서는 국제적 성질을 가진 어떤 조약이나 약속을 맺지 않을 것을 약속한다.
제3조 일본국 정부는 그 대표자로서 한국 황제 폐하의 아래에 1명의 통감을 두되, 통감은 오로지 외교에 관한 사항을 관리하기 위하여 서울에 주재하고 직접 한국 황제 폐하를 궁중에서 알현할 권리를 가진다.

(나) 제2조 한국 정부의 법령 제정 및 중요한 행정상의 처분은 미리 통감의 승인을 거친다.
제4조 한국 고등 관리를 임명하고 해임시키는 것은 통감의 동의에 의하여 집행한다.
제5조 한국 정부는 통감이 추천한 일본인을 한국 관리로 임명한다.

① 13도 창의군이 서울 진공 작전을 전개하였다.
② 관민 공동회가 개최되어 헌의 6조를 결의하였다.
③ 동학 농민군이 우금치에서 관군 및 일본군에 맞서 싸웠다.
④ 영국이 러시아를 견제하기 위해 거문도를 불법 점령하였다.
⑤ 고종이 헤이그에서 열린 만국 평화 회의에 특사를 파견하였다.

결정적 힌트 외교권 박탈, 통감, 통감 추천 일본인을 관리로 임명

정답 ⑤

(가) '일본의 중개를 거치지 않고서는 국제적 성질을 가진 어떤 조약이나 약속을 맺지 않을 것을 약속'을 통해 (가) 조약이 제2차 한·일 협약(을사늑약, 1905)임을 알 수 있다.
(나) '통감이 추천한 일본인을 한국 관리로 임명' 등을 통해 (나) 조약이 한·일 신협약(정미 7조약, 1907)임을 알 수 있다.
⑤ 1907년에 고종은 이상설, 이준, 이위종을 헤이그 특사로 파견하여 을사늑약의 부당함을 호소하고자 하였다.

관련 기출선지 모아보기

1. 통감부가 설치되고 초대 통감이 부임하였다.
2. 외교권이 박탈되고 통감부가 설치되었다.
3. 네덜란드 헤이그에서 열린 만국 평화 회의에 특사로 파견되었다.

31 근대적 개혁의 추진과 반발

| 근대

50%
3개년 16회 중 8번 출제

찐 TIP

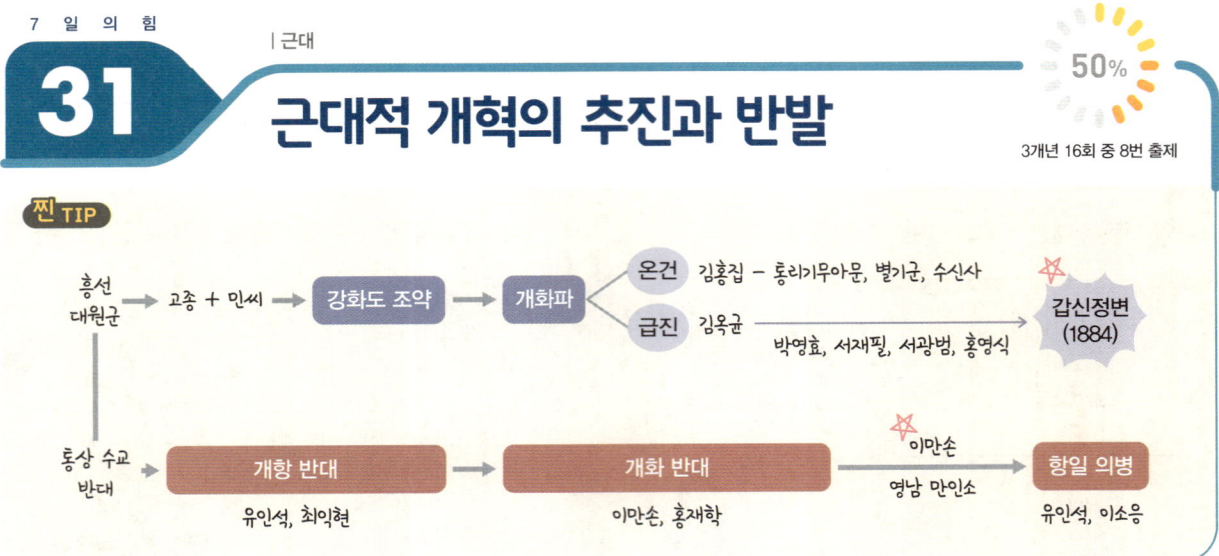

BIG DATA 개화파의 근대화 운동과 위정척사 운동

개화파의 근대화 운동

개화파 형성
북학파 실학자(박지원, 홍대용, 박제가) → 19C 후반 통상 개화론자(박규수, 오경석, 유홍기) → 개화파

개화파 분화

온건 개화파 (사대당)	• 청의 양무운동 모델 → 동도서기론 • 주요 인물: 김홍집(2차 수신사, 『조선책략』 수입, 갑오개혁 주도), 김윤식, 어윤중
급진 개화파 (개화당)	• 일본 메이지 유신 모델 → 문명개화론 • 주요 인물: 김옥균·박영효·서광범·서재필 → 갑신정변(1884) 실패 후 일본 망명

개화 정책의 추진
- 통리기무아문(개화 정책 총괄) → 아래 12사 설치(1880)
- 별기군 창설(1881), 5군영 → 2영(무위영·장어영), 박문국(한성순보 간행)·기기창(영선사)·전환국(화폐)
- 해외 시찰단 파견
  - 수신사(일본): 1차(1876, 김기수), 2차(1880, 김홍집이 황쭌셴의 『조선책략』 수입)
  - 조사 시찰단(1881, 일본): 박정양·어윤중 등, 비밀리에 파견
  - 영선사(1881, 청): 김윤식 + 유학생 → 기기창 설립(1883)
  - 보빙사(1883, 미국): 민영익, 홍영식, 서광범, 유길준 등

위정척사 운동

주도	성격
보수적 유생	성리학적 질서 수호 → 반침략·반외세 운동

1860년대 (통상 반대)
- 흥선 대원군 집권기
- 주장: 척화주전론 → 흥선 대원군의 통상 수교 거부 정책 지지
- 중심인물: 이항로, 기정진

1870년대 (개항 반대)
- 강화도 조약 체결 시기(일본의 개항 요구)
- 주장: 왜양일체론, 개항 불가론
- 중심인물: 최익현의 지부복궐척화의소(5불가소)

1880년대 (개화 반대)
- 정부의 개화 정책 추진 시기, 『조선책략』 국내 유포, 서양 열강과 수교
- 주장: 정부의 개화 정책 반대
- 중심인물: 이만손의 영남 만인소(1881)

1890년대 (항일 의병)
- 을미사변 발생·단발령 실시(을미개혁) 시기
- 주장: 항일 의병
- 중심인물: 유인석, 이소응

대표발문 핵심선지

대표발문 기출자료
(가) 사절단(인물)에 대한 설명 or (가), (나) 사이의 시기에 있었던 사실로 옳은 것은?

1
- 1867 문과에 급제함
- 1880 제2차 수신사로 일본에 파견, 국내에 조선책략을 가져옴
- 1884 한성 조약 체결 당시 전권대신을 맡음
- 1896 아관 파천 후 성난 군중에 의해 살해됨

위와 관련된 인물은? → ㄱㅎㅈ

2 음청사는 ___(가)___(으)로 청에 파견된 김윤식이 쓴 일기이다. 당시 청의 정치·경제·외교·문화 실상은 물론 이홍장과 나눈 대담 등이 기록되어 있어 근대사 연구에 도움이 되고 있다.

위 (가)에 들어갈 사절단은? → ㅇㅅㅅ

3 미국 공사의 부임에 대한 답례로 파견된 ___(가)___의 발자취를 통해 근대 문물을 시찰한 과정을 살펴본다.

위 (가)에 들어갈 사절단은? → ㅂㅂㅅ

4
- 인물1: 이완용 등의 역적을 처단하라는 상소를 올리고 임병찬 등과 태인에서 의병을 일으켰어요.
- 인물2: 도끼를 들고 대궐 앞에 엎드려 개항에 반대하는 상소를 올렸어요.
- 인물3: 일본의 간섭하에 추진된 개혁에 반발하여, 이를 주도한 박영효, 서광범 등을 처벌하라는 상소를 올렸어요.

위와 관련된 인물은? → ㅊㅇㅎ

핵심선지
해외 시찰단의 내용, 근대화 운동·위정척사 운동의 주요 인물을 제시 후 관련 내용을 찾는 문제가 주로 출제!

1 신식 군대인 (**별무반** , **별기군**)이 창설되었다.

2 박문국을 설치하여 (**한성순보** , **대한매일신보**)를 발행하였다.

3 김기수가 (**수신사** , **통신사**)로 일본에 파견되었다.

4 보빙사는 전권대신 (**민영익** , **박영효**)과/와 부대신 홍영식 등으로 구성되었다.

5 조선책략 유포에 반발하여 (**최익현** , **이만손**) 등이 영남 만인소를 올렸다.

OX 스피드퀴즈

01 개화 정책의 추진을 위해 통리기무아문과 12사가 설치되었다. (○ , ×)

02 개화 정책의 추진을 위해 신식 군대인 별무반이 창설되었다. (○ , ×)

03 개화 정책 추진 과정에서 5군영을 2영으로 개편하였다. (○ , ×)

04 영선사 파견을 계기로 근대식 무기 제조 공장인 기기창이 설립되었다. (○ , ×)

05 화폐 발행을 위해 우정총국이 설치되었다. (○ , ×)

06 김기수가 청에 수신사로 파견되었다. (○ , ×)

07 김윤식이 청에 영선사로 파견되었다. (○ , ×)

08 제2차 수신사 김홍집이 조선책략을 들여왔다. (○ , ×)

09 조사 시찰단은 암행어사 형태로 비밀리에 파견되었다. (○ , ×)

10 보빙사는 전권대신 박정양과 부대신 홍영식 등으로 구성되었다. (○ , ×)

11 1860년대 통상 반대 운동은 흥선 대원군의 통상 수교 거부 정책을 뒷받침하였다. (○ , ×)

12 1860년대 통상 반대 운동은 이항로와 기정진 등이 대표적인 인물이다. (○ , ×)

13 최익현은 지부복궐척화의소를 올려 척화주전론을 주장하였다. (○ , ×)

14 조선책략 유포에 반발하여 이만손 등이 영남 만인소를 올렸다. (○ , ×)

15 단발령 시행에 반발하여 을미의병이 일어났다. (○ , ×)

정답 | 자료 1 김홍집 2 영선사 3 보빙사 4 최익현
선지 1 별기군 2 한성순보 3 수신사 4 민영익 5 이만손

정답 | 01 ○ 02 ×(별기군) 03 ○ 04 ○ 05 ×(전환국) 06 ×(일본) 07 ○ 08 ○ 09 ○ 10 ×(전권대신 민영익) 11 ○ 12 ○ 13 ×(왜양일체론) 14 ○ 15 ○

32 임오군란과 갑신정변

| 근대

3개년 16회 중 10번 출제

찐 TIP

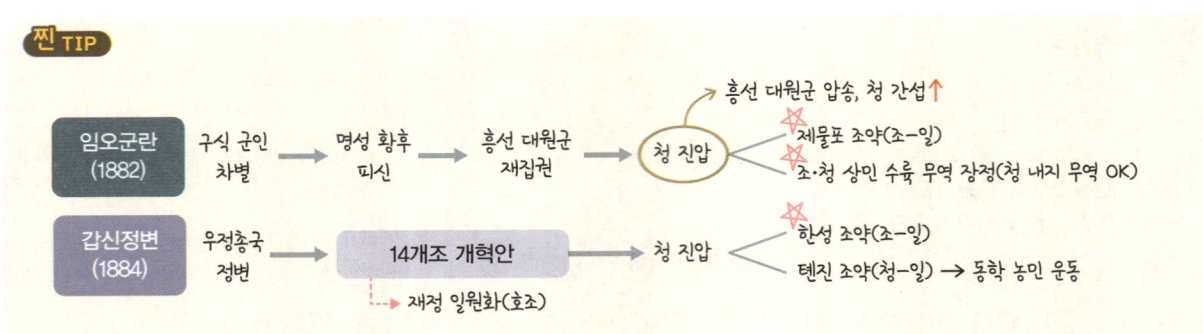

BIG DATA 임오군란과 갑신정변

임오군란(1882)

- 구식 군대 군인에 대한 차별 대우 → 불만 ↑
- 강화도 조약 체결 후 일본의 경제적 침탈(쌀값 폭등) → 도시 민중 불만 ↑

봉기	• 선혜청·정부 고관(민겸호)의 집 습격 • 일본 공사관 습격(도시 하층민 합세) → 궁궐 습격, 고관 살해, 명성 황후 피신
↓	

흥선
대원군
재집권
	• 흥선 대원군 일시적 재집권(군란 수습 명목)
	• 개화 정책 중단
	  - 5군영 부활
	  - 통리기무아문·별기군 폐지

↓	
청군의 개입	• 일본의 파병 움직임 → 청군 파병 및 군관 진압 (위안스카이) • 청군이 흥선 대원군을 청으로 압송

- 민씨 일파 재집권 → 외세 의존도 ↑
- 청의 고문 파견(내정 고문 마젠창, 외교 고문 묄렌도르프), 위안스카이의 청군 주둔 → 내정 간섭
- 조약 체결

제물포 조약 (조선-일본)	• 일본에 배상금 지불 • 일본 공사관에 경비병(군대) 주둔
조·청 상민 수륙 무역 장정	• 청의 경제적 침투 • 청 상인의 내지 통상 허용

갑신정변(1884)

배경	• 국내: 임오군란 이후 청의 내정 간섭 ↑, 일본 차관 도입 실패(김옥균 → 급진 개화파의 정치적 위기) • 국외: 청군 일부 철수, 일본 공사의 재정·군사 지원 약속
전개 과정	발생: 김옥균 등의 급진 개화파가 우정총국 개국 축하연에서 반대파 인사 제거 ↓ 개화당 정부 수립: 14개조 개혁 정강 마련 1. 청에 대한 조공 허례 폐지 2. 지조법 개정 → 조세 제도 개혁 3. 혜상공국 폐지 → 보부상 조직 해체 4. 호조로 재정 일원화 ↓ 3일 천하: 청군의 개입으로 3일 만에 실패
결과	한성 조약 (조선-일본): • 일본에 배상금 지불 • 일본 공사관 신축 비용 지불 톈진 조약 (청-일본): • 조선에서 청·일 군대 동시 철수 • 일본이 청과 동일한 조선 파병권 획득 • 조선에 파병 시 상호 통보 ↓ 갑신정변 이후의 정세: • 영국: 거문도 사건(1885~1887) • 조선 중립화론(유길준, 부들러)

대표발문 핵심선지

대표발문 기출자료 밑줄 그은 '이 사건' or (가) 사건 or 다음 사건에 대한 설명으로 옳은 것은?

1. 이것은 구식 군인들이 일으킨 이 사건 당시 민응식이 왕비를 호종(扈從)하며 기록한 자료입니다. 궁궐을 빠져나온 왕비의 피란 과정과 건강 상태 등이 상세히 기록되어 있습니다.
   위 밑줄 그은 '이 사건'은? → ㅇㅇㄱㄹ

2. 제3관 조선국이 지불한 5만 원은 해를 당한 일본 관원의 유족 및 부상자에게 지급하여 특별히 돌보아 준다.
   제5관 일본 공사관에 일본군 약간 명을 두어 경비를 서게 한다.
   위 내용에 해당하는 조약은? → ㅈㅁㅍ 조약

3. 이것은 우정총국이 업무를 시작하면서 발행한 국내 최초의 우편입니다. 당시 화폐 단위가 '문(文)'이어서 문위 우표라는 이름이 붙여졌습니다. 하지만 김옥균 등이 주도한 ＿(가)＿(으)로 우정총국이 폐쇄되면서 이 우표는 더 이상 발행되지 못했습니다.
   위 (가)에 들어갈 사건은? → ㄱㅅㅈㅂ

4. • 인물1: 나으리, 지난 달부터 영국군이 이 섬에 들어와 병영을 짓고 머무르는데 그 이유가 무엇입니까?
   • 인물2: 영국이 러시아의 남진을 막는다는 구실로 조정의 허락도 없이 점령했다고 들었네.
   위 내용과 관련된 사건은? → ㄱㅁㄷ 사건

핵심선지 임오군란·갑신정변 각각의 사건 이후 체결된 조약의 명칭과 내용이 빈출 키워드!

1. (**구식** , 신식) 군인에 대한 차별 대우가 발단이 되었다.
2. 임오군란 진압 후 일본 공사관 경비병의 주둔을 인정한 (**제물포** , 한성) 조약이 체결되었다.
3. 갑신정변은 (**우정총국** , 기기창) 개국 축하연에서 일어났다.
4. 갑신정변은 청·일 간 (**톈진** , 한성) 조약 체결의 계기가 되었다.

정답 | 자료 **1** 임오군란 **2** 제물포 **3** 갑신정변 **4** 거문도
선지 **1** 구식 **2** 제물포 **3** 우정총국 **4** 톈진

OX 스피드퀴즈

01 임오군란은 신식 군대에 대한 차별 대우가 발단이 되었다. (○ , ×)
02 임오군란 때 구식 군인들이 선혜청과 일본 공사관을 공격하였다. (○ , ×)
03 임오군란은 흥선 대원군이 다시 집권하는 결과를 가져왔다. (○ , ×)
04 임오군란은 일본군에 의해 진압되었다. (○ , ×)
05 임오군란의 진압을 위해 위안스카이가 이끄는 군대가 조선에 상륙하였다. (○ , ×)
06 임오군란 진압 후 일본 공사관 경비병의 주둔을 인정한 제물포 조약이 체결되었다. (○ , ×)
07 임오군란 이후 조·청 상민 수륙 무역 장정을 체결하였다. (○ , ×)
08 임오군란 이후 스티븐스가 외교 고문으로 파견되었다. (○ , ×)
09 갑신정변은 김옥균, 박영효 등이 주도하였다. (○ , ×)
10 갑신정변 주도 세력은 공화 정체의 근대 국민 국가 수립을 목표로 하였다. (○ , ×)
11 갑신정변은 일본 군대에 의해 진압되었다. (○ , ×)
12 갑신정변은 3일 만에 실패로 끝나 주동자들이 해외로 망명하였다. (○ , ×)
13 갑신정변은 청·일 간 한성 조약 체결의 계기가 되었다. (○ , ×)
14 갑신정변 이후 영국이 러시아를 견제하기 위해 강화도를 점령하였다. (○ , ×)
15 유길준, 부들러 등이 조선 중립화론을 주장하였다. (○ , ×)

정답 | 01 ×(구식 군대) 02 ○ 03 ○ 04 ×(청군)
05 ○ 06 ○ 07 ○ 08 ×(묄렌도르프) 09 ○
10 ×(입헌 군주제 수립 목표) 11 ×(청군) 12 ○
13 ×(톈진 조약) 14 ×(거문도) 15 ○

대표 기출문제

01

(가), (나) 사이의 시기에 있었던 사실로 옳은 것은?

> (가) 수신사 김기수가 나와 엎드리니 왕이 말하였다. "전선, 화륜과 농기계에 관하여 들은 것은 없는가? 저 나라에서 이 세 가지 일을 제일 급하게 힘쓰고 있다고 하는데, 그러하던가?" 김기수가 "과연 그러하였습니다."라고 아뢰었다.
>
> (나) 어윤중이 동래부 암행어사로 임명되어 왕에게서 받은 봉해진 서신을 열어보니, "일본 조정의 논의와 정국의 형세, 풍속·인물·교빙·통상 등의 대략을 염탐하는 것이 좋겠다. 그러니 너는 일본으로 건너가 크고 작은 일들을 보고 듣되 시간에 구애받지 말고 낱낱이 탐지해서 별도의 문서로 조용히 보고하라."라는 내용이었다.

① 미국에 보빙사가 파견되었다.
② 통리기무아문과 12사가 설치되었다.
③ 운요호가 강화도와 영종도를 무단 침입하였다.
④ 교원 양성을 위해 한성 사범 학교가 설립되었다.
⑤ 프랑스와 조약을 체결하여 천주교 포교가 허용되었다.

 결정적 힌트 수신사 김기수, 어윤중, 암행어사, 일본 염탐

정답 ②

(가) '수신사 김기수'를 통해 1876년에 파견된 제1차 수신사와 관련된 사료임을 알 수 있다. 조선 정부는 강화도 조약 체결 이후 일본의 요청에 따라 김기수를 제1차 수신사로 파견하였다.

(나) '어윤중', '일본 염탐' 등을 통해 1881년에 파견된 조사 시찰단과 관련된 사료임을 알 수 있다. 박정양, 어윤중 등은 조사 시찰단으로 일본에 파견되어 여러 곳을 살펴보고, 보고서를 작성하여 제출하였다. 시찰단의 일원에게는 모두 동래부 암행어사라는 직함이 부여되었으며, 당시 부정적인 여론을 의식하여 비밀리에 파견되었다.

② 조선 정부는 1880년에 개화 정책 추진을 총괄하는 통리기무아문과 산하 기구인 12사를 신설하였다.

관련 기출선지 모아보기
1. 제2차 수신사 김홍집이 조선책략을 들여왔다.
2. 5군영에서 2영으로 군제를 개편하였다.
3. 신식 군대인 별기군이 창설되었다.

02

(가), (나) 문서가 작성된 사이의 시기에 있었던 사실로 옳은 것은?

> (가) 저들이 비록 왜인이라고는 하나 실은 양적(洋賊)입니다. 화친이 한번 이루어지면 사학(邪學)의 서책과 천주의 초상이 교역하는 속에 섞여 들어오게 되고, 조금 지나면 전도사와 신도가 전수하여 사학이 온 나라에 두루 가득 차게 될 것입니다.
> – 지부복궐척화의소 –
>
> (나) 지금 조정에서는 어찌 백해무익한 일을 하여 러시아가 없는 마음을 먹게 하고, 미국이 의도하지 않았던 일을 만들어 오랑캐를 끌어들이려 하십니까? 저 황준헌이라는 자는 스스로 중국에서 태어났다고 하면서도, 일본을 위해 말하고 예수를 좋은 신이라 하며, 난적의 앞잡이가 되어 스스로 짐승과 같은 무리가 되었습니다. 고금천하에 어찌 이런 이치가 있겠습니까?
> – 영남 만인소 –

① 김기수가 수신사로 일본에 파견되었다.
② 영국이 거문도를 불법으로 점령하였다.
③ 평양 관민이 제너럴셔먼호를 불태웠다.
④ 거중 조정 조항을 포함한 조약이 체결되었다.
⑤ 양헌수 부대가 정족산성에서 프랑스군을 격퇴하였다.

 결정적 힌트 지부복궐척화의소(1870년대), 영남 만인소(1880년대)

정답 ①

(가) 지부복궐척화의소는 강화도 조약 체결 이전 일본의 개항 요구에 반대하는 최익현의 상소이다.

(나) 『조선책략』이 국내에 유포되자 이에 반발하며 1881년에 영남 지방의 유생들이 영남 만인소를 올렸다.

① 김기수는 강화도 조약이 체결된 직후인 1876년에 제1차 수신사로 일본에 다녀왔다.

관련 기출선지 모아보기
1. 조사 시찰단은 암행어사 형태로 비밀리에 파견되었다.
2. 김윤식이 청에 영선사로 파견되었다.
3. 영선사는 기기국에서 무기 제조 기술을 습득하고 돌아왔다.

31 근대적 개혁의 추진과 반발
32 임오군란과 갑신정변

03

밑줄 그은 '이 사건'에 대한 설명으로 옳은 것은?

> 이것은 구식 군인들이 일으킨 이 사건 당시 민응식이 왕비를 호종(扈從)하며 기록한 자료입니다. 궁궐을 빠져나온 왕비의 피란 과정과 건강 상태 등이 상세히 기록되어 있습니다.

▲ 임오유월일기

① 전개 과정에서 전주 화약이 체결되었다.
② 통리기무아문이 설치되는 배경이 되었다.
③ 우정총국 개국 축하연을 이용하여 일어났다.
④ 홍범 14조를 개혁의 기본 방향으로 제시하였다.
⑤ 일본 공사관에 경비병이 주둔하는 계기가 되었다.

04

다음 자료에 나타난 상황 이후 전개된 사실로 옳은 것은?

> 김옥균이 일본 공사 다케조에에게 국왕의 호위를 위해 일본군이 필요하다고 요청하였다. 그는 호위를 요청하는 국왕의 친서가 있으면 투입하겠다고 약속하였다. 친서는 박영효가 전달하기로 합의하였다. 다케조에는 조선에 주둔한 청군 1천 명이 공격해 들어와도 일본군 1개 중대면 막을 수 있다고 장담하였다.

① 신식 군대인 별기군이 창설되었다.
② 김기수가 수신사로 일본에 파견되었다.
③ 일본 군함 운요호가 영종도를 공격하였다.
④ 이만손이 주도하여 영남 만인소를 올렸다.
⑤ 우정총국 개국 축하연에서 정변이 일어났다.

 결정적 힌트 구식 군인들, 왕비의 피란

정답 ⑤

자료의 '구식 군인들이 일으킨 사건', '왕비가 궁궐을 빠져나와 피란', '임오년에 작성된 기록' 등을 통해 밑줄 그은 '이 사건'이 임오군란(1882)임을 알 수 있다.
⑤ 일본은 임오군란 당시 일본 공사관이 습격받은 일을 구실로 조선에게 제물포 조약(1882)의 체결을 강요하였다. 이에 따라 일본은 조선으로부터 배상금을 지급받고 공사관 호위를 구실로 일본군을 한성에 주둔시켰다.

관련 기출선지 모아보기

1. 청의 군대에 의해 진압되었다.
2. 일본 공사관 경비병의 주둔을 인정한 제물포 조약이 체결되었다.
3. 조·청 상민 수륙 무역 장정을 체결하였다.

 결정적 힌트 김옥균, 일본 공사, 박영효

정답 ⑤

'김옥균', '일본 공사', '박영효' 등을 통해 해당 자료가 갑신정변(1884)이 일어나기 직전의 상황임을 알 수 있다.
김옥균, 박영효, 홍영식, 서광범 등 급진 개화파는 일본의 지원 약속 아래 우정총국 개국 축하연을 기회로 갑신정변을 일으켰다(1884). 정권을 잡은 급진 개화파는 새 정부를 구성한 후 14개조의 개혁 정강을 발표하였다. 그러나 청군이 개입하면서 정변은 3일 만에 실패로 돌아가고 말았다.
⑤ 우정총국 개국 축하연을 기회로 김옥균, 홍영식, 박영효 등 급진 개화파가 정변을 일으켰다. 정변이 실패하자 김옥균, 박영효 등 주요 인물은 일본으로 망명하였다.

관련 기출선지 모아보기

1. 청의 군대에 의해 진압되었다.
2. 한성 조약이 체결되는 결과를 가져왔다.
3. 영국군이 러시아를 견제하기 위해 거문도를 점령하였다.

33 동학 농민 운동

| 근대

56%
3개년 16회 중 9번 출제

찐 TIP

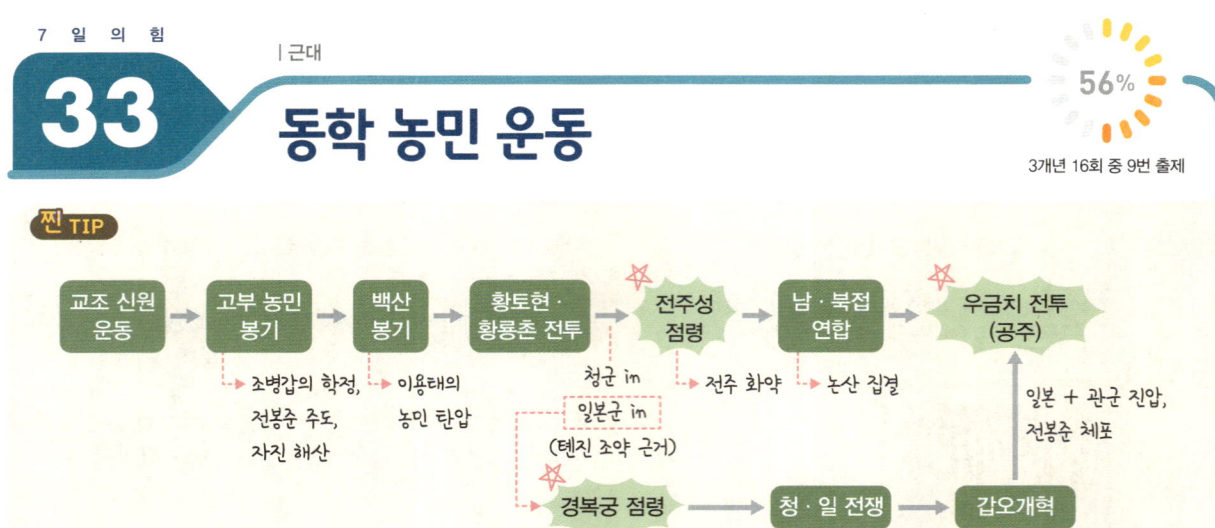

BIG DATA 동학 농민 운동(1894)

1차

고부 농민 봉기 (1월)
- 고부 군수 조병갑의 농민 수탈
  - 만석보 증축: 수세 강제 징수
  - 공덕비 건립: 농민 노동력 착취
- 전봉준 주도로 고부 관아 점령(사발통문) → 후임 군수(박원명)의 회유로 자진 해산

기출사료 고부 군수 조병갑이 학정을 행하니 전봉준은 무리를 이끌고 고부 관아의 창고를 털어 곡식을 농민에게 나누어 주었다.

백산 봉기 (3월)
- 고부 농민 봉기 수습을 위해 파견된 안핵사 이용태가 농민군 탄압
- 남접 주도, 백산에서 농민군 4대 강령과 격문 발표(보국안민, 제폭구민)
- 황토현 전투 승리 → 황룡촌 전투 승리 → 동학 농민군의 전주성 점령(4. 27.)

◎ 정부의 대응
청에 지원군 요청 → 청군 상륙(5. 5.) → 일본도 톈진 조약을 근거로 파병(5. 6.)

전주 화약 체결 (5월)
- 정부와 농민군 간에 전주 화약 체결(5. 8.) → 농민군 자진 해산, 정부는 교정청 설치(6. 11.)하여 개혁 추진
- 농민군 집강소 설치(6. 7.): 농민 자치 기구, 전봉준 주도, 폐정 개혁안 실천

◎ 청과 일본
일본의 경복궁 점령(6. 21.) → 청·일 전쟁 발발(6. 23.) → 군국기무처 설치(6. 25. 일본 강요) → 일본의 내정 간섭 심화

◎ 폐정 개혁안 12개안(주요 내용)
5. 노비 문서 소각 → 반봉건
6. 천인 차별 개선, 백정의 평량갓 X
7. 청상과부의 재가 OK
9. 관리 채용 시 지벌 타파
10. 왜와 내통하는 자 엄징(반외세)
12. 토지 평균 분작(토지 제도 개혁)

2차

재봉기 (9월)
- 일본의 경복궁 무력 점령, 청·일 전쟁 등으로 재봉기
- 남접(전봉준 중심) + 북접(손병희 중심) 연합 → 척왜양창의를 기치로 재봉기
- 논산 집결 → 공주 우금치 전투에서 농민군 패배 → 전봉준 체포

대표발문 핵심선지

대표발문 기출자료 밑줄 그은 '이 사건' or (가) 사건 or 다음 사건에 대한 설명으로 옳은 것은?

1 고부 군수 조병갑이 부임하여 학정을 행하니 (가) 은/는 그 무리를 이끌고 고부 관아의 창고를 털어 곡식을 농민에게 나누어 주었다. …… 무장에서 일어나 장성에 이르러 관군을 격파하고, 밤낮없이 행군하여 전주성에 들어가니 전라 감사는 이미 도망하였다. …… 위에 기록한 사실은 피고와 공모자 손화중 등이 자백한 공초, 압수한 증거에 근거한 것이니 이에 피고 (가) 을/를 사형에 처한다.

위 (가)에 들어갈 인물은? → **ㅈㅂㅈ**

2 백산 봉기 → (가) → 전주성 점령

위 (가) 시기에 전개된 전투는? → **ㅎㅌㅎ 전투·ㅎㄹㅊ 전투**

3 백산 봉기 → 황룡촌 전투 승리 → (가) → 남·북접 논산 집결 → 우금치 전투 패배

위 (가)에 들어갈 사건은? → **ㅈㅈㅅ 점령**

4 이곳은 공주 우금치 전적으로 (가) 당시 남접과 북접 연합군이 북상하던 중 관군과 일본군을 상대로 격전을 벌인 장소입니다. 우금치는 도성으로 올라가는 길목으로 전략상 매우 중요한 지역이었습니다.

위 (가)에 들어갈 운동은? → **ㄷㅎㄴㅁ 운동**

핵심선지 비교적 짧은 시간에 걸친 전개 과정을 촘촘하게 파악할 것!
전주 화약이나 일본의 경복궁 점령 전후의 사건을 기억할 것!

1 고부 농민 봉기의 수습을 위해 (**이용태** , 박규수)가 안핵사로 파견되었다.

2 동학 농민군이 (**황토현** , 우금치) 전투에서 관군에게 승리하였다.

3 제1차 봉기는 정부가 (**청군** , 일본군)의 출병을 요청하는 계기가 되었다.

4 전주 화약 체결 후 정부가 개혁 추진 기구로 (**교정청** , 집강소)을/를 설치하였다.

5 제2차 봉기 때 동학 농민군은 (**왜양일체론** , 척왜양창의)을/를 기치로 내걸었다.

OX 스피드퀴즈

01 백낙신의 탐학에 저항해 고부에서 농민 봉기가 일어났다. (O , X)

02 전봉준이 농민들을 이끌고 고부 관아를 습격하였다. (O , X)

03 고부 농민 봉기의 사태 수습을 위해 이용태가 안핵사로 파견되었다. (O , X)

04 제1차 봉기 때 동학 농민군은 백산에서 집결하여 4대 강령을 발표하였다. (O , X)

05 동학 농민군이 황토현 전투에서 관군에게 패배하였다. (O , X)

06 제1차 봉기는 정부가 일본군의 출병을 요청하는 계기가 되었다. (O , X)

07 전봉준이 이끄는 농민군이 전주성을 점령하였다. (O , X)

08 정부와 농민군 사이에 고부 화약이 체결되었다. (O , X)

09 동학 농민군은 정부와 약조를 맺고 유향소를 설치하였다. (O , X)

10 동학 농민군은 집강소를 중심으로 폐정 개혁안을 실천하였다. (O , X)

11 집강소는 토지의 균등 분배를 추진하였다. (O , X)

12 정부는 개혁 추진 기구로 교정청을 설치하였다. (O , X)

13 제2차 봉기는 왜양일체론을 기치로 내걸었다. (O , X)

14 제2차 봉기는 남접과 북접이 연합하여 전개되었다. (O , X)

15 제2차 봉기 때 동학 농민군은 보국안민을 기치로 우금치에서 일본군 및 관군에 맞서 싸웠다. (O , X)

정답 | **자료 1** 전봉준 **2** 황토현, 황룡촌 **3** 전주성 **4** 동학 농민
선지 1 이용태 **2** 황토현 **3** 청군 **4** 교정청 **5** 척왜양창의

정답 | **01** ×(조병갑) **02** ○ **03** ○ **04** ○ **05** ×(승리) **06** ×(청군) **07** ○ **08** ×(전주 화약) **09** ×(집강소) **10** ○ **11** ○ **12** ○ **13** ×(척왜양창의) **14** ○ **15** ○

33 동학 농민 운동

34 갑오개혁·을미개혁

| 근대
68%
3개년 16회 중 11번 출제

찐 TIP

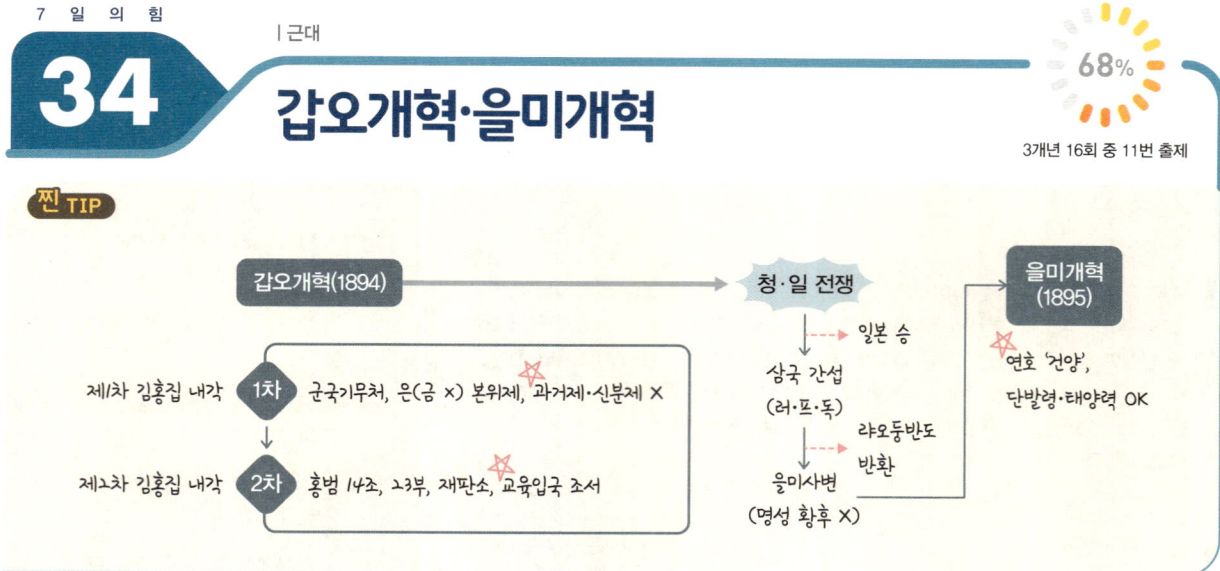

BIG DATA 갑오개혁과 을미개혁

갑오개혁

1차 (1894. 7.)

- 전개 과정: 일본의 경복궁 무력 점령 → 민씨 세력(친청)↓, 흥선 대원군 세력↑ → 제1차 김홍집 내각 수립 및 군국기무처 설치(교정청 폐지)
- 개혁 내용

정치	경제	사회
· 왕실(궁내부)과 정부(의정부) 사무 분리, 경무청 설치 · '개국' 기년 사용 · 6조 → 8아문으로 개편 · 과거제 폐지	· 탁지아문으로 재정 일원화 · 은 본위 화폐 제도 실시 · 도량형 통일 · 조세 완전 금납화	· 공·사 노비법 폐지(신분제 철폐) · 연좌제 폐지, 조혼 금지 · 과부 재가 OK

2차 (1894. 12.)

- 전개 과정
  - 청·일 전쟁에서 승기를 잡은 일본의 내정 간섭↑ → 군국기무처 폐지, 흥선 대원군 축출, 고종의 친정, 일본에서 박영효 귀국 → 제2차 김홍집 내각 성립(김홍집·박영효 연립 내각 수립, 친일)
  - 홍범 14조 반포(1895. 1.)
- 개혁 내용

  기출자료 홍범 14조는 김홍집과 박영효의 연립 내각이 주도한 2차 갑오개혁의 기본 방향이 되었습니다.

정치	경제	군사
· 8아문 → 7부, 8도 → 23부로 개편 · 재판소 설치(사법권 독립) · 교육입국 조서 반포 → 한성 사범 학교 관제, 소학교 관제, 외국어 학교 관제 등 발표	탁지부 산하에 관세사·징세서 설치	시위대·훈련대 설치

을미개혁 (1895. 8.)

- 배경: 청·일 전쟁에서 일본 승리 → 시모노세키 조약(청이 일본에 랴오둥반도 할양) → 삼국 간섭(러·프·독) → 일본이 청에 랴오둥반도 반환 → 일본의 세력 약화 → 을미사변
- 개혁 내용: 단발령 실시, 태양력 사용, 종두법 실시, 연호 '건양', 우체사 설치, 소학령 공포(소학교 설립), 친위대·진위대 설치
- 을미의병(1895)과 아관 파천(1896)으로 개혁 중단

대표발문 핵심선지

대표발문 기출자료 밑줄 그은 '개혁' or 밑줄 그은 '내각'에 대한 설명으로 옳은 것은?

1
- 인물1: 어제 군국기무처에서 과거제를 폐지했다고 하네.
- 인물2: 앞으로 인재 등용에 큰 변화가 있겠군.

  위 대화와 관련된 개혁은? → 제□차 ㄱㅇㄱㅎ

2 문벌, 양반과 상인들의 등급을 없애고 귀천에 관계없이 인재를 선발하여 등용한다.
공노비와 사노비에 관한 법을 일체 혁파하고 사람을 사고파는 일을 금지한다.

  위 내용과 관련된 개혁은? → 제□차 ㄱㅇㄱㅎ

3
- 인물1: 그동안 국정 논의를 주도한 군국기무처가 폐지되었다는군.
- 인물2: 그렇다네. 이제는 김홍집과 박영효가 주도하는 내각에서 여러 개혁을 추진한다는군.

  위 대화와 관련된 개혁은? → 제□차 ㄱㅇㄱㅎ

4 대군주 폐하께서 내리신 조칙에서 "짐이 신민(臣民)에 앞서 머리카락을 자르니, 너희들은 짐의 뜻을 잘 본받아 만국과 나란히 서는 대업을 이루라."라고 하셨다.

  위와 관련된 개혁은? → ㅇㅁㄱㅎ

핵심선지 제1·2차 갑오개혁, 을미개혁의 주요 내용을 구분하여 기억하는 것이 포인트!

1 제1차 갑오개혁 때 (**군국기무처**, 12사)를 설치하여 근대적 개혁을 추진하였다.

2 제1차 갑오개혁 때 공사 노비법을 혁파하고 과거제를 (제정, **폐지**)하였다.

3 제2차 갑오개혁 때 개혁의 방향을 제시한 (헌의 6조, **홍범 14조**)를 반포하였다.

4 을미개혁 때 (건원, **건양**)이라는 독자적인 연호를 사용하였다.

OX 스피드퀴즈

01 제1차 갑오개혁 때 통리기무아문을 설치하여 근대적 개혁을 추진하였다. (ㅇ, ×)

02 김홍집은 군국기무처의 총재로 개혁을 주도하였다. (ㅇ, ×)

03 제1차 갑오개혁 때 청의 연호를 폐지하고 태양력을 사용하였다. (ㅇ, ×)

04 제1차 갑오개혁 때 행정 기구를 6조에서 80아문으로 개편하였다. (ㅇ, ×)

05 제1차 갑오개혁으로 은본위 화폐 제도가 폐지되었다. (ㅇ, ×)

06 제1차 갑오개혁을 통해 공사 노비법을 혁파하고 과부의 재가를 허용하였다. (ㅇ, ×)

07 제1차 갑오개혁 때 과거제를 폐지하였다. (ㅇ, ×)

08 제2차 갑오개혁의 방향을 제시한 개혁 정강 14개조를 반포하였다. (ㅇ, ×)

09 제2차 갑오개혁 때 재판소를 설치하여 사법권을 독립시켰다. (ㅇ, ×)

10 제2차 갑오개혁 때 지방 행정 구역을 8도에서 23부로 개편하였다. (ㅇ, ×)

11 제2차 갑오개혁 때 교육입국 조서가 반포되었다. (ㅇ, ×)

12 제2차 갑오개혁 때 교원 양성을 위해 신흥 무관 학교가 설립되었다. (ㅇ, ×)

13 을미개혁 때 건양이라는 독자적인 연호를 사용하였다. (ㅇ, ×)

14 을미개혁으로 친위대와 진위대가 설치되었다. (ㅇ, ×)

15 단발령 시행에 반발하여 을미의병이 일어났다. (ㅇ, ×)

정답 | 자료 1 제1차 갑오개혁 2 제1차 갑오개혁 3 제2차 갑오개혁 4 을미개혁
선지 1 군국기무처 2 폐지 3 홍범 14조 4 건양

정답 | 01 ×(군국기무처) 02 ㅇ 03 ×(개국 기년) 04 ㅇ 05 ×(시행) 06 ㅇ 07 ㅇ 08 ×(홍범 14조) 09 ㅇ 10 ㅇ 11 ㅇ 12 ×(한성 사범 학교) 13 ㅇ 14 ㅇ 15 ㅇ

대표 기출문제

01

(가)에 들어갈 내용으로 가장 적절한 것은?

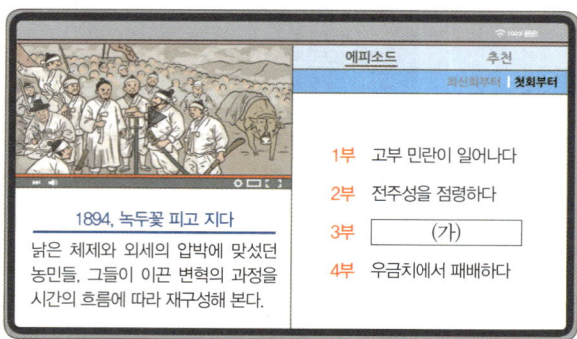

1부 고부 민란이 일어나다
2부 전주성을 점령하다
3부 (가)
4부 우금치에서 패배하다

① 남북접이 논산에 집결하다
② 황토현 전투에서 승리하다
③ 백산에 모여 4대 강령을 선포하다
④ 최시형이 동학의 2대 교주가 되다
⑤ 교조 신원을 요구하는 삼례 집회가 열리다

결정적 힌트 전주성 점령, 우금치 패배

정답 ①

자료의 '전주성 점령, 우금치' 등을 통해 (가)에는 동학 농민군의 전주성 점령과 우금치 전투 사이의 내용이 들어가야 함을 알 수 있다.
동학 농민군의 전주성 점령 후 정부와 농민군은 전주 화약을 체결하고 개혁을 약속하였다. 그러나 동학 농민 운동을 구실로 조선에 진주한 일본군이 개혁을 강요하며 경복궁을 점령하자, 농민군은 다시 봉기하였다. 농민군은 논산에서 남접과 북접이 연합하여 북상하였으나, 공주 우금치에서 일본군과 관군의 연합 부대를 만나 패배하였다.
① 일본군이 경복궁을 점령하자 농민군은 논산에 집결하여 북상하였으나, 공주 우금치에서 일본군과 관군의 연합 부대에 패배하였다.

관련 기출선지 모아보기

1. 정부와 농민군 사이에 전주 화약이 체결되었다.
2. 집강소를 중심으로 폐정 개혁안을 실천하였다.
3. 척왜양창의를 기치로 내걸었다.

02

(가) 시기에 전개된 동학 농민군의 활동으로 옳은 것은?

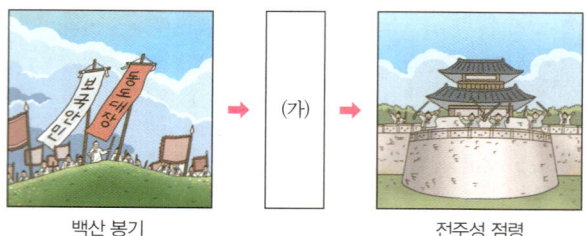

백산 봉기 → (가) → 전주성 점령

① 황토현에서 관군에 승리하였다.
② 남접과 북접이 논산에서 연합하였다.
③ 우금치에서 일본군과 관군에 맞서 싸웠다.
④ 집강소를 중심으로 폐정 개혁안을 실천하였다.
⑤ 조병갑의 탐학에 저항하여 고부 관아를 습격하였다.

결정적 힌트 백산 봉기, 전주성 점령

정답 ①

'백산 봉기', '전주성 점령'을 통해 해당 자료가 동학 농민 운동의 전개 상황을 나타낸 것임을 알 수 있다.
1894년 1월에 전봉준이 고부 군수 조병갑의 학정에 대항하여 봉기를 일으키고 고부 관아를 점령하였다(고부 농민 봉기). 이 봉기는 안핵사 이용태의 횡포로 인해 백산 봉기(제1차 동학 농민 봉기)로 확대되었으며, 농민군은 황토현과 황룡촌에서 관군을 격파하고 전주성을 점령하였다.
① 동학 농민군은 제1차 봉기 때인 1894년 3~4월, 황토현 전투와 황룡촌 전투 등에서 승리하고 전주성을 점령하였다.

관련 기출선지 모아보기

1. 백산에서 집결하여 4대 강령을 발표하다.
2. 보국안민, 제폭구민을 기치로 내걸었다.
3. 정부가 청군의 출병을 요청하는 계기가 되었다.

03

다음 대화 이후에 전개된 사실로 옳은 것을 보기 에서 고른 것은?

군국기무처 의안에서 공노비와 사노비에 대한 법을 폐지한다는 내용을 보았다. 그대로 시행하도록 하라.

분부를 받들겠습니다.

ㅡ 보기 ㅡ
ㄱ. 별기군이 창설되었다.
ㄴ. 한성순보가 발행되었다.
ㄷ. 교육입국 조서가 반포되었다.
ㄹ. 재판소를 설치하여 사법권을 독립시켰다.

① ㄱ, ㄴ   ② ㄱ, ㄷ   ③ ㄴ, ㄷ
④ ㄴ, ㄹ   ⑤ ㄷ, ㄹ

결정적 힌트 군국기무처, 공노비·사노비에 대한 법 폐지

정답 ⑤

자료의 '군국기무처', '공노비와 사노비에 대한 법을 폐지'를 통해 제1차 갑오개혁에 대한 내용임을 알 수 있다.
ㄷ. 1894년 12월 중순부터 1895년 7월 초까지 진행된 제2차 갑오개혁을 통해 교육입국 조서가 반포되었다.
ㄹ. 제2차 갑오개혁으로 재판소가 설치되어 사법권의 독립이 이루어졌다.

관련 기출선지 모아보기
1. 개혁의 방향을 제시한 홍범 14조를 반포하였다.
2. 지방 행정 구역을 8도에서 23부로 개편하였다.
3. 교원 양성을 위해 한성 사범 학교가 설립되었다.

04

다음 대화에 나타난 상황 이후의 사실로 옳은 것은?

며칠 전 러시아, 프랑스, 독일의 압력으로 일본이 청에 랴오둥반도를 반환했다는 소식 들었는가?

들었네. 우리도 이 기회에 러시아를 이용하여 일본의 간섭에서 벗어날 방도를 찾아야 할 것이네.

① 조청 상민 수륙 무역 장정을 체결하였다.
② 건양이라는 독자적인 연호를 사용하였다.
③ 행정 기구를 6조에서 8아문으로 개편하였다.
④ 군국기무처를 설치하여 근대적 개혁을 추진하였다.
⑤ 영국이 러시아를 견제하기 위해 거문도를 점령하였다.

결정적 힌트 러시아·프랑스·독일의 압력, 랴오둥반도 반환

정답 ②

자료의 '러시아·프랑스·독일의 압력', '랴오둥반도 반환'을 통해 삼국 간섭(1895)에 관한 대화임을 알 수 있다.
일본은 청·일 전쟁에서 승리하고 랴오둥반도를 획득하였지만, 삼국 간섭으로 청에 랴오둥반도를 반환하게 되며 러·일 간의 갈등이 본격화되었다. 이에 민씨 정권이 친러 정책을 펼치자 일본은 을미사변을 일으켜 조선 정부를 장악하고 내정 개혁을 강요하였다(을미개혁).
② 조선 정부는 1895년 을미개혁으로 단발령을 실시하고 '건양'이라는 연호를 사용하였다.

관련 기출선지 모아보기
1. 태양력을 시행하였다.
2. 친위대와 진위대가 설치되었다.
3. 단발령 시행에 반발하여 의병을 일으켰다.

35 독립 협회와 대한 제국

7일의 힘 | 근대

75% · 3개년 16회 중 12번 출제

찐 TIP

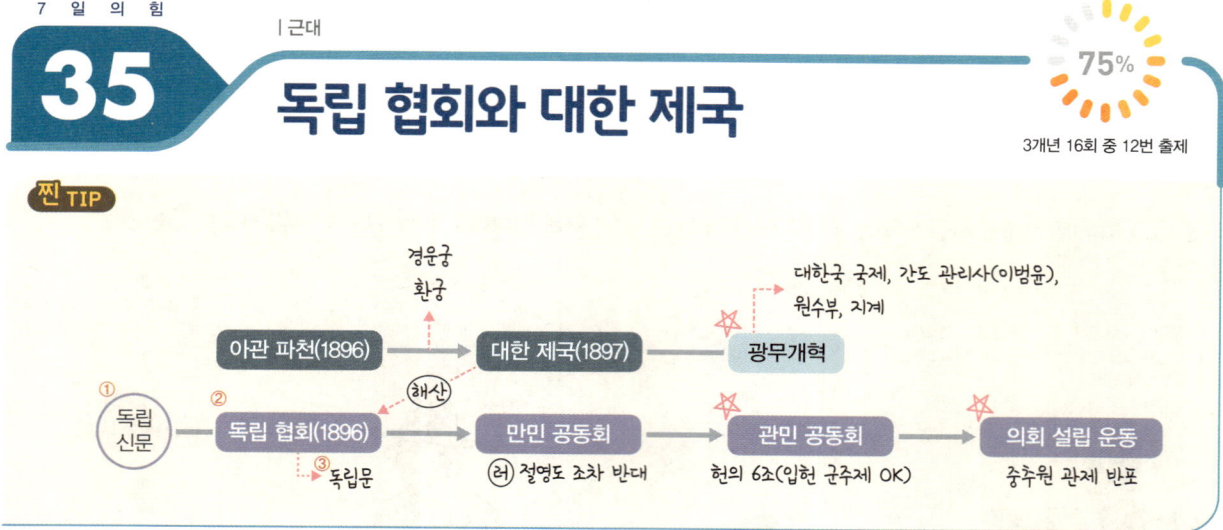

BIG DATA 독립 협회와 대한 제국

독립 협회

- 국문·영문 발행
- 우리나라 최초의 민간 신문

① **독립신문 창간 (1896. 4.)**

- 서재필, 윤치호 중심으로 설립
- 자주 국권(이권 수호)·자유 민권(만민 공동회)· 자강 개혁(의회 설립) 목표, 민중의 정치의식 고취, 고종의 환궁 요구
- 모화관 → 독립관으로 개수 (1897. 5.)
- ③ 독립문 건립 (1897. 11.)

② **독립 협회 설립 (1896. 7.)**

- 박정양 진보 내각 출범
- 러시아의 이권 침탈 저지(절영도 조차 요구 저지, 한·러 은행 폐쇄)

만민 공동회 (1898. 3.~)

- 헌의 6조 결의(탁지부에서 국가 재정 전담)
- 의회 설립 운동 → 중추원 관제 반포

관민 공동회 (1898. 10.~)

고종과 보수 세력이 황국 협회를 동원하여 독립 협회 탄압·해산

기출사료 정부가 우리 협회에 해산 명령을 내리고 보부상까지 동원하여 만민 공동회를 탄압하고 있습니다.

해산 (1898. 12.)

대한 제국

아관 파천 (1896. 2.)
을미사변 이후 고종이 러시아 공사관으로 거처 이동 → 친일 내각 붕괴, 친미·친러 내각 수립, 열강의 이권 침탈 본격화

1896

대한 제국 수립 선포 (1897. 10.)
고종이 경운궁으로 환궁(1897. 2.) → 고종이 환구단에서 황제 즉위식을 올리고 대한 제국 수립 선포(연호 '광무')

기출사료 나라 이름을 '대한'이라고 정하고 올해를 광무 원년으로 삼는다.

1897

광무개혁 (1896~1900년대 초)

- 원칙: 구본신참, 위로부터의 개혁

정치	· 대한국 국제 반포(1899): 황제권의 무한함 강조 · 원수부 설치(황제의 군권 장악) · 간도 관리사(이범윤) 임명(1903) · 독도를 관할 영토로 명시 (칙령 제41호)
행정	양전 사업(1898), 지계 발급(지계 아문, 1901) → 근대적 토지 소유권 제도 확립
경제·교육	· 경제: 식산흥업(근대적 공장과 회사 多), 근대 시설 도입(철도, 전차 등) · 교육: 실업·기술 학교 설립

1898

1899

대표발문 핵심선지

대표발문 기출자료 (가) 단체 or 밑줄 그은 '개혁'에 대한 설명으로 옳은 것은?

1 정부가 우리 협회에 해산 명령을 내리고 보부상까지 동원하여 만민 공동회를 탄압하고 있습니다. 오늘 오후 종로에 모여 해산 명령 철회와 탄압 중지를 요구합시다.

위 밑줄 그은 '협회'는? → ㄷㄹ 협회

2
- 회차별 방송 내용
- 1회. 만민 공동회를 통한 자주 국권 운동 전개
- 2회. 관민 공동회를 통한 헌의 6조 결의
- 3회. 황국 협회의 습격과 단체의 해산

위 내용과 관련된 단체는? → ㄷㄹ ㅎㅎ

3 이 어진은 황룡포를 입은 고종의 모습을 그린 것입니다. 본래 조선의 왕은 홍룡포를 입었는데, 고종은 황룡포를 입고 황제 즉위식을 올린 후 새로운 국호인 [(가)]을/를 선포하였습니다.

위 (가)에 들어갈 나라 이름은? → ㄷㅎ ㅈㄱ

4
- 인물1: 구본신참을 원칙으로 추진된 개혁에 대해 말해 보자.
- 인물2: 상공업 진흥에 필요한 인재를 양성하기 위해 상공 학교를 세웠어.
- 인물3: 양전 사업을 실시하여 지계를 발급했어.

위 밑줄 그은 '개혁'은? → ㄱㅁ ㄱㅎ

핵심선지 독립 협회의 활동 내용을 위주로 암기하는 것이 포인트!
대한 제국은 광무개혁의 주요 내용이 빈출 키워드!

1 독립 협회는 (**만민 공동회** , 관민 공동회)를 열어 헌의 6조를 결의하였다.
2 독립 협회는 중추원 개편을 통한 의회 (폐지 , **설립**)을/를 추진하였다.
3 을미사변 이후 고종이 (영국 , **러시아**) 공사관으로 거처를 옮겼다.
4 광무개혁 때 군 통수권 장악을 위해 (삼군부 , **원수부**)를 설치하였다.
5 양전 사업을 실시하여 (지전 , **지계**)을/를 발급하였다.

OX 스피드퀴즈

01 서재필은 미국에서 귀국하여 독립 협회를 창립하였다. (○ , ×)
02 독립 협회는 영은문이 있던 자리에 독립문을 건립하였다. (○ , ×)
03 독립 협회는 만민 공동회를 열어 민권 신장을 추구하였다. (○ , ×)
04 독립 협회는 러시아의 절영도 조차 요구에 찬성하였다. (○ , ×)
05 독립 협회는 대중 집회인 보은 집회를 개최하였다. (○ , ×)
06 독립 협회는 정부에 홍범 14조를 건의하였다. (○ , ×)
07 독립 협회는 탁지부에서 국가 재정을 전담할 것을 주장하였다. (○ , ×)
08 독립 협회는 중추원 개편을 통한 의회 폐지를 추진하였다. (○ , ×)
09 사직단에서 대한 제국 황제 즉위식이 거행되었다. (○ , ×)
10 대한 제국은 칙령 제41호를 통해 독도가 관할 영토임을 명시했다. (○ , ×)
11 광무개혁 당시 구본신참에 입각하여 개혁을 추진하였다. (○ , ×)
12 대한 제국 정부는 이범윤을 간도 관리사로 임명하였다. (○ , ×)
13 고종은 군 통수권 장악을 위하여 비변사를 설치하였다. (○ , ×)
14 대한 제국 시기 양지아문을 설치하여 양전 사업을 실시하였다. (○ , ×)
15 광무개혁 당시 관립 실업 학교인 상공 학교가 개교되었다. (○ , ×)

정답 | 자료 1 독립 2 독립 협회 3 대한 제국 4 광무개혁
선지 1 관민 공동회 2 설립 3 러시아 4 원수부 5 지계

정답 | 01 ○ 02 ○ 03 ○ 04 ×(반대) 05 ×(만민 공동회) 06 ×(헌의 6조) 07 ○ 08 ×(의회 설립 추진) 09 ×(환구단) 10 ○ 11 ○ 12 ○ 13 ×(원수부 설치) 14 ○ 15 ○

36 일제의 식민지 통치와 경제 침탈

7 일의 힘 | 일제 강점기

93%
3개년 16회 중 15번 출제

찐 TIP

	1910년대	1920년대	1930년대 이후
정치	• 헌병 경찰제 • 조선 태형령 • 제1차 조선 교육령	• 경성 제국 대학 설립 • 치안 유지법 • 제2차 조선 교육령	• 황국 신민화 정책 • 내선일체, 일선동조론 • 조선 사상범 보호 관찰령, 조선 사상범 예방 구금령
경제	• 회사령 • 토지 조사 사업	• 회사령 철폐 • 산미 증식 계획	• 국가 총동원법(지원병제, 국민 징용령, 여자 정신 근로령 등) • 공출제(미곡, 금속)

BIG DATA 시기별 일제의 식민지 통치와 경제 침탈

식민지 통치

1910년대 (무단 통치)
- 헌병 경찰제 실시
- 범죄 즉결례: 판결 없이 처벌 가능
- 조선 태형령 제정: 한국인에게만 적용
  - 기출사료 ▶ 태형의 언도를 받은 자에 대하여는 1일을 태 5로 절산하여 태 수에 산입하며, ……
- 제1차 조선 교육령: 보통학교 수업 연한 4년
- 105인 사건 → 신민회 해체

3·1 운동(1919)

1920년대 (이른바 '문화 통치')
- 경성 제국 대학 설립: 민립 대학 설립 운동 탄압
- 치안 유지법: 독립운동 및 사회주의 운동 탄압
- 제2차 조선 교육령: 보통학교 수업 연한 6년

1930년대 이후 (민족 말살 통치)
- 황국 신민화 정책: 신사 참배·황국 신민 서사 암송·창씨 개명 등 강요
- 내선일체, 일선 동조론
- 소학교 → 국민학교로 변경
- 조선 사상범 보호 관찰령
- 조선 사상범 예방 구금령

만주 사변(1931),
중·일 전쟁(1937),
태평양 전쟁(1941)

경제 침탈

1910년대
- 토지 조사 사업 시행: 토지 조사령 제정, 식민 통치 경제의 기반 조성, 기한부 신고제 → 미신고지·소유주 불분명한 토지는 동양 척식 주식회사·일본인에게 헐값에 매각
- 회사령: 회사 설립 시 조선 총독의 허가 필요, 민족 자본 성장 저지
  - 기출자료 ▶ 총독부 제령으로서 회사령을 공포해서 허가주의를 채택하여 ……

1920년대
- 회사령 철폐(허가제 → 신고제): 일본 자본의 한국 진출 용이
- 산미 증식 계획: 일본의 식량 부족, 경제 위기 → 한국을 식량 공급 기지화 → 한국의 식량 사정 악화(증산량보다 많은 양 수탈), 쌀 중심의 단작형 농업 구조 심화

1930년대 이후
- 한국의 병참 기지화
- 국가 총동원법 제정(1938)
  - 기출자료 ▶ 일제는 이 법을 근거로 전쟁에 필요한 인적·물적 자원을 수탈하고, 국민의 일상생활까지 통제하였습니다.
- 인적 수탈: 육군 특별 지원병제, 학도 지원병제, 국민 징용령, 여자 정신 근로령 등
- 물자 수탈: 금속류 회수령, 식량 배급 및 미곡 공출제

대표발문 핵심선지

대표발문 기출자료 (가)가 적용된 시기 or 밑줄 그은 '이 시기' or 다음 문서가 작성된 시기에 실시된 일제의 정책으로 옳은 것은?

1 제2조 즉결은 정식 재판을 하지 않으며 피고인의 진술을 듣고 증빙을 취조한 후 곧바로 언도해야 한다.
제11조 제8조, 제9조에 의한 유치 일수는 구류의 형기에 산입하고, 태형의 언도를 받은 자에 대하여는 1일을 태 5로 절산하여 태 수에 산입하며, 벌금 또는 과료의 언도를 받은 자에 대하여는 1일을 1원으로 절산하여 그 금액에 산입한다.
위 법령이 시행된 시기는? → **19□년대**

2 총독 임용의 범위를 확장하고 경찰 제도를 개정하며, 또한 일반 관리나 교원 등의 복제를 폐지함으로써 시대의 흐름에 순응하고 …… 조선인의 임용과 대우 등에 관해 고려하여 …… 정치·사회상의 대우에서도 내지인과 동일한 취급을 할 궁극의 목적을 달성하고자 하는 바이다.
위와 관련된 시기는? → **19□년대**

3 이 문서에는 국가 총동원법을 위반했다는 죄목으로 벌금이 부과된 사실이 기록되어 있습니다. 일제는 중일 전쟁 이후 침략 전쟁을 확대하던 시기에 이 법을 근거로 전쟁에 필요한 인적·물적 자원을 수탈하고, 국민의 일상생활까지 통제하였습니다.
위 밑줄 그은 '시기'는? → **19□년대 이후**

4 대개 조선인들이 생산한 쌀을 내지로 반출할 때, 결코 자신들이 충분히 소비하고 남은 것을 수출하는 것이 아니다. …… 만주산 잡곡의 수입이 증가하는 사실은 조선인의 생활난이 점점 심각해지고 있음을 실증하는 것이다.
위와 관련된 일제의 정책은? → **ㅅㅁ ㅈㅅ ㄱㅎ**

핵심 선지 '1910년대, 20년대, 30년대 이후' 등 각 시기의 정치와 경제를 함께 기억하는 것이 핵심!

1 (신민회 , 신간회)는 일제가 조작한 105인 사건으로 조직이 해체되었다.

2 1910년에 회사 설립 시 총독의 (허가 , 신고)를 받도록 하는 회사령을 제정하였다.

3 일제에 의해 (경성 제국 대학 , 연희 전문 학교)이/가 설립되었다.

4 내선일체를 강조한 (황국 신민 서사 , 국민 교육 헌장)의 암송이 강요되었다.

OX 스피드퀴즈

01 1910년대에 일제는 강압적 통치를 목적으로 헌병 경찰 제도를 실시하였다. (○ , ×)

02 1910년대 무단 통치 시기에는 범죄 즉결례에 의해 일본인을 처벌하였다. (○ , ×)

03 1910년대 무단 통치 시기에는 한국인에 한해 적용되는 조선 태형령이 공포되었다. (○ , ×)

04 제1차 조선 교육령을 통해 보통학교 수업 연한을 6년으로 하였다. (○ , ×)

05 무단 통치 시기에 일제가 조작한 105인 사건으로 신민회가 해체되었다. (○ , ×)

06 1910년대 무단 통치 시기에 회사령을 공포하여 기업 설립을 통제하였다. (○ , ×)

07 일제에 의해 궁궐 안에 통감부 건물이 세워졌다. (○ , ×)

08 일제에 의해 경성 제국 대학이 설립되었다. (○ , ×)

09 1920년대에 사회주의 운동을 탄압하기 위한 치안 유지법이 마련되었다. (○ , ×)

10 1920년대에 산미 증식 계획이 실시되었다. (○ , ×)

11 1938년에 국가 총동원법을 제정하여 인력과 물자를 강제 동원하였다. (○ , ×)

12 1930년대에 민족의식 말살을 목적으로 황국 신민 서사 암송이 강요되었다. (○ , ×)

13 조선 사상범 예방 구금령을 통해 독립운동을 탄압하였다. (○ , ×)

14 일제는 1939년에 노동력 동원을 위해 국민 징용령을 시행하였다. (○ , ×)

15 일제는 1930년대 이후 전시 수탈 체제를 강화하여 식량 배급 및 미곡 공출 제도를 시행하였다. (○ , ×)

정답 | 자료 **1** 10 **2** 20 **3** 30 **4** 산미 증식 계획
선지 **1** 신민회 **2** 허가 **3** 경성 제국 대학 **4** 황국 신민 서사

정답 | 01 ○ 02 ×(한국인) 03 ○ 04 ×(4년) 05 ○
06 ○ 07 ×(조선 총독부) 08 ○ 09 ○ 10 ○
11 ○ 12 ○ 13 ○ 14 ○ 15 ○

대표 기출문제

01

(가) 단체에 대한 설명으로 옳은 것은?

서울시는 고가도로 건설을 위해 독립문 이전을 결정하였습니다. 독립문은 서재필 등이 중심이 되어 창립한 (가) 이/가 왕실과 국민의 성금을 모아 세웠습니다. 중국 사신을 맞이하던 영은문 자리 부근에 있는 독립문은 이번 결정으로 원래 자리에서 약 70미터 떨어진 공터로 이전할 예정입니다.

① 만세보를 발행하여 민중 계몽에 앞장섰다.
② 고종의 강제 퇴위 반대 운동을 전개하였다.
③ 여성 권리 선언문인 여권통문을 공표하였다.
④ 독립운동 자금 마련을 위해 독립 공채를 발행하였다.
⑤ 만민 공동회를 열어 열강의 이권 침탈을 저지하였다.

결정적 힌트 서재필 창립, 영은문 자리 독립문

정답 ⑤

자료의 '서재필 창립', '독립문 건설' 등을 통해 (가) 단체가 독립 협회임을 알 수 있다.
갑신정변의 주역이었던 서재필은 미국에서 돌아와 독립신문을 창간하고, 이상재·남궁억 등과 함께 독립 협회를 창립하였다(1896). 독립 협회는 독립문을 건설하고 독립신문을 간행하였으며, 토론회와 강연회를 개최하여 민권 의식과 자주 의식을 고취하였다. 또한 러시아의 이권 침탈에 반대하며 만민 공동회를 개최하고, 의회 설립 운동을 추진하기도 하였다.
⑤ 독립 협회는 만민 공동회를 개최하여 러시아를 비롯한 열강의 이권 침탈을 저지하였다.

관련 기출선지 모아보기
1. 중추원 개편을 통한 의회 설립을 추진하였다.
2. 영은문이 있던 자리 부근에 독립문을 건립하였다.
3. 러시아의 절영도 조차 요구에 반대하였다.

02

밑줄 그은 '개혁'에 대한 설명으로 옳은 것은?

- 구본신참을 원칙으로 추진된 개혁에 대해 말해 보자.
- 상공업 진흥에 필요한 인재를 양성하기 위해 상공 학교를 세웠어.
- 양전 사업을 실시하여 지계를 발급했어.

① 과거제를 폐지하였다.
② 홍범 14조를 반포하였다.
③ 공사 노비법을 혁파하였다.
④ 전국 8도를 23부로 개편하였다.
⑤ 황제 직속의 원수부를 설치하였다.

결정적 힌트 구본신참, 상공업 진흥, 양전 사업·지계

정답 ⑤

자료의 '구본신참', '상공 학교', '지계 발급' 등을 통해 밑줄 그은 '개혁'이 광무개혁임을 알 수 있다.
대한 제국의 고종은 독립 협회를 해산하고 대한국 국제를 반포한 후, 전제 군주권을 바탕으로 자주적 근대화 정책을 추진하였다. 먼저 원수부를 설치하여 군의 통수권을 직접 장악하였으며, 양전 사업을 실시하고 근대적 토지 소유 증명서인 지계를 발급하였다. 또한 식산흥업 정책을 추진하여 각종 실업 학교를 세우고 회사와 은행을 설립하였다.
⑤ 고종은 황제의 군 통수권을 강화하고자 원수부를 설치하였다.

관련 기출선지 모아보기
1. 대한국 국제가 반포되었다.
2. 구본신참에 입각하여 개혁을 추진하였다.
3. 군 통수권 장악을 위하여 원수부를 설치하였다.

35 독립 협회와 대한 제국
36 일제의 식민지 통치와 경제 침탈

03

(가), (나) 발표 사이의 시기에 있었던 사실로 옳은 것은?

> (가) • 조선에 조선 총독부를 설치한다.
> • 조선 총독부에 조선 총독을 두고 위임 범위 내에서 육해군을 통솔하고 일체의 정무를 통할하도록 한다.
> • 통감부 및 그 소속 관서는 당분간 그대로 두고 조선 총독의 직무는 통감이 행하도록 한다.

> (나) 총독 임용의 범위를 확장하고 경찰 제도를 개정하며, 또한 일반 관리나 교원 등의 복제를 폐지함으로써 시대의 흐름에 순응하고 …… 조선인의 임용과 대우 등에 관해 더욱 고려하여 …… 정치·사회상의 대우에서도 내지인과 동일한 취급을 할 궁극의 목적을 달성하고자 하는 바이다.

① 미곡 공출제가 실시되었다.
② 조선 태형령이 시행되었다.
③ 국민 징용령이 제정되었다.
④ 경성 제국 대학이 설립되었다.
⑤ 황국 신민 서사의 암송이 강요되었다.

 결정적 힌트 조선 총독부 설치, 총독 임용 범위 확장, 일반 관리·교원 복제 폐지

정답 ②

(가) '조선 총독부 설치' 등을 통해 한·일 강제 병합(1910) 직후에 공고된 조선 총독부의 설치에 관한 칙령임을 알 수 있다.
(나) '총독의 임용 범위를 확장하고 경찰 제도를 개정' 등을 통해 1919년 사이토 마코토가 조선 총독으로 취임하면서 발표한 '시정방침 훈시'임을 알 수 있다. 여기서 사이토 마코토는 이른바 '문화 통치'로 통치 방식을 변경할 것임을 천명하였다.
② 한국인을 대상으로 한 조선 태형령은 1912년에 제정되어 1920년에 폐지되었다.

관련 기출선지 모아보기
1. 강압적 통치를 목적으로 헌병 경찰 제도가 실시되었다.
2. [신민회] 일제가 조작한 105인 사건으로 조직이 해체되었다.
3. [제1차 조선 교육령] 보통학교 수업 연한을 4년으로 하였다.

04

밑줄 그은 '시기'에 볼 수 있는 모습으로 적절하지 <u>않은</u> 것은?

송탄유(松炭油) 자재 공출 명령서
일제가 태평양 전쟁으로 물자 부족에 시달리던 시기에 송탄유와 목탄의 할당량 공출을 명령한 문서

① 국민학교에서 공부하는 학생
② 징병제를 찬양하는 친일 지식인
③ 국민 징용령에 의해 끌려가는 청년
④ 황국 신민 서사를 암송하는 어린이
⑤ 조선 태형령을 관보에 게재하는 총독부 관리

 결정적 힌트 태평양 전쟁, 할당량 공출

정답 ⑤

자료의 '태평양 전쟁', '공출'을 통해 밑줄 그은 '시기'가 태평양 전쟁이 발발한 1941년 전후임을 알 수 있다.
일제는 대공황에 따른 경제 침체를 극복하고자 만주 사변(1931), 중·일 전쟁(1937)을 일으켜 중국을 침략하였고, 1941년에는 태평양 전쟁을 도발하였다. 일제는 조선에서 전시 동원 체제를 갖추고 국가 총동원법을 제정(1938)하여 전쟁에 필요한 인적·물적 자원을 수탈하였다. 이에 따라 지원병제, 학도 지원병제, 징병제, 강제 징용이 실시되었으며, 일본군 '위안부'도 강제 동원되었다.
⑤ 조선 태형령은 1912년에 제정되어 1920년에 폐지되었다.

관련 기출선지 모아보기
1. 일제가 한국인의 성과 이름을 일본식으로 바꾸도록 강요하였다.
2. 조선 사상범 예방 구금령을 통해 독립운동을 탄압하였다.
3. 신사 참배에 강제 동원되는 학생

37. 1910년대 민족 운동

| 일제 강점기

찐 TIP

국외 독립운동

서간도
- 경학사(→ 부민단 설치)
- 신흥 강습소 (→ 신흥 무관 학교)
- 서로 군정서 조직

북간도
- 서전서숙(이상설 주도), 명동 학교(김약연 주도)
- 대종교 중심 중광단 조직 (→ 북로 군정서)

연해주
- 권업회(권업신문)
- 대한 광복군 정부 (정통령 이상설, 부통령 이동휘)

국내 비밀 결사

독립 의군부 — 임병찬
- 복벽주의
- 국권 반환 요구서 발송 계획

대한 광복회 — 박상진
- 공화정 수립 추구
- 군자금 모금, 친일 부호 처단

BIG DATA 1910년대 민족 운동

만주(북간도)
- 교육 기관: 서전서숙(이상설 중심), 명동 학교(김약연 중심)
- 중광단: 대종교도 중심의 군사 조직(훗날 북로 군정서)

연해주
- 신한촌 건설
- 권업회(권업신문) 발행
- 대한 광복군 정부(이상설·이동휘)

기출자료 이 비에는 헤이그 특사로 파견되었던 이상설이 연해주에서 성명회와 권업회를 조직하여 독립운동을 이끈 사실 등이 기록되어 있습니다.

만주(서간도)
- 경학사: 신민회가 삼원보에 세운 독립운동 단체 → 부민단으로 계승
- 신흥 강습소: 경학사의 부설 기관(훗날 신흥 무관 학교)
- 서로 군정서 조직
- 여자 권학회(남자현)

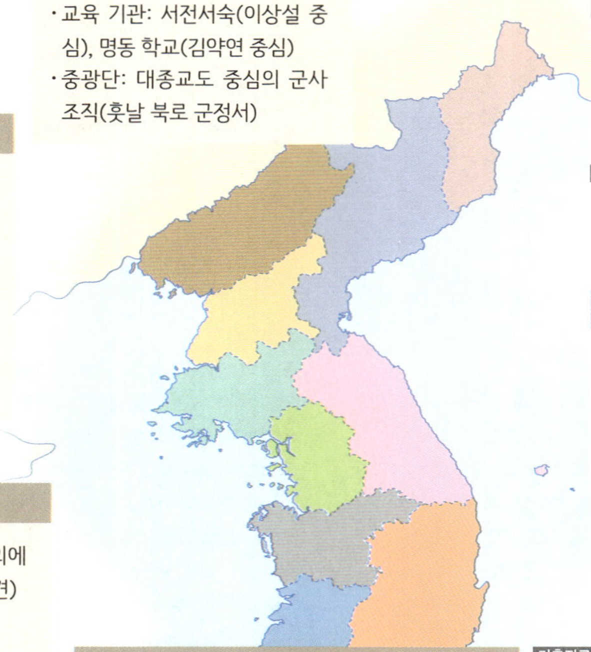

미주
- 샌프란시스코: 대한인 국민회, 흥사단(안창호)
- 하와이: 대조선 국민 군단(박용만)
- 멕시코: 숭무 학교(이근영)

중국 상하이
- 신한 청년당: 파리 강화 회의에 독립 청원서 제출(김규식 파견)
- 동제사(신규식 등)

국내
- 독립 의군부: 임병찬, 고종의 밀지를 받아 조직, 조선 총독부에 국권 반환 요구서 발송 계획
- 대한 광복회: 박상진, 공화정 수립 추구, 친일파 처단

기출자료 이것은 대한 광복회를 주도한 박상진, 김한종에게 사형을 선고한다는 판결문입니다. 대한 광복회는 풍기 광복단과 조선 국권 회복단의 일부 인사를 중심으로 1915년에 결성되었습니다.

대표발문 핵심선지

대표발문 기출자료 (가) 단체 or (가) 지역에서 전개된 민족 운동에 대한 설명으로 옳은 것은?

1 이것은 총사령 박상진이 이끌었던 [(가)] 소속의 김한종 의사 순국 기념비입니다. 김한종 의사는 이 단체의 충청도 지부장으로, 군자금 모금을 방해한 아산의 도고 면장인 박용하 처단을 주도하였습니다.

위 (가)에 들어갈 단체는? → ㄷㅎ ㄱㅂㅎ

2 대한민국 임시 정부 초대 국무령 석주 이상룡 선생의 손부(孫婦) 허은 지사에게 건국훈장 애족장이 추서되었다. 허 지사는 [(가)]의 삼원보에서 결성된 서로 군정서의 숨은 공로자였다. …… 허은 지사의 회고록에는 당시의 상황이 생생하게 담겨 있다.

위 (가)에 들어갈 지역은? → ㅅㄱㄷ

3 이것은 한인 집단 거주지인 신한촌을 기념하기 위해 세운 조형물입니다. 19세기 후반 한인들의 이주가 증가하면서 건설된 신한촌은 이 지역 독립운동의 기지가 되었지만, 1937년 스탈린이 한인을 중앙아시아로 강제 이주시키면서 해체되었습니다.

위 밑줄 그은 '이 지역'은? → ㅇㅎㅈ

4 이 사진은 1905년 [(가)]의 유카탄반도로 계약 노동 이민자들을 수송했던 일포드호입니다. 주택 무료 임대, 높은 임금 등을 내건 모집 광고를 믿고 이 화물선을 탄 천여 명의 한국인들은 한 달 넘게 걸려 에네켄 농장에 도착했습니다. 이들은 광고와 달리 사실상 노예와 다름 없는 생활을 하였습니다.

위 (가)에 들어갈 지역은? → ㅁㅅㅋ

핵심선지 지역별 독립운동 기지, 단체, 대표 인물을 구분하는 것이 핵심!

1 임병찬이 고종의 밀지를 받아 (**독립 의군부** , 대한 광복회)를 조직하였다.

2 (**대종교도** , 천도교도) 중심으로 중광단을 결성하여 항일 투쟁을 전개하였다.

3 (**연해주** , 북간도) 지역에서 권업회의 기관지로 권업신문이 발간되었다.

4 (하와이 , **멕시코**)에 숭무 학교를 설립하여 독립군을 양성하였다.

OX 스피드퀴즈

01 순종의 밀지를 받아 독립 의군부가 조직되었다. (O , X)

02 독립 의군부는 조선 총독부에 국권 반환 요구서를 발송하려 하였다. (O , X)

03 안창호는 대한 광복회를 조직하여 친일파를 처단하였다. (O , X)

04 신민회가 서간도에 한인 자치 기구인 경학사를 설립하였다. (O , X)

05 서간도에 신흥 무관 학교를 세워 독립군을 양성하였다. (O , X)

06 이상설을 중심으로 서간도에 서전서숙을 설립하여 민족 교육을 실시하였다. (O , X)

07 북간도에서 대종교도 중심의 군사 조직인 중광단이 조직되었다. (O , X)

08 북간도의 권업회는 대한 광복군 정부를 세워 무장 독립 투쟁을 준비하였다. (O , X)

09 권업회의 기관지로 권업신문이 발간되었다. (O , X)

10 대한 광복군 정부는 이상설과 이회영을 정·부통령으로 선임하였다. (O , X)

11 상하이의 신한 청년당은 파리 강화 회의에 독립 청원서를 제출하였다. (O , X)

12 신한 청년당은 김규식을 파리 강화 회의에 대표로 파견하였다. (O , X)

13 안중근은 재미 한인을 중심으로 흥사단을 창립하였다. (O , X)

14 박용만은 대조선 국민 군단을 조직하여 무장 투쟁을 준비하였다. (O , X)

15 이근영 등이 멕시코에서 숭무 학교를 설립하여 독립군을 양성하였다. (O , X)

정답 | 자료 1 대한 광복회 2 서간도 3 연해주 4 멕시코
선지 1 독립 의군부 2 대종교도 3 연해주 4 멕시코

정답 | 01 X(고종) 02 O 03 X(박상진) 04 O
05 O 06 X(북간도) 07 O 08 X(연해주)
09 O 10 X(이상설·이동휘) 11 O 12 O
13 X(안창호) 14 O 15 O

37 1910년대 민족 운동

38 3·1 운동과 대한민국 임시 정부

| 일제 강점기

68%
3개년 16회 중 11번 출제

찐 TIP

3·1 운동 배경 → **3·1 운동** → • 이른바 '문화 통치'
• 중국 5·4 운동에 영향
• 대한민국 임시 정부 수립 계기 → **대한민국 임시 정부 수립** → **국민대표 회의**

- 윌슨 '민족 자결주의'
- 대동단결 선언(상하이), 대한 독립 선언(만주), 2·8 독립 선언(도쿄)

- 민족 대표 33인
- 탑골 공원
- 도시 → 농촌 확산
- 제암리 학살

- 통합 임시 정부
- 삼권 분립, 공화주의
- 연통제, 교통국
- 구미 위원부(워싱턴)
- 『한·일 관계 사료집』

- 창조파vs개조파
- 창조파: 새 정부 수립
  ↳ 신채호, 김규식 등
- 개조파: 체제 개편
  ↳ 안창호, 이동휘 등

BIG DATA 3·1 운동

배경	• 윌슨의 민족 자결주의 제창, 신한 청년당 김규식이 파리 강화 회의에 독립 청원서 제출 • 대동단결 선언(상하이, 신규식 등), 대한 독립 선언(만주), 2·8 독립 선언(도쿄, 조선 청년 독립단) **기출사료** 조선 청년 독립단은 우리 2천만 민족을 대표하여 정의와 자유를 쟁취한 세계 모든 나라 앞에 독립을 성취할 것을 선언한다.
전개 (1919)	과정	민족 대표 33인이 독립 선언서 발표(태화관) → 탑골 공원에서 독립 선언서 낭독 → 주요 도시에서 만세 시위 전개 → 농촌으로 확산(천안 아우내 장터 등)
	탄압	무력 진압, 시위 주도자 체포(유관순 등), 제암리 학살 사건
의의	• 무단 통치 → 이른바 '문화 통치'로 일제의 통치 방식 변화 • 대한민국 임시 정부 수립 계기 • 중국 5·4 운동 등에 영향	**기출자료** 이번 답사는 고종의 인산일을 계기로 시작된 독립 만세 운동의 현장을 걷는 일정입니다.

BIG DATA 대한민국 임시 정부

수립과 활동 (1919)	수립	• 한성, 상하이, 연해주 지역의 임시 정부 통합 • 공화주의와 삼권 분립에 기초 → 대통령 이승만, 국무총리 이동휘
	활동	• 연통제, 교통국(이륭양행), 독립 공채 발행 • 워싱턴에 구미 위원부 설치, 김규식을 외무총장에 임명(파리 강화 회의 전권 대사) • 임시 사료 편찬회 → 『한·일 관계 사료집』 간행
국민대표 회의 (1923)	임시 정부의 활동 위축(이승만이 국제 연맹에 위임 통치 청원서 제출) → 독립운동의 새로운 방향 모색을 위해 국민대표 회의 개최 → 창조파와 개조파의 대립 → 회의 결렬 → 독립운동 세력 분열
충칭 시기 (1940~1945)	• 한국광복군 창설(1940): 대일 선전 성명서 공표, 연합군과 인도·미얀마 전선에서 활동, 국내 진공 작전 준비(with 미국) • 조소앙의 삼균주의(정치·경제·교육의 평등)를 기초로 건국 강령 제정(1941) **기출사료** 이 문서는 조소앙이 마련한 대한민국 임시 정부 건국 강령 초안이다.

대표발문 핵심선지

대표발문 기출자료 (가) 운동 or 다음 선언서가 발표된 시기 or (가) 인물에 대한 설명으로 옳은 것은?

1 조선 청년 독립단은 우리 2천만 민족을 대표하여 정의와 자유를 쟁취한 세계 모든 나라 앞에 독립을 성취할 것을 선언한다. …… 일본이 만일 우리 민족의 정당한 요구에 불응한다면 우리는 일본에 대하여 영원의 혈전을 선포하노라.
― 재일본 동경 조선 청년 독립단 대표 11인

위 내용과 관련된 독립 선언은? → ☐·☐ **독립 선언**

2 [여성 독립운동을 이끈 김마리아(1892~1944)] 정신 여학교 교사로 재직하던 중 일본에 유학하였다. 2·8 독립 선언에 참여한 후 이를 알리기 위해 독립 선언서를 숨긴 채 귀국하였다. 고종의 인산일을 계기로 (가) 이/가 일어나자 여성들의 시위 참여를 촉구하던 중, 여학생들이 전개한 독립운동의 배후자로 지목되어 체포되었다.

위 (가)에 들어갈 운동은? → ☐·☐ **운동**

3 본 국민대표 회의는 이천만 민중의 공정한 뜻에 바탕을 둔 국민적 대회합으로 최고의 권위를 지녀 …… 독립을 완성하기를 기도하고 이에 선언하노라. …… 본 대표 등은 국민이 위탁한 사명을 받들어 국민적 대단결에 힘쓰며 독립운동이 나아갈 방향을 확립하여 통일적 기관 아래서 대업을 완성하고자 하노라.

위 내용과 관련된 단체는? → ㄷㅎㅁㄱ ㅇㅅ ㅈㅂ

4 이 문서는 조소앙이 마련한 대한민국 임시 정부 건국 강령 초안이다. 건국 강령은 민족 운동의 방향과 광복 후 국가 건설의 지향을 담은 것으로 대한민국 임시 정부 임시 헌장의 이론적 기초가 되었다. 이 초안에는 조소앙이 고심하여 수정한 흔적이 그대로 남아 있어 역사적 가치가 높다.

위 임시 정부 건국 강령의 기초가 된 것은? → ㅅㄱㅈㅇ

핵심 선지 3·1 운동의 의의, 임시 정부의 주요 활동을 순서대로 암기할 것!

1 조선 청년 독립단을 결성하여 (**대한 독립 선언서** , **2·8 독립 선언서**)를 배포하였다.

2 3·1 운동은 일제가 이른바 (**무단 통치** , **문화 통치**)를 실시하는 결과를 가져왔다.

3 대한민국 임시 정부는 (**이승만** , **조소앙**)의 삼균주의를 기초로 하는 건국 강령을 발표하였다.

정답 | **자료 1** 2·8 **2** 3·1 **3** 대한민국 임시 정부 **4** 삼균주의
선지 1 2·8 독립 선언서 **2** 문화 통치 **3** 조소앙

OX 스피드퀴즈

01 미국 대통령 윌슨이 민족 자결주의를 제창하였다. (○ , ×)

02 상하이에서 신규식 등이 대동단결 선언을 발표하였다. (○ , ×)

03 중국에서 유학생들이 2·8 독립 선언을 발표하였다. (○ , ×)

04 순종의 인산일을 계기로 3·1 운동을 계획하였다. (○ , ×)

05 3·1 운동 전개 과정에서 일제가 제암리 학살 등을 자행하였다. (○ , ×)

06 3·1 운동은 일제가 민족 말살 통치를 실시하는 계기가 되었다. (○ , ×)

07 3·1 운동은 대한민국 임시 정부 수립의 계기가 되었다. (○ , ×)

08 3·1 운동은 중국의 5·4 운동에 영향을 주었다. (○ , ×)

09 대한민국 임시 정부는 국내 비밀 행정 조직으로 구미 위원부를 두었다. (○ , ×)

10 대한민국 임시 정부는 이륭 양행에 교통국을 설치하여 국내와 연락을 취하였다. (○ , ×)

11 대한민국 임시 정부는 독립운동 자금 마련을 위해 독립 공채를 발행하였다. (○ , ×)

12 대한민국 임시 정부는 임시 사료 편찬회를 두어 한일 관계 사료집을 간행하였다. (○ , ×)

13 대한민국 임시 정부의 새로운 방향을 모색하기 위해 관민 공동회가 개최되었다. (○ , ×)

14 충칭 시기 대한민국 임시 정부는 삼균주의에 입각한 대한민국 건국 강령을 발표하였다. (○ , ×)

15 1940년 한국광복군이 창설되어 국내 진공 작전을 준비하였다. (○ , ×)

정답 | **01** ○ **02** ○ **03** ×(일본 도쿄) **04** ×(고종) **05** ○ **06** ×(이른바 문화 통치) **07** ○ **08** ○ **09** ×(연통제) **10** ○ **11** ○ **12** ○ **13** ×(국민 대표 회의) **14** ○ **15** ○

대표 기출문제

01

(가) 지역에서 전개된 민족 운동에 대한 설명으로 옳은 것은?

□□신문
제△△호 ○○○○년 ○○월 ○○일

허은 지사, 독립 유공자로 서훈

대한민국 임시 정부 초대 국무령 석주 이상룡 선생의 손부(孫婦) 허은 지사에게 건국훈장 애족장이 추서되었다. 허 지사는 ┌(가)┐의 삼원보에서 결성된 서로 군정서의 숨은 공로자였다. 그녀는 기본적인 생계 활동과 공식적인 행사 준비 외에도 서로 군정서 대원들의 군복을 제작·배급하는 등 독립운동에 힘을 보탰다. 허 지사의 회고록에는 당시의 상황이 생생하게 담겨 있다.

① 해조신문을 발간하여 국권 회복에 힘썼다.
② 신흥 강습소를 설립하여 독립군을 양성하였다.
③ 대한인 국민회를 조직하여 외교 활동을 펼쳤다.
④ 대조선 국민 군단을 창설하여 군사 훈련을 하였다.
⑤ 유학생들이 중심이 되어 2·8 독립 선언서를 발표하였다.

결정적 힌트 삼원보, 서로 군정서

정답 ②

자료의 '삼원보', '서로 군정서' 등을 통해 (가) 지역이 서간도(남만주)임을 알 수 있다.
신민회의 주도로 서간도의 삼원보에서 경학사가 조직되었고, 신흥 강습소(이후 신흥 무관 학교)도 세워져 독립군 양성에 기여하였다.
② 서간도에서 신민회 인사들이 신흥 강습소를 세워 독립군을 양성하였다.

관련 기출선지 모아보기

1. 서간도에 한인 자치 기구인 경학사를 설립하였다.
2. 북간도에 서전서숙을 설립하여 민족 교육을 실시하였다.
3. 연해주에 권업회의 기관지로 권업신문이 발간되었다.

02

밑줄 그은 '이곳'에서 있었던 민족 운동으로 옳은 것은?

우리 가족의 역사

 할머니

옆 사진은 우리 할머니의 젊을 때 모습이에요. 할머니는 19살 때 사진만 보고 할아버지랑 결혼하기로 한 뒤 당시 포와(布哇)라고 불리던 이곳으로 가셨대요.

 갤릭호

할아버지는 이미 1903년에 갤릭호를 타고 이곳으로 가셔서 사탕수수 농장에서 일하고 계셨어요. 두 분은 고된 환경에서도 열심히 일해 호놀룰루에 터전을 잡으셨고 지금도 많은 친척이 살고 있어요.

① 대종교 계열의 중광단이 결성되었다.
② 권업회가 조직되어 권업신문을 창간하였다.
③ 사회주의 계열의 한인 사회당이 조직되었다.
④ 독립군 양성을 위한 신흥 무관 학교가 설립되었다.
⑤ 대조선 국민 군단이 조직되어 무장 투쟁을 준비하였다.

결정적 힌트 갤릭호, 사탕수수 농장, 호놀룰루

정답 ⑤

자료의 '갤릭호', '사탕수수 농장', '호놀룰루' 등을 통해 밑줄 그은 '이곳'이 하와이임을 알 수 있다.
미주로 이주한 한인들은 사탕수수 농장이나 철도 건설 현장, 개간 사업장 등에서 일하며 흥사단, 대한인 국민회 등을 결성하여 민족 운동을 전개하였고, 독립운동 자금을 모아 대한민국 임시 정부 및 독립운동 단체에 송금하였다.
⑤ 하와이에서는 박용만을 중심으로 대조선 국민 군단이 조직되어 무장 투쟁을 준비하였다.

관련 기출선지 모아보기

1. 대한인 국민회를 중심으로 독립운동을 전개하였다.
2. 재미 한인을 중심으로 흥사단을 설립하였다.
3. 멕시코에 숭무 학교를 설립하여 독립군을 양성하였다.

> 결정적 힌트와 정답해부
> 37 1910년대 민족 운동
> 38 3·1 운동과 대한민국 임시 정부

03

(가) 민족 운동에 대한 설명으로 옳은 것은?

① 통감부의 방해와 탄압으로 중단되었다.
② 러시아의 절영도 조차 요구를 저지하였다.
③ 민족 대표 33인 명의의 독립 선언서가 발표되었다.
④ 대한매일신보의 후원을 받아 전국으로 확산되었다.
⑤ 한국인 학생과 일본인 학생 간의 충돌에서 비롯되었다.

 고종의 인산일, 독립 만세 운동, 탑골 공원

정답 ③

자료의 '고종의 인산일', '독립 만세 운동', '태화관', '탑골 공원' 등을 통해 (가) 민족 운동이 3·1 운동임을 알 수 있다.
③ 민족 대표 33인이 서울 태화관에서 독립 선언서를 발표한 후 자진 체포되었고, 이후 민중을 중심으로 전국적인 만세 시위가 전개되었다.

관련 기출선지 모아보기

1. [일본] 조선 청년 독립단을 결성하여 2·8 독립 선언서를 배포하였다.
2. 전개 과정에서 일제가 제암리 학살 등을 자행하였다.
3. 대한민국 임시 정부가 수립되는 계기가 되었다.

04

(가)의 활동으로 옳은 것을 보기 에서 고른 것은?

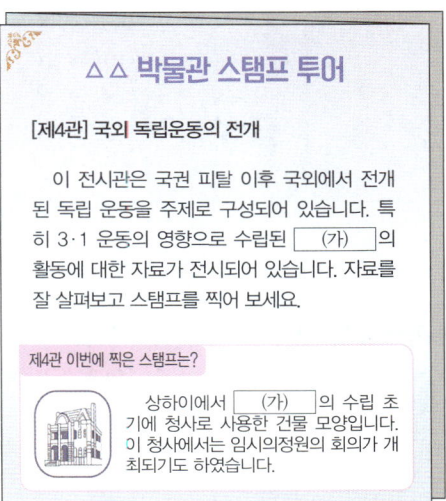

보기

ㄱ. 민족 교육을 위해 대성 학교를 설립하였다.
ㄴ. 광주 학생 항일 운동에 진상 조사단을 파견하였다.
ㄷ. 외교 독립 활동을 위해 구미 위원부를 설치하였다.
ㄹ. 임시 사료 편찬회를 두어 한일 관계 사료집을 간행하였다.

① ㄱ, ㄴ   ② ㄱ, ㄷ   ③ ㄴ, ㄷ
④ ㄴ, ㄹ   ⑤ ㄷ, ㄹ

 3·1 운동의 영향으로 수립, 상하이

정답 ⑤

자료의 '3·1 운동의 영향으로 수립', '상하이' 등을 통해 (가)가 대한민국 임시 정부임을 알 수 있다.
ㄷ. 대한민국 임시 정부는 미국에 구미 위원부를 설치하여 외교 활동을 전개하였다.
ㄹ. 대한민국 임시 정부는 임시 사료 편찬회를 두고 『한·일 관계 사료집』을 간행하였다.

관련 기출선지 모아보기

1. 국내 비밀 행정 조직으로 연통제를 두었다.
2. 독립운동의 방략을 논의하기 위한 국민대표 회의가 개최되었다.
3. 삼균주의에 입각한 대한민국 건국 강령이 발표되었다.

39 1920년대 무장 독립 전쟁, 의열 투쟁

| 일제 강점기

3개년 16회 중 11번 출제

찐 TIP

의열단(1919)
- 조선 **총**독부 + 김익**상** → 총상
- 종로 **경**찰서 + 김상**옥** → 경찰서 = (감)옥
- 동양 척식 **주**식회사 + 나석**주** → 주주

한인 애국단(1931)
- **일**왕 마차 폭탄 + **이봉창** → 일(1), 이(2)
- **상**하이 훙커우 공원 + 윤**봉**길 → 상봉

BIG DATA 1920년대 무장 독립 전쟁

· 봉오동 전투(1920. 6.)
· 청산리 전투(1920. 10.)
- 봉오동 전투: 대한 독립군(홍범도), 군무 도독부(최진동), 대한 국민회군(안무) 등이 연합 → 승리
- 청산리 전투: 북로 군정서(김좌진), 대한 독립군(홍범도) 등이 연합 → 승리
  - **기출자료** 천수평에서 북로 군정서의 기습 공격을 받아 참패한 일본군은 그들을 추격하여 어랑촌으로 들어갔다. …… 교전 중 독립군 연합 부대가 합류하였고, 치열한 접전 끝에 일본군에 큰 승리를 거두었다.

· 간도 참변(1920~1921)
· 자유시 참변(1921)
- 간도 참변: 일본군이 봉오동 전투, 청산리 전투 패배를 보복하기 위해 간도 지역의 한인 학살
  - **기출사료** 경신년 시월에 일본 토벌대들이 전 만주를 휩쓸어 애국지사들은 물론이고 농민들도 무조건 잡아다 학살하였다. …….
- 자유시 참변: 대한 독립 군단(서일)이 러시아 자유시로 집결 → 러시아 적색군의 무장 해제 요구에 따른 발포로 독립군 피해

3부 성립(1923~1925)
만주에서 참의부(육군 주만 참의부), 정의부, 신민부의 3부 조직

미쓰야 협정(1925)
조선 총독부(미쓰야)가 만주 군벌(장작림)과 협정 체결 → 독립군 탄압 → 독립군 활동 위축
  - **기출사료** 동북 3성의 군벌 장작림과 일본과의 협정이 성립되어 독립운동하는 한국인은 잡히는 대로 왜에게 넘겨졌다.

3부 통합 운동
국민부(남만주, 조선 혁명당)와 혁신 의회(북만주, 한국 독립당)로 통합

BIG DATA 의열 투쟁

의열단(1919)		한인 애국단(1931)
만주 지린(길림)성에서 김원봉의 주도로 조직	조직	중국 상하이에서 김구(대한민국 임시 정부)가 조직
· 활동 지침: 신채호의 '조선 혁명 선언' · 의거: 부산 경찰서(박재혁, 1920), 조선 총독부(김익상, 1921), 종로 경찰서(김상옥, 1923), 일본 왕궁(김지섭, 1924), 동양 척식 주식회사(나석주, 1926)	활동	· 이봉창: 일왕이 탄 마차에 폭탄 투척(도쿄, 1932) · 윤봉길: 훙커우 공원 의거(상하이, 1932) **기출자료** 윤봉길의 상하이 훙커우 공원 의거 당시 폭탄에 맞아 다리를 다쳤습니다.
의열 투쟁에 한계 → 일부 단원의 황푸 군관 학교 입교 → 조선 혁명 간부 학교 설립 → 민족 혁명당 결성 참여(김원봉)	활동 이후	중국 국민당 정부가 대한민국 임시 정부 지원

기타 의거 강우규: 제3대 총독으로 부임하는 사이토 마코토가 탄 마차에 폭탄 투척(1919)

대표발문 핵심선지

대표발문 기출자료 (가) 전투(인물, 부대)의 활동 or 밑줄 그은 '사람(단체)'과 관련된 내용 or (가) 단체에 대한 설명으로 옳은 것은?

1 북간도에 주둔한 아군 7백 명은 북로 사령부 소재지인 **봉오동**을 향해 행군하다가 적군 3백 명을 발견하였다. 아군을 지휘하는 **홍범도, 최진동** 두 장군은 즉시 적을 공격하여 120여 명을 살상하고 도주하는 적을 추격하였다.
위와 관련된 전투는? → ㅂㅇㄷ 전투

2 이곳은 부산 해운대에 있는 '애국지사 강근호 길'입니다. 그는 1920년 10월 **백운평, 어랑촌, 고동하** 등지에서 일본군에 맞서 싸운 (가) 당시 **북로 군정서** 중대장으로 활약하였습니다.
위 (가)에 들어갈 전투는? → ㅊㅅㄹ 전투

3 동북 3성의 **군벌 장작림과 일본과의 협정**이 성립되어 독립운동하는 한국인은 잡히는 대로 왜에게 넘겨졌다. 심지어 중국 백성들은 한국인 한 명의 머리를 베어 왜놈 영사관에 가서 몇 십 원 내지 3, 4원씩 받고 팔기도 했다.
위와 관련된 협정은? → ㅁㅆㅇ 협정

4 폭탄으로 **고위 관리를 죽이고 중요 건물을 파괴**하여 **독립을 쟁취**하려고 하였다. 이것이 **중국 지린성에서 김원봉**과 함께 (가) 을/를 조직한 이유이다.
위 (가)에 들어갈 단체는? → ㅇㅇㄷ

5 • 인물1: 이 사진은 **1945년 9월 2일 일왕**을 대신하여 일본의 외무대신이 연합군 앞에서 항복 문서에 서명하는 장면입니다.
• 인물2: 서명하는 인물은 시게미쓰 마모루인데, 그는 **윤봉길의 상하이 훙커우 공원 의거** 당시 폭탄에 맞아 다리를 다쳤습니다.
위 밑줄 그은 '의거'를 일으킨 단체는? → ㅎㅇ ㅇㄱㄷ

핵심 선지 1920년대 주요 전투별·사건별 주요 인물을 함께 기억할 것!
의열단과 한인 애국단의 활동을 정확하게 구분할 것!

1 독립군 연합 부대가 (자유시 , **청산리**)에서 큰 승리를 거두었다.

2 (러시아군 , **일본군**)의 보복으로 간도 참변이 발생하였다.

3 의열단은 (박은식 , **신채호**)의 조선 혁명 선언을 활동 지침으로 삼았다.

4 (**이봉창** , 윤봉길)이 도쿄에서 일왕이 탄 마차를 향해 폭탄을 던졌다.

정답 | 자료 1 봉오동 2 청산리 3 미쓰야 4 의열단 5 한인 애국단
선지 1 청산리 2 일본군 3 신채호 4 이봉창

OX 스피드퀴즈

01 대한 독립군 및 독립군 연합 부대는 봉오동 전투에서 일본군을 상대로 승리를 거두었다. (○ , ×)

02 김좌진의 서로 군정서는 홍범도 부대와 연합하여 청산리에서 일본군과 교전하였다. (○ , ×)

03 독립군 연합 부대가 청산리에서 큰 승리를 거두었다. (○ , ×)

04 러시아군의 보복으로 간도 참변이 발생하였다. (○ , ×)

05 대한 독립 군단은 간도 참변 이후 조직을 정비하고 자유시로 이동하였다. (○ , ×)

06 일제가 독립군을 탄압하고자 미쓰야 협정을 체결하였다. (○ , ×)

07 한인 애국단은 신채호의 조선 혁명 선언을 활동 지침으로 삼았다. (○ , ×)

08 김원봉은 의열단을 조직하여 단장으로 활동하였다. (○ , ×)

09 강우규가 동양 척식 주식회사에 폭탄을 투척하였다. (○ , ×)

10 의열단원의 일부가 황푸 군관 학교에 입학해 군사 훈련을 받았다. (○ , ×)

11 의열단은 조선 혁명 간부 학교를 세워 독립군을 양성하였다. (○ , ×)

12 박재혁이 경찰서에 폭탄을 투척하는 의거를 일으켰다. (○ , ×)

13 김익상이 종로 경찰서에 폭탄을 투척하였다. (○ , ×)

14 이봉창이 일왕이 탄 마차에 폭탄을 투척하였다. (○ , ×)

15 윤봉길이 종로 탑골 공원에서 의거를 일으켰다. (○ , ×)

정답 | 01 ○ 02 ×(북로 군정서) 03 ○ 04 ×(일본군의 보복) 05 ○ 06 ○ 07 ×(의열단) 08 ○ 09 ×(나석주) 10 ○ 11 ○ 12 ○ 13 ×(조선 총독부) 14 ○ 15 ×(상하이 훙커우 공원)

40. 1930~1940년대 무장 독립 전쟁

| 일제 강점기 | 56% 3개년 16회 중 9번 출제

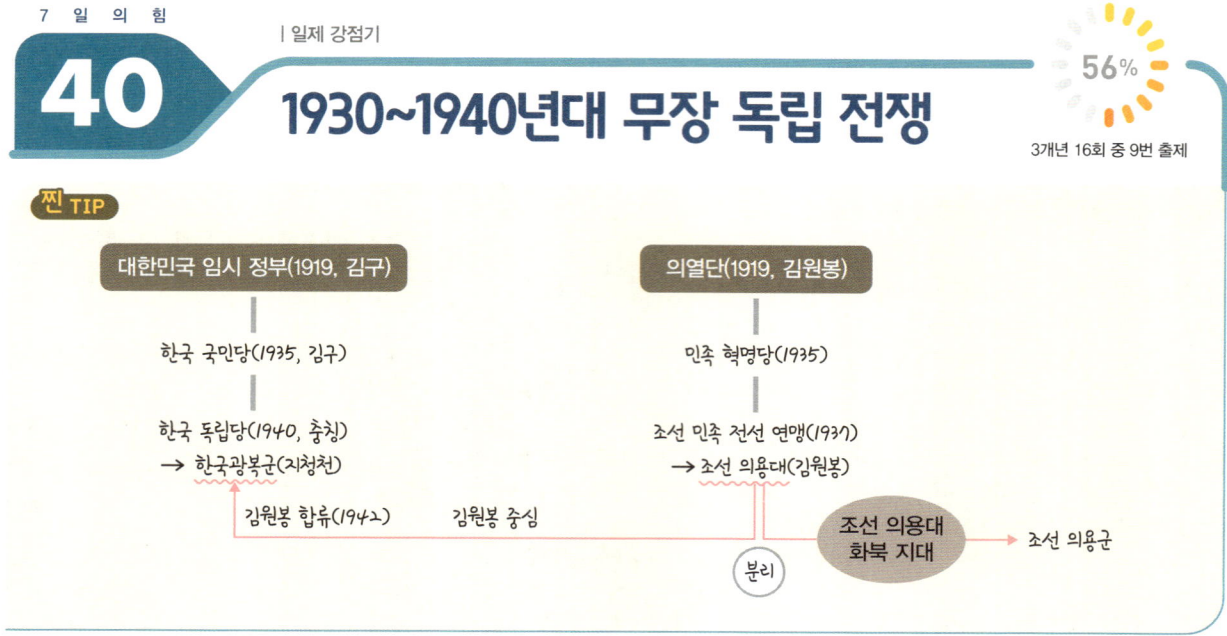

BIG DATA 한·중 연합 작전

한국 독립군		조선 혁명군
한국 독립당(혁신 의회)	소속	조선 혁명당(국민부)
북만주 지역, 중국 호로군과 연합	활동 지역	남만주 지역, 중국 의용군과 연합
지청천	총사령	양세봉
쌍성보 전투, 사도하자 전투, 대전자령 전투	대표 전투	영릉가 전투, 흥경성 전투

기출자료 일본군의 전초 부대가 …… 대전자령의 계곡으로 들어오기 시작했다. …… 매복에 걸려든 일본군은 중무기와 차량 등을 버리고 도주하고자 하였으나 결국 궤멸되고 말았다.

기출자료 조선 혁명군 총사령 양세봉, 참모장 김학규 등은 병력을 이끌고 중국 의용군과 합세하였다. …… 아군은 승세를 몰아 적들을 30여 리 정도 추격한 끝에 영릉가성을 점령하였다.

BIG DATA 1930~1940년대 독립운동 단체의 통합과 분화

1935 (조선)민족 혁명당
- 한국 독립당(상하이), 신한 독립당, 조선 혁명당, 대한 독립당, 의열단 통합
- 김원봉 독주로 조소앙, 지청천 등 이탈
- 한국 국민당: 김구가 창당(민족 혁명당에 참여 X)

1937 조선 민족 전선 연맹
- 민족 혁명당 → 조선 민족 혁명당으로 개편 → 조선 민족 전선 연맹 결성
- 조선 의용대(1938): 조선 민족 전선 연맹의 군사 조직, 중국 관내의 최초 한인 무장 부대

1940 한국광복군
- 대한민국 임시 정부의 정규군, 총사령 지청천
- 김원봉의 조선 의용대 일부 병력을 흡수 통합
- 인도·미얀마 전선에서 활동(with 연합군)
- 미국 전략 정보국(OSS)의 지원으로 국내 진공 작전 계획 → 일본의 항복으로 실전 투입 무산

1941 조선 의용대 화북 지대
- 조선 의용대에서 분리
- 중국 공산군(팔로군)과 함께 활동
- 조선 의용군(1942): 조선 독립 동맹(김두봉)의 군사 조직, 화북 지역의 공산주의 세력 + 조선 의용대 화북 지대를 개편

대표발문 핵심선지

대표발문 기출자료 (가) 전투 or (가) 인물 or (가) 부대의 활동에 대한 설명으로 옳은 것은?

1 한국광복군 창설의 주역, ○○○ 장군
- 생몰: 1888년~1957년
- 주요 활동
  - 정의부 총사령관 역임
  - 한국 독립당 창당에 참여
  - 한국광복군 총사령관 역임
- 서훈 내용: 건국 훈장 대통령장 추서

위 ○○○에 들어갈 인물은? → ㅈㅊㅊ

2 우리 학회는 1929년 조직되어 남만주에서 항일 무장 투쟁을 전개하였던 [(가)]을/를 조명하는 학술 대회를 개최합니다.
〈발표 주제〉
- 영릉가 전투의 전개 과정
- 1930년대 한중 항일 연합 작전의 성과
- 총사령 양세봉에 대한 남과 북의 평가

위 (가)에 들어갈 부대는? → ㅈㅅㅎㅁㄱ

3 오늘날 동양의 강도 일본 군벌은 …… 중화민국 침략 전쟁을 개시하였다. …… 이를 위해 우리는 우선 '조선 민족 전선 연맹'의 기치 아래 일치단결하고, 동시에 동양에 있어서의 항일의 위대한 최고 지도자인 장[제스] 위원장 아래 함께 모여, [(가)]을/를 조직한 것이다.

위 (가)에 들어갈 부대는? → ㅈㅅㅇㅇㄷ

핵심선지 1930년대 한국 독립군·조선 혁명군·조선 의용대, 1940년대 한국광복군의 활동을 구분할 것!

1 한국 독립군이 (**대전자령**, 영릉가) 전투에서 일본군을 격퇴하였다.

2 조선 혁명군이 (**영릉가**, 사도하자) 전투에서 일본군에 승리하였다.

3 조선 혁명군이 중국 의용군과 연합하여 (쌍성보, **흥경성**) 전투를 이끌었다.

4 (**조선 의용대**, 한국광복군)은/는 중국 관내(關內)에서 결성된 최초의 한인 무장 부대였다.

5 (한국 독립군, **한국광복군**)이 국내 진공 작전을 준비하였다.

정답 | 자료 **1** 지청천 **2** 조선 혁명군 **3** 조선 의용대
선지 **1** 대전자령 **2** 영릉가 **3** 흥경성 **4** 조선 의용대 **5** 한국광복군

OX 스피드퀴즈

01 한국 독립군은 쌍성보에서 중국 호로군과 연합 작전을 전개하였다. (O , ×)

02 한국 독립군은 남만주 지역에서 활동한 한국 독립당의 산하 부대였다. (O , ×)

03 한국 독립군이 대전자령 전투에서 일본군을 격퇴하였다. (O , ×)

04 조선 혁명군이 영릉가에서 일본군에 승리하였다. (O , ×)

05 조선 혁명군은 조선 혁명당의 군사 조직으로 남만주 지역에서 활약하였다. (O , ×)

06 조선 혁명군은 중국 의용군과 연합 작전으로 항일 전쟁을 벌였다. (O , ×)

07 조선 혁명군은 총사령 지청천의 지휘 아래 활동하였다. (O , ×)

08 조선 혁명군은 중국 의용군과 연합하여 흥경성 전투를 이끌었다. (O , ×)

09 조선 의용대는 중국 관내(關內)에서 결성된 최초의 한인 무장 부대였다. (O , ×)

10 조선 민족 전선 연맹 산하에 한국광복군이 조직되었다. (O , ×)

11 한국광복군이 국내 진공 작전을 준비하였다. (O , ×)

12 한국광복군에 김원봉의 조선 의용대의 일부가 합류하여 병력이 증가하였다. (O , ×)

13 한국광복군은 연합군과 함께 인도·미얀마 전선에서 활동하였다. (O , ×)

14 충칭에서 김원봉을 총사령관으로 하는 한국광복군이 창설되었다. (O , ×)

15 김두봉은 조선 독립 동맹의 군사 조직으로 조선 의용군을 창설하였다. (O , ×)

정답 | **01** O **02** ×(북만주 지역) **03** O **04** O **05** O **06** O **07** ×(양세봉) **08** O **09** O **10** ×(조선 의용대) **11** O **12** O **13** O **14** ×(지청천) **15** O

대표 기출문제

01

(가)~(다) 학생이 발표한 내용을 일어난 순서대로 옳게 나열한 것은?

① (가) - (나) - (다)
② (가) - (다) - (나)
③ (나) - (가) - (다)
④ (나) - (다) - (가)
⑤ (다) - (나) - (가)

결정적 힌트 봉오동 전투 → 청산리 전투 → 3부 성립

정답 ④

3·1 운동 이후 만주 지역을 중심으로 무장 독립 투쟁이 본격적으로 전개되었다. 1920년에는 봉오동 전투와 청산리 전투에서 독립군이 일본군을 격파하였다. 일제는 이에 대한 보복으로 간도 지역의 한인을 무참히 학살하였다(간도 참변). 독립군은 전열을 가다듬고 러시아 자유시로 이동하였지만, 러시아 적군의 무장 해제 요구를 거부하여 많은 독립군이 희생되었다(자유시 참변). 큰 시련을 겪은 독립군은 만주로 돌아와 조직을 재정비하였고, 그 결과 참의부·정의부·신민부가 조직되었다. 이에 일제는 만주 지역 독립운동 세력의 재건을 막고자 만주 군벌과 미쓰야 협정을 체결하였다(1925).
④ 일어난 순서대로 나열하면 (나) - (다) - (가)이다.

관련 기출선지 모아보기
1. 독립군 연합 부대가 청산리에서 큰 승리를 거두었다.
2. 대한 독립 군단은 간도 참변 이후 조직을 정비하고 자유시로 이동하였다.
3. 일제가 중국 군벌과 미쓰야 협정을 체결하였다.

02

(가) 단체에 대한 설명으로 옳은 것은?

〈영화 제작 기획안〉

청년 김상옥

■ 기획 의도
　김상옥의 주요 활동을 영화로 제작하여 독립운동가의 치열했던 삶과 항일 투쟁의 역사적 의미를 되새겨 본다.

■ 대본 개요
1. 혁신공보를 발행하며 계몽 운동에 힘쓰다.
2. 김원봉이 조직한 (가) 의 일원이 되다.
3. 종로 경찰서에 폭탄을 투척하다.
4. 일제 경찰과 총격전을 벌이다.

① 조선 혁명 선언을 행동 강령으로 삼았다.
② 비밀 행정 조직으로 연통제를 실시하였다.
③ 고종의 밀지를 받아 결성된 비밀 단체이다.
④ 도쿄에서 일어난 이봉창 의거를 계획하였다.
⑤ 신흥 무관 학교를 세워 무장 투쟁을 준비하였다.

결정적 힌트 김상옥의 주요 활동, 김원봉이 조직, 종로 경찰서 폭탄

정답 ①

자료에서 '김상옥', '김원봉이 조직', '종로 경찰서에 폭탄 투척' 등을 통해 (가) 단체가 의열단임을 알 수 있다.
3·1 운동 이후 무력 투쟁의 필요성이 증대되는 상황 속에서 김원봉이 의열단을 결성하였다(1919). 의열단은 신채호가 작성한 '조선 혁명 선언'을 활동 지침으로 삼아 일제 요인 암살과 식민 통치 기관 파괴에 주력하였다.
① 의열단은 신채호가 작성한 '조선 혁명 선언'을 행동 강령으로 삼았다.

관련 기출선지 모아보기
1. 의열단은 신채호의 조선 혁명 선언을 활동 지침으로 삼았다.
2. 나석주가 동양 척식 주식회사에 폭탄을 투척하였다.
3. [한인 애국단] 윤봉길이 상하이 훙커우 공원에서 의거를 일으켰다.

39 1920년대 무장 독립 전쟁, 의열 투쟁
40 1930~1940년대 무장 독립 전쟁

03

(가) 단체에 대한 설명으로 옳은 것은?

> [(가)]의 총사령 양세봉, 참모장 김학규 등은 일부 병력을 이끌고 중국 의용군 부대와 합세하였다. 일본군과 만주군이 신빈현성의 고지대를 거점으로 삼아 먼저 공격했으나 아군이 역전하여 이를 탈취하였다. 아군은 승세를 몰아 적들을 추격한 끝에 당일 오후 3시경 영릉가성을 점령하였다. 5일간의 격렬한 전투에서 한중 연합군은 신빈현 일대 여러 곳을 점령하는 등 커다란 수확을 거두었다.

① 흥경성 전투에서 승리하였다.
② 자유시 참변 이후 세력이 약화되었다.
③ 중국 팔로군에 편제되어 항일 전선에 참여하였다.
④ 영국군의 요청으로 인도·미얀마 전선에서 활동하였다.
⑤ 북만주 지역에서 활동한 한국 독립당의 산하 부대였다.

결정적 힌트 총사령 양세봉, 중국 의용군 부대와 합세, 영릉가성

정답 ①

자료의 '총사령 양세봉', '중국 의용군 부대와 합세', '영릉가성을 점령' 등을 통해 (가) 단체가 조선 혁명군임을 알 수 있다.
일본의 만주 침략(만주 사변, 1931)을 계기로 중국 내 항일 감정이 고조되면서 한·중 연합 작전이 전개되었다. 양세봉이 이끈 조선 혁명군은 중국 의용군과 함께 남만주의 영릉가와 흥경성 등지에서 일본군을 격파하였다.

① 조선 혁명군은 남만주의 영릉가와 흥경성 등지에서 일본군을 격파하였다.

관련 기출선지 모아보기

1. 한국 독립군은 쌍성보에서 중국 호로군과 연합 작전을 전개하였다.
2. 조선 혁명군이 영릉가에서 일본군에 승리하였다.
3. 조선 의용대는 중국 관내(關內)에서 결성된 최초의 한인 무장 부대였다.

04

(가) 군대에 대한 설명으로 옳은 것은?

> 이곳은 독립운동가 조성환이 태어난 여주의 보통리 고택입니다. 그는 1940년 대한민국 임시 정부 산하의 [(가)] 창설을 주도하고, 군무 부장으로 활동하였습니다. 이 가옥은 그의 아버지가 독립운동 자금을 마련하기 위해 매각하였다고 전해지며, 국가 민속 문화재 제126호로 지정되었습니다.

① 숭무 학교를 설립하여 독립군을 양성하였다.
② 쌍성보 전투에서 한중 연합 작전을 전개하였다.
③ 중국 팔로군과 함께 호가장 전투에서 활약하였다.
④ 국내 정진군을 조직하여 국내 진공 작전을 추진하였다.
⑤ 중국 관내(關內)에서 결성된 최초의 한인 무장 부대였다.

결정적 힌트 조성환, 1940년 대한민국 임시 정부 산하

정답 ④

자료에서 독립운동가 조성환이 1940년 대한민국 임시 정부 산하 조직의 창설을 주도하였다고 한 점, 군무 부장으로 활동하였다고 한 점 등을 통해 (가) 군대가 한국광복군임을 알 수 있다.
1940년 충칭에 정착한 대한민국 임시 정부는 민족주의 계열 정당들을 통합하여 한국 독립당을 결성하였다. 또한 헌법을 개정하여 김구 주석 중심의 단일 지도 체제를 마련하였다.

④ 한국광복군은 미국 전략 정보국(OSS)과 협력하여 국내 정진군을 편성하고 국내 진공 작전을 계획하였으나 일제의 항복으로 취소되었다.

관련 기출선지 모아보기

1. 한국광복군이 국내 진공 작전을 준비하였다.
2. 한국광복군은 영국군의 요청으로 인도, 미얀마 전선에 투입되었다.
3. 한국광복군은 미국 전략 정보국(OSS)의 지원을 받았다.

41 실력 양성 운동, 학생 항일 운동

| 일제 강점기

3개년 16회 중 7번 출제

찐 TIP

물산 장려 운동	민립 대학 설립 운동	문맹 퇴치 운동	6·10 만세 운동	광주 학생 항일 운동
조만식, 평양, 조선 물산 장려회, '조선 사람 조선 것'	이상재, 조선 민립 대학 기성회, 경성 제국 대학 설립(일제)	문자 보급(조선일보), 브나로드(동아일보)	순종의 인산일, 사회주의 진영 + 민족주의 진영, 민족 유일당 운동의 계기, → 신간회 성립에 영향	한국인 학생과 일본인 학생, 신간회에서 진상 조사단 파견, 동맹 휴학

BIG DATA 실력 양성 운동

물산 장려 운동
- 조만식 등의 주도로 평양에서 시작, 이후 전국으로 확대
- 조선 물산 장려회 발족(1920), 자작회·토산 애용 부인회 등 동참
- 구호: '조선 사람 조선 것'
- 수요 > 공급 → 상품 가격 상승 → 자본가의 이익만을 위한 운동이라는 사회주의 진영의 비판

> **기출자료** 아무쪼록 조선 물산을 몸에 걸고 조선 물산을 입에 넣고 조선 물산을 팔며 사고 조선 물산을 무엇에나 쓰라.

민립 대학 설립 운동
- 이상재 등이 조선 민립 대학 기성회 조직
- 구호: '한민족 1천만이 한 사람이 1원씩'
- 일제가 경성 제국 대학 설립 → 민립 대학 설립 운동 탄압

> **기출사료** 조선 민립 대학 기성회 발기 총회(민대 총회)가 오후 1시부터 종로 중앙청년회 관에서 열렸다. …… 만천하 동포에게 민립 대학의 설립을 제창하노니 …….

문맹 퇴치 운동
- 문자 보급 운동: 조선일보 주도(1929~1934), '아는 것이 힘, 배워야 산다.'
- 브나로드 운동: 동아일보가 주도한 농촌 계몽 운동(1931~1934), '배우자, 가르치자, 다 함께 브나로드'

브나로드 운동

BIG DATA 학생 항일 운동

6·10 만세 운동(1926)

배경
- 3·1 운동 이후 활발한 청년·학생 운동
- 사회주의 세력의 성장

전개 사회주의 세력의 주도 아래 민족주의 세력이 함께 시위 준비 → 사전에 발각되면서 사회주의 계열 인사 검거 → 순종의 인산일(6. 10.)에 학생들이 만세 시위 전개

의의 민족 유일당 운동의 계기(신간회 창립에 영향)

> **기출자료** 권오설은 사회주의 진영의 중심인물로서, 순종 인산일을 기회로 삼아 천도교 계열과 사회주의 계열이 함께 준비한 이 운동을 기획하는 데 주도적인 역할을 하였다.

→ 신간회 창립(1927)

광주 학생 항일 운동(1929)

배경 일본 남학생의 한국 여학생 희롱 사건

전개 한·일 학생 충돌 → 경찰의 편파적인 조사 → 광주 일대 학생들의 대규모 시위 → 성진회 등에 의해 전국으로 확대(신간회에서 진상 조사단 파견)

의의
- 3·1 운동 이후 최대 규모의 항일 민족 운동
- 전국 각지에서 일어난 동맹 휴학의 도화선

> **기출자료** 광주 공립 고등 보통학교 학생과 광주 일본인 중학교 학생 각 300여 명이 다투어 쌍방에 수십 명의 부상자를 내었다.

대표발문 핵심선지

대표발문 기출자료 다음 민족 운동 or 밑줄 그은 '이 운동' or 다음 사건에 대한 설명으로 옳은 것은?

1 조선 관세령 폐지되다
오늘 총독부가 조선 관세령 폐지를 발표하였다. 당국은 일선 융화를 위해 내린 조처라 말하지만, 앞으로 조선인들의 부담이 늘어날 것은 뻔한 이치이다. 일본산 상품이 조선에 물밀듯 밀려와 시장을 독점하여 자본과 기술에서 열세에 놓여 있는 조선의 공업을 흔적도 없게 만들 우려가 크기 때문이다.
위 기사가 보도된 시기에 추진된 민족 운동은? → ㅁㅅ ㅈㄹ 운동

2 민대총회(民大總會) 개최, 460여 명의 대표 참석
조선 민립 대학 기성회 발기 총회(민대총회)가 오후 1시부터 종로 중앙청년회관에서 열렸다. 총회에서는 사업 계획을 확정하고 '이제 우리 조선인도 생존을 위해서는 대학의 설립을 빼고는 다른 길이 없도다. 만천하 동포에게 민립 대학의 설립을 제창하노니 ······.
위 기사에 보도된 민족 운동은? → ㅁㄹ ㄷㅎ ㅅㄹ 운동

3 •인물1: 얼마 전 종로 일대에서 일어난 만세 시위 소식을 들었는가? 이날 체포된 학생들에 대한 공판이 곧 열린다는군.
•인물2: 융희 황제의 인산일에 학생들이 격문을 뿌리고 만세를 외친 그 사건 말씀이시죠? 사전에 권오설 선생 등이 경찰에게 체포되어서 걱정이었는데, 학생들 덕분에 시위가 가능했지요.
위 대화에 나타난 민족 운동은? → ㅁ·ㅁ ㅁㅅ 운동

4 이것은 '학생의 날' 기념우표이다. 학생의 날은 1929년 한일 학생 간 충돌을 계기로 광주에서 일어나 전국으로 확산된 이 운동을 기리기 위해 1953년에 제정되었다.
위 밑줄 그은 '이 운동'은? → ㄱㅈ ㅎㅅ ㅎㅇ 운동

핵심선지 물산 장려 운동 – 민립 대학 설립 운동, 6·10 만세 운동 – 광주 학생 항일 운동을 비교 분석할 것!

1 토산품 애용을 위한 (**국채 보상 기성회** , **조선 물산 장려회**)가 발족되었다.
2 (**고종** , **순종**)의 인산일을 기회로 삼아 6·10 만세 운동이 일어났다.
3 (**신민회** , **신간회**)에서 광주 학생 항일 운동 진상 조사단을 파견하여 지원하였다.

정답 | **자료 1** 물산 장려 **2** 민립 대학 설립 **3** 6·10 만세 **4** 광주 학생 항일
선지 1 조선 물산 장려회 **2** 순종 **3** 신간회

OX 스피드퀴즈

01 조만식 등을 중심으로 조선 물산 장려회가 결성되었다. (ㅇ , ×)
02 토산품 애용을 위한 국채 보상 기성회가 발족되었다. (ㅇ , ×)
03 물산 장려 운동은 조만식 등의 주도로 개성에서 시작되었다. (ㅇ , ×)
04 물산 장려 운동은 '조선 사람 조선 것'이라는 구호를 내세웠다. (ㅇ , ×)
05 물산 장려 운동을 위해 자작회, 토산 애용 부인회 등의 단체가 활동하였다. (ㅇ , ×)
06 이상재 등의 주도로 민립 대학 설립 운동을 전개하였다. (ㅇ , ×)
07 일제가 경성 제국 대학 설립을 빌미로 민립 대학 설립 운동을 지원하였다. (ㅇ , ×)
08 민립 대학 설립 운동은 통감부의 탄압과 방해로 실패하였다. (ㅇ , ×)
09 브나로드 운동은 대한매일신보의 적극적인 지원을 받아 진행되었다. (ㅇ , ×)
10 고종의 인산일을 기회로 삼아 6·10 만세 운동이 일어났다. (ㅇ , ×)
11 6·10 만세 운동은 신간회 창립의 계기가 되었다. (ㅇ , ×)
12 6·10 만세 운동은 국내에서 민족 유일당 운동이 전개되는 계기가 되었다. (ㅇ , ×)
13 광주 학생 항일 운동은 중국인 학생과 일본인 학생 간의 충돌에서 비롯되었다. (ㅇ , ×)
14 광주 학생 항일 운동에 신간회가 진상 조사단을 다견하여 지원하였다. (ㅇ , ×)
15 광주 학생 항일 운동은 성진회와 각 학교 독서회에 의해 전국적으로 확산되었다. (ㅇ , ×)

정답 | 01 ㅇ 02 ×(조선 물산 장려회) 03 ×(평양) 04 ㅇ 05 ㅇ 06 ㅇ 07 ×(탄압) 08 ×(조선 총독부) 09 ×(동아일보) 10 ×(순종의 인산일) 11 ㅇ 12 ㅇ 13 ×(한국인 학생, 일본인 학생) 14 ㅇ 15 ㅇ

42 민족 유일당 운동, 사회적 민족 운동

| 일제 강점기

50%
3개년 16회 중 8번 출제

찐 TIP

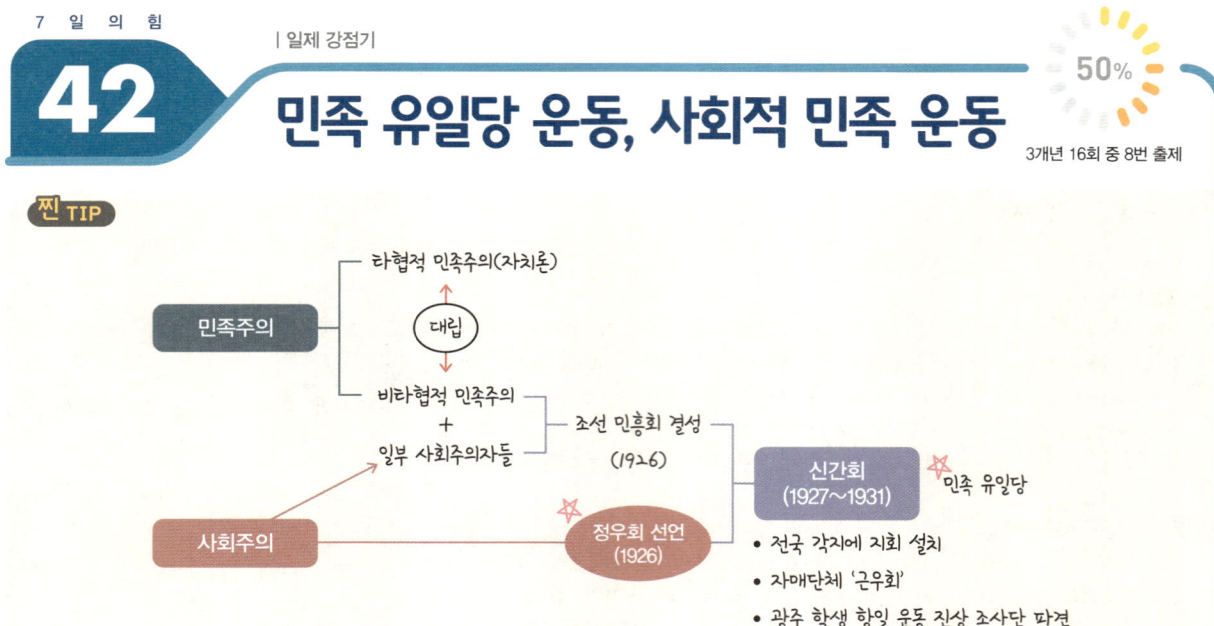

BIG DATA 민족 유일당 운동

6·10 만세 운동(1926)	조선 민흥회 창립(1926)	정우회 선언(1926)
민족주의 계열과 사회주의 계열의 연대 가능성 제시	비타협적 민족주의 세력+ 사회주의 세력 연합	사회주의 계열이 비타협적 민족주의 세력과의 제휴 주장

→

신간회(1927)
- 민족 유일당 운동의 일환으로 창립, 초대 회장 이상재, 다양한 사회 운동 지원, 광주 학생 항일 운동에 진상 조사단 파견
- 일제 강점기 최대 규모의 합법적 항일 운동 단체
- 강령: 민족의 정치적·경제적 각성 촉진, 민족의 단결, 기회주의(타협적 민족주의) 배격

BIG DATA 사회적 민족 운동

농민 운동	· 전남 신안 암태도 소작 쟁의(1923~1924): 지주 문재철의 횡포(고액의 소작료) → 소작료 인하 등 요구 → 성공 · 조선 농민 총동맹 결성(1927)
노동 운동	· 조선 노동 공제회(1920), 조선 노동 총동맹(1927) · 원산 총파업(1929): 라이징 선 석유 회사 일본인 감독관의 조선인 구타 사건 → 임금 삭감 반대, 노동 조건 개선 등을 주장 → 일본, 프랑스 등 국외 노동 단체의 후원·격려 · 강주룡의 고공 농성(1931, 평양 을밀대)
소년 운동	김기전·방정환 등(천도교 세력)이 주도, 어린이날 제정, 잡지 『어린이』 발간
여성 운동	근우회: 신간회의 자매단체, 여성계의 민족 협동 단체, 여성 계몽 활동, 잡지 『근우』 발간
형평 운동	조선 형평사: 백정에 대한 차별 철폐 요구(진주 → 전국 확산) **기출자료** '공평은 사회의 근본이요, 애정은 인류의 본령'이라는 취지 아래 백정에 대한 권익 보호를 목적으로 전개된 형평 운동에 앞장섰습니다.

대표발문 핵심선지

대표발문 기출자료
(가) 단체에 대한 설명 or 밑줄 그은 '이 사건' 이후의 사실 or 다음 자료에 나타난 사회 운동에 대한 설명으로 옳은 것은?

1 ___(가)___ 은/는 '우리는 정치적, 경제적, 사회적 각성을 촉진함', '우리는 단결을 공고히 함', '우리는 일체 기회주의를 부인함'이라는 3대 강령 하에서 탄생되어 금일까지 140개 지회의 39,000여 명의 회원을 포함한 단체가 되었다.

위 (가)에 들어갈 단체는? → **ㅅㄱㅎ**

2 최근 개통된 천사대교를 건너면 일제 강점기 대표적인 소작 쟁의가 전개된 암태도를 만날 수 있습니다. 당시 암태도의 농민들은 고율의 소작료를 징수하는 지주 문재철에 맞서 목포까지 나가 단식을 벌이는 등 약 1년에 걸친 투쟁으로 소작료를 낮추는 성과를 거두었습니다.

위 밑줄 그은 '투쟁'은? → **ㅇㅌㄷ ㅅㅈ 쟁의**

3 이 사진은 을밀대 지붕 위에서 고공 농성을 벌이는 강주룡의 모습입니다. 그녀는 대공황 이후 열악해진 식민지 노동 환경에서 임금 삭감 등에 반대하며 평원 고무 공장 쟁의를 주도하였습니다. 이 사건은 자본가와 일제에 맞선 반제국주의적 항일 투쟁이라는 점에서 의미가 있습니다.

위 밑줄 그은 '이 사건'이 일어난 시기는? → **19☐년대**

4 어린 동무들에게
- 돋는 해와 지는 해를 반드시 보기로 합니다.
- 어른에게는 물론이고 당신들끼리도 서로 존대하기로 합시다.
- 꽃이나 풀을 꺾지 말고, 동물을 사랑하기로 합시다.

1923년 5월 1일 어린이날 기념 선전문 –

위와 관련된 사회 운동은? → **ㅅㄴ 운동**

핵심선지 신간회 강령 제시 후 광주 학생 항일 운동을 찾는 문제에 대비할 것! 사회적 민족 운동은 운동별로 돌아가며 1문제씩 출제!

1 민족 유일당 운동의 일환으로 (**신민회** , **신간회**)가 창립되었다.

2 일본인 감독의 한국인 구타 사건을 계기로 (**원산** , **안산**) 총파업이 일어났다.

3 (**근우회** , **토산 애용 부인회**)의 주도로 여성의 권익을 옹호하였다.

4 (**여성** , **백정**)에 대한 차별 철폐를 요구하는 조선 형평사가 창립되었다.

OX 스피드퀴즈

01 민족주의 세력의 활동 방향을 밝힌 정우회 선언이 발표되었다. (○ , ×)

02 민족 유일당 운동의 일환으로 신간회가 창립되었다. (○ , ×)

03 신간회는 전국 각지에 지회를 설치하여 조직을 확대하였다. (○ , ×)

04 신간회는 진상 조사단을 파견하여 6·10 만세 운동을 지원하였다. (○ , ×)

05 1927년 농민 운동 단체인 조선 노동 총동맹이 결성되었다. (○ , ×)

06 일본인 감독의 한국인 구타 사건을 계기로 원산 총파업이 일어났다. (○ , ×)

07 지주 문재철의 횡포에 맞선 원산 총파업이 발생하였다. (○ , ×)

08 고액 소작료에 반발하여 암태도 소작 쟁의가 발생하였다. (○ , ×)

09 원산 총파업은 일본, 프랑스 등의 노동 단체로부터 격려 전문을 받았다. (○ , ×)

10 1931년 노동자 강주룡이 을밀대 지붕에서 고공 농성을 전개하였다. (○ , ×)

11 김기전·방정환 등 천주교 세력이 주도하여 어린이날을 제정하고 잡지 어린이를 간행하였다. (○ , ×)

12 여성 계몽과 구습 타파를 주장하는 근우회가 창립되었다. (○ , ×)

13 근우회는 잡지 근우를 발간하였다. (○ , ×)

14 형평 운동은 부산에서 시작되어 전국으로 확산되었다. (○ , ×)

15 백정에 대한 차별 철폐를 요구하는 조선 형평사가 창립되었다. (○ , ×)

정답 | 자료 1 신간회 2 암태도 소작 3 30 4 소년
선지 1 신간회 2 원산 3 근우회 4 백정

정답 | 01 ×(사회주의 세력) 02 ○ 03 ○ 04 ×(광주 학생 항일 운동 지원) 05 ×(조선 농민 총동맹) 06 ○ 07 ×(암태도 소작 쟁의) 08 ○ 09 ○ 10 ○ 11 ×(천도교 세력) 12 ○ 13 ○ 14 ×(진주) 15 ○

대표 기출문제

01

다음 기사에 보도된 민족 운동에 대한 설명으로 옳은 것은?

역사 신문
제△△호 ○○○○년 ○○월 ○○일

민대총회(民大總會) 개최, 460여 명의 대표 참석

▲ 조선 민립 대학 기성회 발기 총회

조선 민립 대학 기성회 발기 총회(민대총회)가 오후 1시부터 종로 중앙청년회관에서 열렸다. 총회에서는 사업 계획을 확정하고 '이제 우리 조선인도 생존을 위해서는 대학의 설립을 빼고는 다른 길이 없도다. 만천하 동포에게 민립 대학의 설립을 제창하노니, 자매 형제는 모두 와서 성원하라.'라는 요지의 발기 취지서를 발표하였다.

① 중국의 5·4 운동에 영향을 주었다.
② 사립 학교령 공포의 계기가 되었다.
③ 이상재 등이 모금 활동을 주도하였다.
④ 통감부의 방해와 탄압으로 실패하였다.
⑤ 여성 교육의 중요성을 강조한 여권통문을 발표하였다.

 결정적 힌트 조선 민립 대학 기성회, 민립 대학의 설립

정답 ③

자료에서 '조선 민립 대학 기성회', '민립 대학의 설립' 등을 통해 보도된 민족 운동이 민립 대학 설립 운동임을 알 수 있다.
3·1 운동 이후 일제는 제2차 조선 교육령을 발표하여 대학 설립을 허가하였지만, 한국인에 대한 교육은 여전히 초등 교육과 실업 교육으로 한정시켰다. 이에 이상재 등은 우리 민족의 힘으로 대학을 설립하려는 민립 대학 설립 운동을 전개하였다.
③ 이상재 등은 조선 민립 대학 기성회를 중심으로 민립 대학 설립 운동을 전개하였다.

관련 기출선지 모아보기
1. 일제에 의해 경성 제국 대학이 설립되었다.
2. 인재 육성의 일환으로 민립 대학 설립 운동을 전개하였다.
3. [구호] 한민족 1천만이 한 사람이 1원씩

02

밑줄 그은 '이 운동'에 대한 설명으로 옳은 것은?

이것은 '학생의 날' 기념우표이다. 학생의 날은 1929년 한일 학생 간 충돌을 계기로 광주에서 일어나 전국으로 확산된 이 운동을 기리기 위해 1953년에 제정되었다. 우표는 이 운동의 기념탑과 당시 학생들의 울분을 함께 형상화하여 도안되었다. 학생의 날은 2006년부터 '학생 독립운동 기념일'로 명칭이 변경되었다.

① 조선 형평사를 중심으로 전개되었다.
② 순종의 인산일을 기회로 삼아 추진되었다.
③ 대한민국 임시 정부 수립에 영향을 주었다.
④ 국내에서 민족 유일당 운동이 시작되는 계기가 되었다.
⑤ 신간회 중앙 본부가 진상 조사단을 파견하여 지원하였다.

 결정적 힌트 1929년, 한일 학생 간 충돌, 광주

정답 ⑤

자료에서 '1929년 한·일 학생 간 충돌을 계기로 광주에서 일어나' 등을 통해 밑줄 그은 '이 운동'이 광주 학생 항일 운동임을 알 수 있다.
전남 광주로 통학하는 열차에서 일본 남학생이 한국 여학생을 희롱한 사건을 계기로 한·일 학생 사이에 충돌이 일어났다. 경찰과 교육 당국이 일본인 학생만 두둔하자 광주 등지의 학생들은 민족 차별 중지와 식민지 교육 제도 철폐를 요구하며 궐기하였고, 전국 규모의 항일 투쟁으로 확대되었다.
⑤ 신간회는 진상 조사단을 파견하여 광주 학생 항일 운동을 지원하고 민중 대회를 개최하고자 하였다.

관련 기출선지 모아보기
1. 신간회에서 진상 조사단을 파견하여 지원하였다.
2. 한국인 학생과 일본인 학생 간의 충돌에서 비롯되었다.
3. 성진회와 각 학교 독서회에 의해 전국적으로 확산되었다.

41 실력 양성 운동, 학생 항일 운동
42 민족 유일당 운동, 사회적 민족 운동

03

(가) 단체의 활동으로 옳은 것은?

[역사 다큐멘터리 기획안]

　　　(가)　　　, 좌우가 힘을 합쳐 창립하다

■ 기획 의도
　일제 강점기 최대 규모의 사회단체인 　(가)　 에 대한 다큐멘터리를 제작하여 그 역사적 의미를 살펴본다.

■ 장면별 구성 내용
　- 정우회 선언을 작성하는 장면
　- 이상재가 회장으로 추대되는 장면
　- 전국 주요 도시에 지회가 설립되는 장면
　- 순회 강연단을 조직하고 농민 운동을 지원하는 장면

① 평양에 자기 회사를 설립하였다.
② 2·8 독립 선언서를 작성하여 발표하였다.
③ 제국신문을 발행하여 민중 계몽에 힘썼다.
④ 어린이날을 제정하고 잡지 어린이를 간행하였다.
⑤ 광주 학생 항일 운동에 진상 조사단을 파견하였다.

결정적 힌트 일제 강점기 최대 규모의 사회단체, 정우회 선언, 이상재

정답 ⑤
자료에서 일제 강점기 최대 규모의 사회단체라고 한 점, 다큐멘터리 구성 내용에 정우회 선언의 작성 장면과 이상재가 회장으로 추대되는 장면, 전국의 지회 설립 장면 등이 제시되어 있는 점 등을 통해 (가) 단체가 신간회임을 알 수 있다.
⑤ 신간회는 1929년 광주 학생 항일 운동에 진상 조사단을 파견하였다.

관련 기출선지 모아보기
1. 사회주의 세력의 활동 방향을 밝힌 정우회 선언이 발표되었다.
2. 정우회 선언의 영향으로 결성되었다.
3. 민족 유일당 운동의 일환으로 신간회가 창립되었다.

04

밑줄 그은 '이 운동'에 대한 설명으로 옳은 것은?

진주에 있는 이곳은 독립운동가 강상호 선생의 묘입니다. 그는 '공평은 사회의 근본이요, 애정은 인류의 본령'이라는 취지 아래 백정에 대한 권익 보호를 목적으로 전개된 이 운동에 앞장섰습니다.

① 어린이날을 정하고 잡지 어린이를 발간하였다.
② 조선 형평사를 조직하여 사회적 차별에 맞섰다.
③ 계몽 서적의 보급을 위해 태극 서관을 설립하였다.
④ 일제가 이른바 문화 통치를 실시하는 결과를 가져왔다.
⑤ 라이징 선 석유 회사의 조선인 구타 사건을 계기로 시작되었다.

결정적 힌트 진주, 백정에 대한 권익 보호

정답 ②
자료의 '진주', '백정에 대한 권익 보호를 목적으로 전개' 등을 통해 밑줄 그은 '이 운동'이 형평 운동임을 알 수 있다.
1894년 갑오개혁으로 법적인 신분 제도는 폐지되었으나 백정에 대한 사회적 편견이나 차별은 여전하였다. 이에 백정들은 신분 차별과 멸시를 타파하고자 경상남도 진주에서 조선 형평사를 조직하여(1923) 형평 운동을 전개하였다.
② 백정들은 진주에서 조선 형평사를 조직하고 형평 운동을 전개하였다.

관련 기출선지 모아보기
1. 백정에 대한 차별 철폐를 요구하는 조선 형평사가 창립되었다.
2. 진주에서 시작되어 전국으로 확산되었다.
3. 조선 형평사를 중심으로 전개되었다.

43 민족 문화 수호 운동

| 일제 강점기

3개년 16회 중 7번 출제

찐 TIP

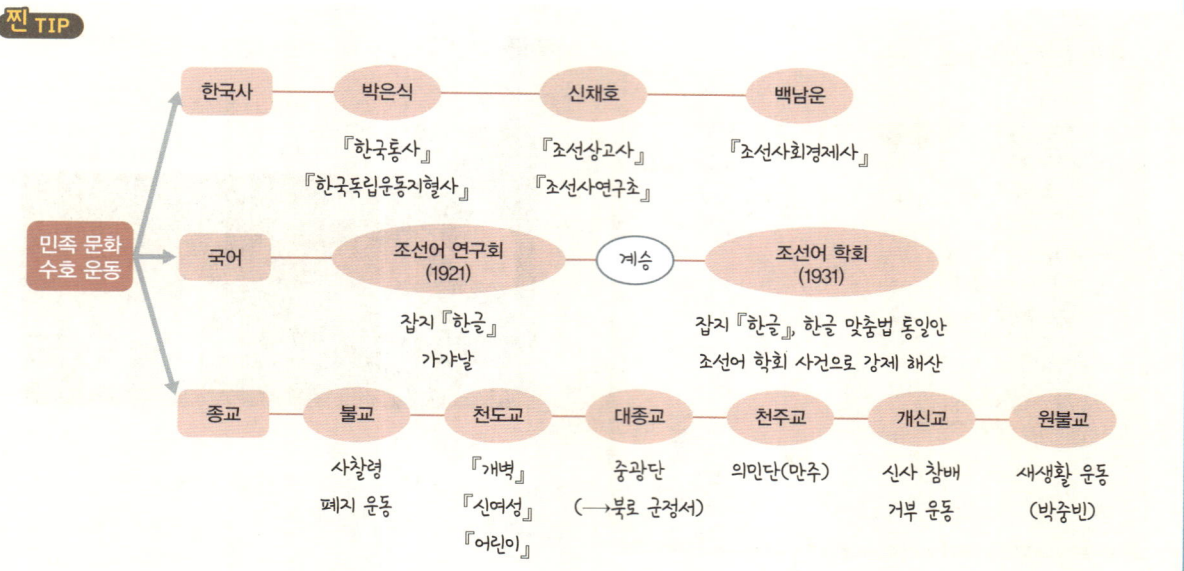

BIG DATA 민족 문화를 수호하기 위한 노력

한국사	일제의 한국사 왜곡	조선사 편수회 조직 → 식민 사학의 논리에 맞게 『조선사』 편찬
	한국사 연구	• 박은식: '혼' 강조, 『한국통사』・『한국독립운동지혈사』 저술 → "나라는 형체이고 역사는 정신이다." • 신채호: 낭가 사상, 『조선상고사』・『조선사연구초』 저술 → "역사는 아(我)와 비아(非我)의 투쟁" → 민족주의 사학 • 정인보, 안재홍, 문일평 등: 조선학 운동 전개(『여유당전서』 간행) • 백남운: 『조선사회경제사』・『조선봉건사회경제사』 저술 → "우리 역사는 세계사의 발전 과정과 같은 궤" → 사회 경제 사학 • 이병도, 손진태 등: 진단 학회 창립, 『진단학보』 발행 → 실증주의 사학
국어		• 조선어 연구회: '가갸날' 제정, 『한글』 발행 • 조선어 학회: 한글 맞춤법 통일안・표준어 제정, 『한글』 발행, 『우리말 큰사전』 편찬 시도 → 조선어 학회 사건(1942)으로 강제 해산
종교		• 불교: 사찰령 폐지 운동 • 천도교: 『개벽』・『신여성』 발행, 『어린이』 등 발행하여 소년 운동 주도(by 방정환) • 대종교: 중광단 조직 → 북로 군정서, 무장 항일 투쟁 • 천주교: 의민단 조직(무장 항일 투쟁) • 원불교: 박중빈을 중심으로 새생활 운동 전개

문학		• 1920년대
		   - 신경향파 문학: 카프(KAPF) 결성
		   - 저항 문학: 한용운 「님의 침묵」
		 • 1930년대 이후: 저항 문학 - 이육사 「광야」・「절정」, 심훈 「그날이 오면」, 윤동주 「별 헤는 밤」・「서시」

예술・기타		• 나운규: 영화 '아리랑'(단성사에서 개봉) • 손기정: 베를린 올림픽 대회 마라톤 금메달, 일장기 말소 사건 → 동아일보, 조선중앙일보

이육사   심훈

대표발문 핵심선지

대표발문 기출자료 다음 가상 인터뷰의 주인공 or (가) 단체 or (가) 종교에 대한 설명으로 옳은 것은?

1 국혼을 강조하며 민족의식을 고취한 역사학자이자 독립운동가이다. …… 국권 피탈 과정을 정리한 『한국통사』를 저술하였다. 1925년에는 대한민국 임시 정부 제2대 대통령에 취임하였다. 정부에서는 그의 공훈을 기리어 건국훈장 대통령장을 추서하였다.

위와 관련된 인물은? → ㅂㅇㅅ

2 (가) 에서 조선말 사전 편찬을 위해 1929년부터 13년 동안 작성한 원고이다. 이 원고는 1942년 일제에 압수되었다가, 1945년 9월 서울역 창고에서 발견되었다.

위 (가)에 들어갈 단체는? → ㅈㅅㅇ ㅎㅎ

3 • 인물1: (가) 에서 설립한 출판사인 개벽사는 다양한 잡지를 발간했는데, 그 중에 별건곤을 소개해 주세요.
• 인물2: 별건곤은 개벽이 일제에 의해 폐간된 후 발간된 월간지입니다. 취미 잡지임을 표방했으나 시사 문제를 실어 기사가 삭제되기도 했습니다.

위 (가)에 들어갈 종교 단체는? → ㅊㄷㄱ

4 민족을 이끌 초인을 염원한 ○○○
• 생몰년: 1904~1944
• 생애 및 활동
본명은 이원록으로 경상북도 안동에서 태어났다. 1927년 조선은행 대구 지점 폭파 사건에 연루되어 옥고를 치른 그는 1932년 중국으로 건너가 김원봉이 세운 조선 혁명 군사 정치 간부 학교 제1기생으로 입교하여 독립운동에 힘썼다.

위 ○○○에 들어갈 인물은? → ㅇㅇㅅ

핵심선지 인물·단체·종교에 대한 빈출 자료와 선지가 번갈아 출제되는 편! 사학자별, 국어 단체별, 종교별로 묶어 구분 지을 줄 알아야 함!

1 정인보·안재홍·문일평 등은 조선학 운동을 전개하여 (**조선사회경제사**, **여유당전서**)를 간행하였다.

2 (**조선어 학회**, **진단 학회**)는 한글 맞춤법 통일안과 표준어를 제정하였다.

3 (**천도교**, **천주교**)는 개벽, 신여성 등의 잡지를 간행하여 민족의식을 높였다.

4 (**윤동주**, **나운규**)가 제작한 영화 아리랑이 처음 개봉되었다.

OX 스피드퀴즈

01 신채호는 한국독립운동지혈사에서 독립 투쟁 과정을 서술하였다. (○, ×)
02 신채호는 고대사 연구를 바탕으로 조선상고사를 저술하였다. (○, ×)
03 정인보·안재홍·문일평은 여유당전서를 간행하고 조선학 운동을 주도하였다. (○, ×)
04 백남운은 조선사회경제사에서 식민 사학의 정체성 이론을 반박하였다. (○, ×)
05 이병도·손진태 등은 진단 학회를 설립하여 민족주의 사학을 발전시켰다. (○, ×)
06 조선어 연구회는 가갸날을 제정하고 기관지인 한글을 발행하였다. (○, ×)
07 최현배·이윤재 등은 조선어 학회를 창립하여 한글을 연구하였다. (○, ×)
08 조선어 연구회·조선어 학회는 잡지 한글의 간행을 주도하였다. (○, ×)
09 조선어 학회는 한글 맞춤법 통일안과 표준어를 제정하였다. (○, ×)
10 천주교는 개벽, 신여성 등의 잡지를 간행하여 민족의식을 높였다. (○, ×)
11 천도교는 중광단을 조직하여 무장 투쟁을 전개하였다. (○, ×)
12 천주교는 만주에서 의민단을 조직하여 무장 투쟁을 전개하였다. (○, ×)
13 원불교는 박중빈을 중심으로 새마을 운동을 추진하였다. (○, ×)
14 나운규가 제작한 영화 아리랑이 처음 개봉되었다. (○, ×)
15 동아일보·조선중앙일보는 일장기를 삭제한 손기정 사진을 게재하였다. (○, ×)

정답 | 자료 1 박은식 2 조선어 학회 3 천도교 4 이육사
선지 1 여유당전서 2 조선어 학회 3 천도교 4 나운규

정답 | 01 ×(박은식) 02 ○ 03 ○ 04 ○ 05 ×(실증주의 사학) 06 ○ 07 ○ 08 ○ 09 ○ 10 ×(천도교) 11 ×(대종교) 12 ○ 13 ×(새생활 운동) 14 ○ 15 ○

44 통일 정부 수립 노력, 6·25 전쟁

| 현대

62%
3개년 16회 중 10번 출제

찐 TIP

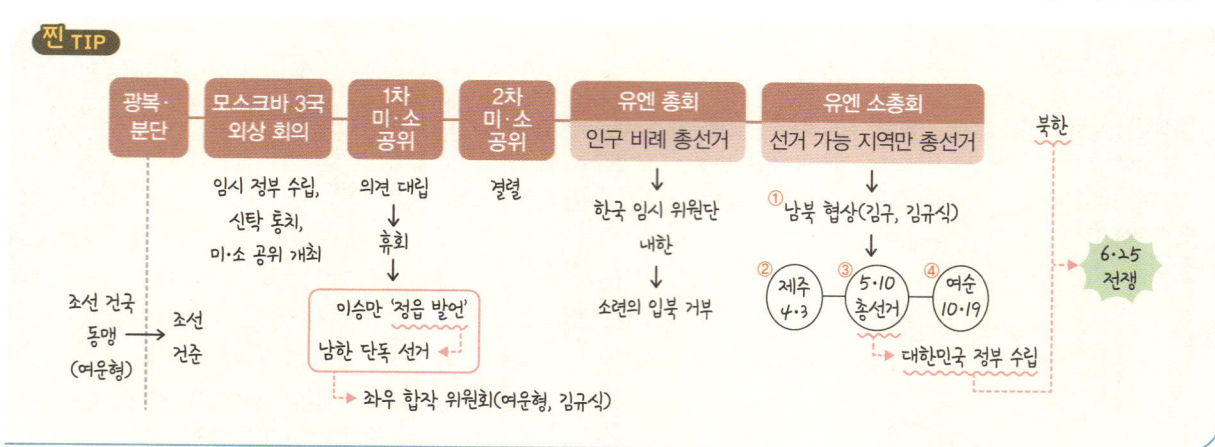

BIG DATA 8·15 광복과 대한민국 정부 수립

광복 직전
조선 건국 동맹(1944): 일본의 패망 직전에 여운형 등이 광복에 대비하기 위해 조직한 비밀 결사

8·15 광복
- 조선 건국 동맹을 기반(여운형 중심)으로 조선 건국 준비 위원회 조직 → 조선 인민 공화국 수립
- 미군정 시기 일제의 귀속 재산 관리를 위해 신한 공사 설립

국제 사회의 개입
모스크바 3국 외상 회의 개최(결정: 민주주의 임시 정부 수립, 미·소 공동 위원회 설치, 최고 5년 기한 4개국의 한반도 신탁 통치 결정) → 제1차 미·소 공동 위원회 → 결렬 → 이승만의 정읍 발언(남한만의 단독 정부 수립 주장)

좌우 합작 운동
여운형과 김규식 등 중도 세력을 중심으로 좌우 합작 위원회 결성 → 좌우 합작 7원칙 발표

유엔 개입
제2차 미·소 공동 위원회 결렬 → 미국이 한국 문제 유엔 상정 → 유엔 총회에서 인구 비례에 의한 총선거 실시 결의 → 유엔 한국 임시 위원단 내한(소련은 위원단의 입북 거부) → 유엔 소총회에서 사실상 남한만의 단독 총선거(5·10 총선거) 결의

남북 협상
남한만의 단독 선거 움직임 → 남북 협상(김구, 김규식) → 전 조선 제정당·사회단체 지도자 협의회가 성명서 발표

대한민국 정부 수립
- 정부 수립 과정에서의 갈등: 제주 4·3 사건, 여수·순천 10·19 사건
- 정부 수립 과정: 5·10 총선거 → 제헌 헌법 공포 → 대한민국 정부 수립(대통령 이승만, 부통령 이시영)

BIG DATA 6·25 전쟁

배경
애치슨 선언(미국의 태평양 방위선에서 한반도 제외), 남한에서 미군 철수

전개 과정
북한군의 남침 → 서울 함락 → 유엔군 파병 → 인천 상륙 작전 → 서울 수복 후 압록강까지 진출 → 중국군 개입 → 흥남 철수 작전 → 1·4 후퇴 → 38도선 중심으로 전선 교착 → 정전 회담 시작(포로 송환 방식 문제 등으로 갈등) → 이승만 정부의 반공 포로 석방 → 판문점에서 정전 협정 체결 → 한·미 상호 방위 조약 체결

대표발문 핵심선지

대표발문 기출자료 (가), (나) 사이의 시기에 있었던 사실로 옳은 것은?

1. 군정 장관 아놀드 소장은 12월 29일 오전 10시 30분 군정청 제1회의실에서 신문 기자단과 회견하고 신탁 통치에 관한 질문에 대략 다음과 같은 견해를 표명하고 일문일답을 하였다. "…… 신탁 통치는 조선 임시 민주 정부를 수립코자 함이 목적일 것이다. …… 4개국을 믿고 있는 중에 직무에 충실하여야 한다."
   위 내용의 배경이 되는 회의는? → **ㅁㅅㅋㅂ 3ㄱ ㅇㅅ 회의**

2. 1. 조선의 민주 독립을 보장한 삼상 회의 결정에 의하여 남북을 통한 좌우 합작으로 민주주의 임시 정부를 수립할 것
   4. 친일파 민족 반역자를 처리할 조례를 본 합작 위원회에서 입법 기구에 제안하여 입법 기구로 하여금 심리 결정하여 실시케 할 것
   위 내용과 관련된 운동은? → **ㅈㅇ ㅎㅈ 운동**

3. 군사적 안전 보장의 입장에서 볼 때 태평양 지역의 정세 및 이 지역에 대한 미국의 정책은 어떤 것인가. 태평양 지역 방위선은 알류샨 열도에서 일본을 거쳐 오키나와, 필리핀 군도로 이어진다.
   위와 관련된 선언은? → **ㅇㅊㅅ 선언**

4. 이것은 국군과 유엔군이 인천 상륙 작전 이후 10여 일 만에 서울을 수복한 사실을 알리는 전단지입니다. 뒷면에는 맥아더 장군이 서울을 탈환하여 적의 보급선을 끊었으며, 앞으로 힘을 합쳐 공산군을 끝까지 몰아내자는 내용이 있습니다. 이 서울 수복 이후에 있었던 사실을 말해 볼까요?
   위와 관련된 전쟁은? → **ㅁ·ㅁ 전쟁**

핵심 선지 5·10 총선거 전후로 사건의 흐름을 순서대로 기억하는 것이 키포인트!
6·25 전쟁의 굵직굵직한 사건을 순서대로 기억할 것!

1. 여운형 등은 일제의 패망과 광복에 대비하여 (**조선 건국 동맹** , 좌우 합작 위원회)을/를 결성하였다.
2. 남한만의 단독 정부 수립을 주장한 (남북 협상 , **정읍 발언**)이 제기되었다.
3. 우리나라 최초의 (제한 선거 , **보통 선거**)인 5·10 총선거가 실시되었다.
4. 정전 협정 후 한·(**미** , 일) 상호 방위 조약을 체결하였다.

OX 스피드퀴즈

01 여운형은 일제의 패망과 광복에 대비하여 비밀 결사인 좌우 합작 위원회를 결성하였다. (○ , ×)

02 여운형이 중심이 되어 조선 건국 준비 위원회를 조직하였다. (○ , ×)

03 조선 건국 준비 위원회는 조선 인민 공화국을 수립하고 전국 각 지역에 인민 위원회를 조직하였다. (○ , ×)

04 미 군정 시기에 귀속 재산 관리를 위해 신한 공사가 설립되었다. (○ , ×)

05 광복 이후 모스크바 3국 외상 회의가 개최되었다. (○ , ×)

06 제1차 미·소 공동 위원회가 결렬되었다. (○ , ×)

07 김구가 정읍에서 남한만의 단독 정부 수립을 주장하였다. (○ , ×)

08 여운형·김규식 등 중도 세력을 중심으로 좌우 합작 위원회가 결성되었다. (○ , ×)

09 유엔 소총회에서 남한만의 단독 총선거가 결의되었다. (○ , ×)

10 김구·이승만이 분단을 막기 위해 남북 협상에 참석하였다. (○ , ×)

11 1948년 우리나라 최초의 보통 선거인 5·10 총선거가 실시되었다. (○ , ×)

12 북한의 전면적인 남침으로 6·25 전쟁이 발발하였다. (○ , ×)

13 정전 협정 중 포로 송환 문제로 체결이 지연되었다. (○ , ×)

14 정전 협정 과정에서 한·미 상호 방위 조약을 체결하였다. (○ , ×)

정답 | 자료 1 모스크바 3국 외상 2 좌우 합작 3 애치슨 4 6·25
선지 1 조선 건국 동맹 2 정읍 발언 3 보통 선거 4 미

정답 | 01 ×(조선 건국 동맹) 02 ○ 03 ○ 04 ○
05 ○ 06 ○ 07 ×(이승만) 08 ○ 09 ○
10 ×(김구·김규식) 11 ○ 12 ○ 13 ○
14 ×(정전 협정 이후)

대표 기출문제

01
다음 인물에 대한 설명으로 옳은 것은?

> **이달의 역사 인물**
> 혼이 보존되면 국가는 부활할 것이다
> ○○○(1859~1925)
>
> 국혼을 강조하며 민족의식을 고취한 역사학자이자 독립운동가이다. 일찍부터 민족 교육의 중요성을 인식하여 서우학회에서 애국 계몽 운동을 펼쳤으며, 국권 피탈 과정을 정리한 『한국통사』를 저술하였다. 1925년에는 대한민국 임시 정부 제2대 대통령에 취임하였다. 정부에서는 그의 공훈을 기리어 건국훈장 대통령장을 추서하였다.

① 진단 학회를 창립하고 진단학보를 발행하였다.
② 여유당전서를 간행하고 조선학 운동을 전개하였다.
③ 헤이그에서 열린 만국 평화 회의에 특사로 파견되었다.
④ 평양에서 조선 물산 장려회 발기인 대회를 개최하였다.
⑤ 실천적인 유교 정신을 강조하는 유교 구신론을 저술하였다.

결정적 힌트 국혼, 한국통사, 대한민국 임시 정부 제2대 대통령

정답 ⑤
자료에서 '국혼 강조', 『한국통사』 저술, '대한민국 임시 정부 제2대 대통령' 등을 통해 설명하고 있는 인물이 박은식임을 알 수 있다.
박은식은 민족주의 사학자이자 독립운동가이다. 그는 일본의 침략 과정을 서술한 『한국통사』와 우리 민족의 독립 투쟁 과정을 정리한 『한국독립운동지혈사』를 저술하였다.
⑤ 박은식은 실천적 유교 정신을 강조하는 논문인 「유교 구신론」을 저술하였다.

관련 기출선지 모아보기
1. 박은식은 한국통사를 저술하고 민족주의 사학의 기초를 닦았다.
2. 신채호는 고대사 연구를 바탕으로 조선상고사를 저술하였습니다.
3. 정인보 · 안재홍 · 문일평 등은 여유당전서를 간행하고 조선학 운동을 주도하였다.

02
(가) 단체에 대한 설명으로 옳은 것은?

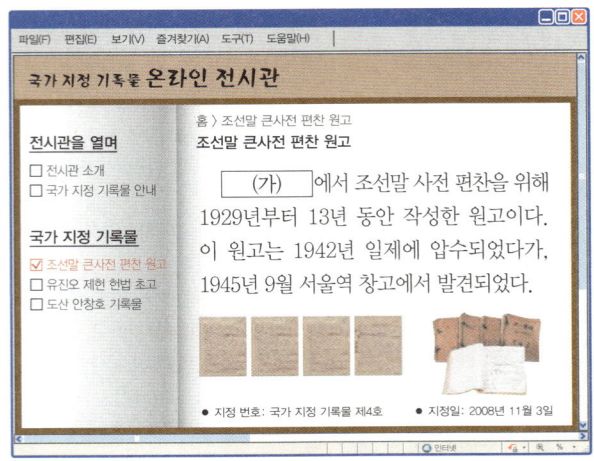

① 국어 문법서인 대한문전을 편찬하였다.
② 한글 맞춤법 통일안과 표준어를 제정하였다.
③ 우리말 음운 연구서인 언문지를 저술하였다.
④ 한글 연구를 목적으로 학부 아래에 설립되었다.
⑤ 주시경을 중심으로 국문을 정리하고 철자법을 연구하였다.

결정적 힌트 조선말 큰사전

정답 ②
자료에서 『조선말 큰사전』 편찬을 위한 원고가 제시되었다는 사실을 통해 (가) 단체가 조선어 학회임을 알 수 있다.
조선어 연구회를 계승한 조선어 학회는 『조선말(우리말) 큰사전』 편찬을 시도하였고, 한글 맞춤법 통일안과 표준어를 제정하였다. 이에 조선어 학회를 독립운동 단체로 여긴 일제의 탄압(조선어 학회 사건, 1942)으로 조직이 와해되었다.
② 조선어 학회는 한글 맞춤법 통일안과 표준어를 제정하였다.

관련 기출선지 모아보기
1. 잡지 한글의 간행을 주도하였다.
2. 최현배, 이윤재 등이 조선어 학회를 창립하여 한글을 연구하였다.
3. 조선어 학회 사건으로 최현배, 이극로 등이 투옥되었다.

03

(가), (나) 사이의 시기에 있었던 사실로 옳은 것은?

> (가) 본관(本官)은 본관에게 부여된 태평양 미국 육군 최고 지휘관의 권한을 가지고 조선 북위 38도 이남의 지역과 주민에 대하여 군정을 설립함. 따라서 점령에 관한 조선을 다음과 같이 포고함.
> 제1조 조선 북위 38도 이남의 지역과 동 주민에 대한 모든 행정권은 당분간 본관의 권한하에서 시행함.
>
> (나) 대한민국 임시 정부는 28일 김구와 김규식의 명의로 '4개국 원수에게 보내는 결의문'을 채택하고, 각계 대표 70여 명으로 신탁 통치 반대 국민 총동원 위원회를 결성하였다. 여기서 강력한 반대 투쟁을 결의하고 김구·김규식 등 9인을 위원회의 '장정위원'으로 선정하였다.

① 카이로 선언이 발표되었다.
② 조선 건국 동맹이 결성되었다.
③ 모스크바 삼국 외상 회의가 개최되었다.
④ 좌우 합작 위원회에서 좌우 합작 7원칙을 합의하였다.
⑤ 유엔 총회에서 인구 비례에 따른 남북한 총선거를 결의하였다.

결정적 힌트 38도 이남 군정, 신탁 통치 반대

정답 ③
(가) '38도 이남에 대하여 군정 설립' 등을 통해 미군이 한반도에 입성하면서 미군정을 선포한 1945년 9월임을 알 수 있다.
(나) '신탁 통치 반대' 등을 통해 모스크바 3국 외상 회의 이후 신탁 통치 반대 운동이 전개되고 있는 상황임을 알 수 있다.
③ 일제 패망 이후 미국, 영국, 소련은 한반도 문제를 논의하기 위하여 모스크바 3국 외상 회의를 실시하였다. 회의 결과 미국·영국·중국·소련에 의한 신탁 통치가 결정되자 많은 한국인들이 분노하였고 반탁 운동이 전개되었다.

관련 기출선지 모아보기
1. 제1차 미·소 공동 위원회는 임시 민주 정부 수립을 위한 협의에 참여할 단체의 범위를 두고 논쟁하였다.
2. 이승만이 정읍에서 남한만의 단독 정부 수립을 주장하였다.
3. 좌우 합작 위원회에서 좌우 합작 7원칙이 발표되었다.

04

(가), (나) 사이의 시기에 있었던 사실로 옳은 것은?

> (가) 군사적 안전 보장의 입장에서 볼 때 태평양 지역의 정세 및 이 지역에 대한 미국의 정책은 어떤 것인가. 태평양 지역 방위선은 알류샨 열도에서 일본을 거쳐 오키나와, 필리핀 군도로 이어진다.
>
> (나) 상호적 합의에 의하여 미합중국의 육군, 해군과 공군을 대한민국의 영토 내와 그 부근에 배치하는 권리를 대한민국은 허락해주고 미합중국은 수락한다.

① 좌우 합작 위원회가 출범하였다.
② 여수 순천 10·19 사건이 일어났다.
③ 미국 의회에서 트루먼 독트린이 발표되었다.
④ 베트남 파병에 관한 브라운 각서가 체결되었다.
⑤ 거제도 포로 수용소에 있던 반공 포로가 석방되었다.

결정적 힌트 태평양 지역 방위선, 미합중국의 육군 배치

정답 ⑤
(가) '태평양 지역 방위선'을 통해 1950년 1월 미국 국무장관 애치슨이 발표한 애치슨 선언임을 알 수 있다. 여기서 애치슨은 미국의 태평양 방위선에서 한국을 제외하였다.
(나) '미합중국의 군대가 대한민국에 배치'를 통해 1953년 10월에 체결된 한·미 상호 방위 조약임을 알 수 있다. 정전 협정 체결 직후인 1953년 10월에 한·미 상호 방위 조약이 체결되었다.
⑤ 정전 협정이 진행 중이던 1953년 6월, 이승만은 거제도에 수용되어 있던 반공 포로를 석방시켰다.

관련 기출선지 모아보기
1. 북한의 전면적인 남침으로 6·25 전쟁이 발발하였다.
2. 판문점에서 6·25 전쟁 정전 협정이 조인되었다.
3. 한·미 상호 방위 조약을 체결하였다.

45 이승만 정부

| 현대

56%
3개년 16회 중 9번 출제

찐 TIP

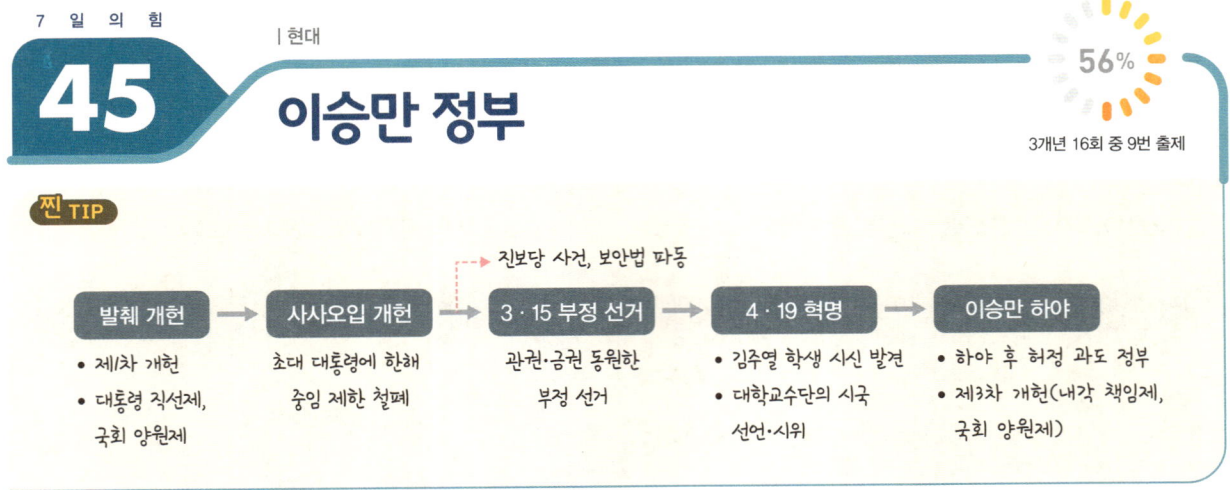

BIG DATA 이승만 정부의 정치와 4·19 혁명

제헌 국회의 활동
- 반민족 행위 처벌법(반민법) 제정(1948. 9.) → 반민족 행위 특별 조사 위원회(반민 특위) 설치 → 이승만 정부의 방해(국회 프락치 사건, 반민 특위 습격 사태 등) → 반민 특위 활동 기간 축소 → 반민 특위 해체(친일파 청산 실패)
- 농지 개혁법 제정(1949. 6.): 유상 매수·유상 분배 원칙 → 자작농 증가

발췌 개헌(1952)
- 이승만 정부의 자유당 창당 → 자유당이 정권 연장을 위해 대통령 직선제 개헌 추진 → 제1차 개헌(발췌 개헌)
- 개헌 부결 → 비상계엄령 선포 → 국회 의원이 탄 통근 버스 강제 연행 → 기립 표결로 통과

사사오입 개헌 (1954)
- 자유당이 사사오입의 논리를 내세움 → 개헌안 통과
- 초대 대통령에 한해 중임 제한 철폐 → 제2차 개헌(사사오입 개헌)
- 이승만이 제3대 대통령으로 선출(1956)

  기출자료 자유당은 당시 대통령에 한하여 중임 제한을 적용하지 않는다는 내용을 골자로 하는 개헌을 추진하였다.

자유당의 위기
1956년 선거에서 무소속 조봉암의 선전 → 진보당 창당 → 자유당 정권의 위기감 고조 → 진보당 사건(진보당 탄압, 이후 조봉암 처형) → 보안법 파동(신국가 보안법 제정), 경향신문 폐간

4·19 혁명 (1960)

배경	3·15 부정 선거
전개	부정 선거 규탄 시위 → 김주열 학생의 시신 발견(마산) → 시위 전국 확산 → 대학교수단의 시국 선언 및 시위 ('학생들의 피에 보답하라') → 이승만 대통령 하야
결과	허정 과도 정부 수립 → 내각 책임제(의원 내각제), 국회 양원제(→ 참의원, 민의원)를 내용으로 하는 헌법 개정(제3차 개헌)

  기출자료 오늘은 부정 선거를 규탄하는 시위에 가담했다가 실종되었던 마산상고 김주열 학생의 사망이 확인된 날이다. 그가 눈에 최루탄을 맞은 상태로 마산 앞바다에서 발견된 이 사건을 계기로 시민들의 시위가 전국적으로 확산되었다.

장면 내각 수립
- 제3차 개헌에 의거한 선거를 통해 장면 내각 성립(대통령 윤보선, 국무총리 장면)
- 경제 개발 5개년 계획 수립(추진 X)

BIG DATA 이승만 정부 시기의 경제

이승만 정부의 경제
- 한·미 원조 협정 체결(1948), 귀속 재산 처리법 제정(1949)
- 미국으로부터 온 원조 물자(밀가루·설탕·면화)를 가공하는 삼백 산업(제분·제당·면방직) 발달

  기출자료 대한민국 정부는 …… 미합중국 정부에 재정적, 물질적, 기술적 원조를 요청하였으며, 미합중국 의회는 …… 대한민국 국민에게 원조를 제공할 권한을 미합중국 대통령에게 부여하였고 …….

대표발문 핵심선지

대표발문 기출자료: (가), (나) 사이의 시기에 있었던 사실 or 밑줄 그은 '사건' 이후의 사실 or (가)에 들어갈 내용으로 옳은 것은?

1 독립운동가이자 유학자인 김창숙 선생이 오늘 기자 회견을 열었습니다. 회견에서 선생은 자유당이 강도적으로 통과시킨 보안법은 무효이며, 과거 부산 정치 파동 때와 같이 반독재 구국 범국민 투쟁을 전개해야 한다며 여생을 민주주의를 위하여 바치겠다는 결의를 표명하였습니다.

위와 관련된 정부는? → **ㅇㅅㅁ 정부**

2 제7조의2 대한민국의 주권의 제약 또는 영토의 변경을 가져올 국가 안위에 관한 중대 사항은 국회의 가결을 거친 후에 국민 투표에 부하여 민의원 의원 선거권자 3분지 2 이상의 투표와 유효 투표 3분지 2 이상의 찬성을 얻어야 한다.
제55조 대통령과 부통령의 임기는 4년으로 한다. 단, 재선에 의하여 1차 중임할 수 있다. ……
부칙 …… 이 헌법 공포 당시의 대통령에 대하여는 제55조 제1항 단서의 제한을 적용하지 아니한다.

위 조항이 포함된 개헌은? → **ㅅㅅㅇㅇ 개헌(제2차 개헌)**

3 [4월 11일] 오늘은 부정 선거를 규탄하는 시위에 가담했다가 실종되었던 마산상고 김주열 학생의 사망이 확인된 날이다. 그가 눈에 최루탄을 맞은 상태로 마산 앞바다에서 발견된 이 사건을 계기로 시민들의 시위가 전국적으로 확산되었다.

위 밑줄 그은 '이 사건'과 관련된 시위는? → **ㅁ·ㅁ ㅎㅁ**

핵심 선지: 4·19 혁명의 원인과 결과를 기억하는 것이 핵심!
제헌 국회의 활동과 각 개헌의 내용이 중요!

1 (유상 , 무상) 매수, (유상 , 무상) 분배 원칙의 농지 개혁법이 제정되었다.
2 조봉암이 혁신 세력을 규합하여 (자유당 , **진보당**)을 창당하였다.
3 4·19 혁명은 양원제 국회와 (허정 , **장면**) 내각이 출범하는 계기가 되었다.
4 (**일제** , 미국)이/가 남긴 재산 처리를 위하여 귀속 재산 처리법이 제정되었다.

OX 스피드퀴즈

01 제헌 국회는 친일파를 청산하고자 반민법을 제정하였다. (O , ×)
02 자유당이 정권 연장을 위해 간선제 개헌안을 통과시켰다. (O , ×)
03 발췌 개헌은 계엄령 아래 국회에서 기립 표결로 통과되었다. (O , ×)
04 사사오입 개헌으로 초대 대통령에 한해 중임 제한이 철폐되었다. (O , ×)
05 평화 통일론을 주장한 자유당의 조봉암이 구속되었다. (O , ×)
06 이승만 정부는 정부에 비판적인 경향신문을 폐간하는 등 언론을 통제하였다. (O , ×)
07 야당 대통령 후보 당선을 위해 3·15 부정 선거를 자행하였다. (O , ×)
08 이승만 대통령 하야를 요구하며 대학교수단이 시위행진을 벌였다. (O , ×)
09 이승만 대통령 하야 후 허정을 수반으로 하는 과도 정부가 수립되었다. (O , ×)
10 허정 과도 정부 수립 후 의원 내각제를 골자로 하는 개헌이 이루어졌다. (O , ×)
11 4·19 혁명 이후 민의원, 참의원의 양원제 국회가 출범하였다. (O , ×)
12 이승만 정부 때 일제가 남긴 재산 처리를 위하여 귀속 재산 처리법이 제정되었다. (O , ×)
13 이승만 정부 때 원조 물자를 가공하는 삼백 산업이 발달하였다. (O , ×)
14 장면 정부는 경제 제일주의에 따라 경제 개발 5개년 계획안을 처음 마련하였다. (O , ×)

정답 | 자료 1 이승만 2 사사오입 3 4·19 혁명
선지 1 유상, 유상 2 진보당 3 장면 4 일제

정답 | 01 O 02 ×(직선제 개헌안) 03 O 04 O 05 ×(진보당) 06 O 07 ×(여당) 08 O 09 O 10 O 11 O 12 O 13 O 14 O

46 박정희 정부 | 현대

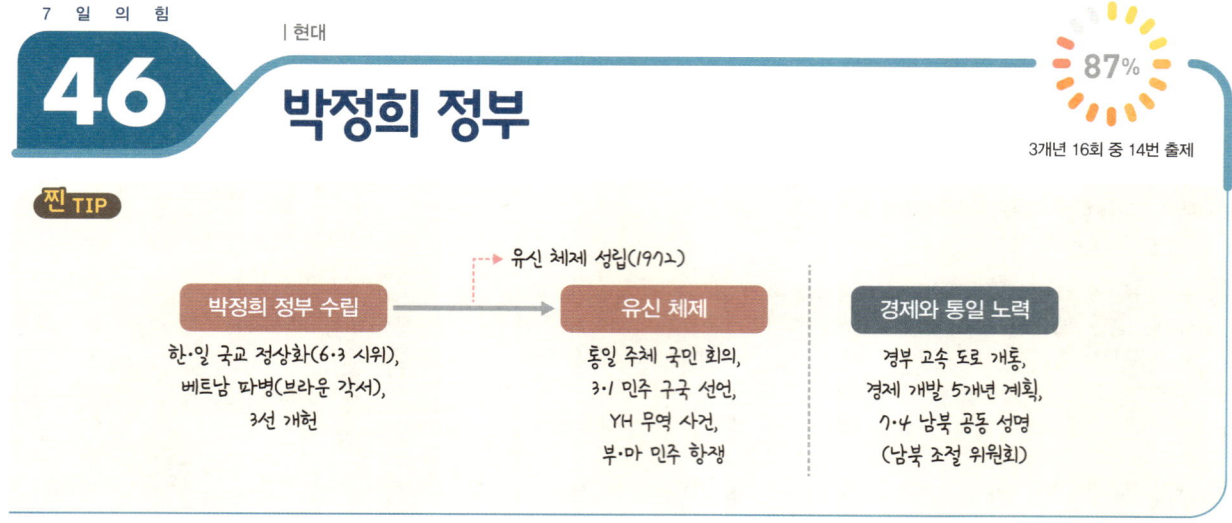

BIG DATA 박정희 정부의 수립과 유신 체제

5·16 군사 정변
장면 내각 붕괴, 국가 재건 최고 회의 출범, 중앙정보부 설치

한·일 국교 정상화
경제 개발에 필요한 자금 마련을 위해 추진 → 굴욕적인 대일 외교 반대를 주장하는 6·3 시위(1964) → 정부의 비상계엄령 선포 → 한·일 협정(한·일 기본 조약) 체결(1965)

베트남 파병
- 목적: 경제 개발에 필요한 자금 마련
- 브라운 각서 체결: 미국이 한국군 현대화, 한국 기업의 베트남 진출 지원, 차관 제공 등 약속

3선 개헌
대통령의 장기 집권 목적 → 대통령 3회 연임 허용 개헌안 통과

유신 체제
- 성립
  - 비상계엄령 선포 → 비상 국무 회의에서 헌법 개정안 의결 → 국민 투표 → 유신 헌법 공포
  - 통일 주체 국민 회의: 대통령 선출(박정희) → 국회 의원 정수의 3분의 1 선출권, 긴급 조치권 등
- 저항: 개헌 청원 100만 인 서명 운동(유신 철폐 요구), 3·1 민주 구국 선언(긴급 조치 철폐 요구)
- 붕괴: YH 무역 사건 → 부·마 민주 항쟁 → 10·26 사태(박정희 대통령 피살)

기출자료 제39조 ① 대통령은 통일 주체 국민 회의에서 토론 없이 무기명 투표로 선거한다.
제59조 ① 대통령은 국회를 해산할 수 있다.

BIG DATA 박정희 정부 시기의 경제·사회와 통일 노력

경제
- 제1·2차 경제 개발 5개년 계획: 경공업 위주, 경부 고속 도로 개통(1970), 수출 위주 경제 성장
- 제3·4차 경제 개발 5개년 계획: 중화학 공업 위주, 포항 제철소 준공, 연간 수출액 100억 달러 달성(최초), 1970년대 말 제2차 석유 파동으로 경제 불황 심화
- 새마을 운동 시작(1970), 서독에 광부와 간호사 파견

기출자료 이것은 당시 정부가 100억 달러 수출 달성을 축하하고자 광화문 사거리에 설치한 조형물입니다.

사회
미니스커트·장발 단속, 가정 의례 준칙 제정, 전태일이 근로 기준법 준수를 외치며 분신(전태일 분신 사건, 1970)

통일 노력
7·4 남북 공동 성명 발표(자주·평화·민족적 대단결 합의) → 남북 조절 위원회 구성

대표발문 핵심선지

대표발문 기출자료 (가), (나) 사이의 시기에 있었던 사실 **or** 다음 정부의 경제 정책 **or** 다음 정부 시기의 사실로 옳은 것은?

1 국군 장교가 위원으로 선출되었으며, 3권을 장악하고 국회의 권한을 행사하는 최고 통치 기구인 국가 재건 최고 회의가 출범하였다.
　　　　　　　　　　위 내용의 배경이 되는 사건은? → ㅁ·ㅁ ㄱㅅ ㅈㅂ

2 제39조 ① 대통령은 통일 주체 국민 회의에서 토론 없이 무기명 투표로 선거한다.
제40조 ① 통일 주체 국민 회의는 국회 의원 정수의 3분의 1에 해당하는 수의 국회 의원을 선거한다.
제47조 대통령의 임기는 6년으로 한다.
제59조 ① 대통령은 국회를 해산할 수 있다.
　　　　　　　　　　위와 관련된 헌법은? → ㅇㅅ ㅎㅂ(제7차 개정 헌법)

3 이것은 제2차 경제 개발 5개년 계획 도표로서 분야별 주요 계획, 국토 건설 현황 등이 그림과 그래프로 표현되어 있습니다. 이 계획이 실시된 시기의 경제 상황에 대해 말해 볼까요?
　　　　　　　　　　위 시기와 관련된 정부는? → ㅂㅈㅎ 정부

4 이 노래는 새마을 운동을 처음 시작한 정부에서 보급한 것입니다. 새마을 운동은 도시와 농촌의 균형 있는 발전을 목표로 근면, 자조, 협동을 구호로 내걸었습니다. 이 정부 시기의 경제 상황에 대해 말해 볼까요?
　　　　　　　　　　새마을 운동을 처음 시작한 정부는? → ㅂㅈㅎ 정부

핵심선지 역대 정부 중 가장 출제율이 높은 주제이니 만큼 박정희 정부 시기의 주요 사건을 꼼꼼히 정리해두는 것이 중요!

1 6·3 시위는 한·(**중** , **일**) 국교 정상화에 반대하여 일어났다.
2 3·1 민주 구국 선언을 통해 (**비상 계엄** , **긴급 조치**) 철폐 등을 요구하였다.
3 박정희 정부 때 경부 고속 (**도로** , **철도**)가 개통되었어요.
4 박정희 정부 때 (**7·4 남북 공동 성명** , **한반도 비핵화 공동 선언**)을 발표하였다.

OX 스피드퀴즈

01 5·16 군사 정변 후 국가 재건 최고 회의를 기반으로 군정이 실시되었다. (ㅇ , ×)
02 한·일 국교 정상화에 찬성하는 6·3 시위가 전개되었다. (ㅇ , ×)
03 박정희 정부 때 베트남 파병에 관한 브라운 각서가 체결되었다. (ㅇ , ×)
04 박정희 정부 때 장기 집권을 위한 3선 개헌안이 통과되었다. (ㅇ , ×)
05 박정희 정부 때 국회 해산과 헌법의 일부 효력 정지를 담은 유신이 선포되었다. (ㅇ , ×)
06 박정희 정부 때 의원 정수 3분의 2가 통일 주체 국민 회의에서 선출되었다. (ㅇ , ×)
07 3·1 민주 구국 선언을 통해 긴급 조치 철폐 등을 요구하였다. (ㅇ , ×)
08 박정희 정부는 YH 무역 노동자들의 농성을 강경 진압하였다. (ㅇ , ×)
09 5·16 군사 정변에 저항하여 부산, 마산 등지에서 시위가 일어났다. (ㅇ , ×)
10 박정희 정부 때 제1차 경제 개발 5개년 계획을 추진하였다. (ㅇ , ×)
11 박정희 정부 때 경부 고속 철도가 개통되었다. (ㅇ , ×)
12 박정희 정부 때 수출액 300억 달러를 달성하였다. (ㅇ , ×)
13 박정희 정부의 제3차 경제 개발 5개년 계획으로 중화학 공업이 육성되었다. (ㅇ , ×)
14 박정희 정부 때 7·4 남북 공동 성명을 발표하였다. (ㅇ , ×)
15 박정희 정부 때 좌우 합작 위원회가 설치되었다. (ㅇ , ×)

정답 | 자료 1 5·16 군사 정변　2 유신 헌법　3 박정희　4 박정희
선지 1 일　2 긴급 조치　3 도로　4 7·4 남북 공동 성명

정답 01 ㅇ　02 ×(반대)　03 ㅇ　04 ㅇ　05 ㅇ　06 ×(3분의 1)　07 ㅇ　08 ㅇ　09 ×(유신 체제에 저항)　10 ㅇ　11 ×(경부 고속 도로)　12 ×(100억 달러)　13 ㅇ　14 ㅇ　15 ×(남북 조절 위원회)

대표 기출문제

01

다음 뉴스가 보도된 정부 시기의 사실로 옳지 <u>않은</u> 것은?

> 독립운동가이자 유학자인 김창숙 선생이 오늘 기자 회견을 열었습니다. 회견에서 선생은 자유당이 강도적으로 통과시킨 보안법은 무효이며, 과거 부산 정치 파동 때와 같이 반독재 구국 범국민 투쟁을 전개해야 한다며 여생을 민주주의를 위하여 바치겠다는 결의를 표명하였습니다.

① 평화 통일론을 주장한 진보당의 조봉암을 제거하였다.
② 인민 혁명당 재건위 사건을 조작해 관련자를 탄압하였다.
③ 정부에 비판적인 경향신문을 폐간하는 등 언론을 통제하였다.
④ 여당 부통령 후보 당선을 위해 3·15 부정 선거를 자행하였다.
⑤ 반민 특위를 이끌던 국회 의원들에게 간첩 혐의를 씌워 체포하였다.

결정적 힌트 자유당, 보안법, 부산 정치 파동

정답 ②

자료에서 '자유당', '보안법', '부산 정치 파동' 등을 통해 이승만 정부 시기의 뉴스임을 알 수 있다.
1956년 제3대 정·부통령 선거에서 민주당의 장면이 부통령에 당선되고, 조봉암이 평화 통일을 외치며 돌풍을 일으키자, 이승만 정부는 조봉암에게 국가 보안법 위반과 간첩 혐의를 씌워 처형하였다. 또한 국가 보안법을 개정하고, 정부에 비판적이던 경향신문을 폐간하는 등 언론을 탄압하였다.
② 박정희 정부는 1974년 인민 혁명당 재건위 사건을 조작한 후, 이듬해 1975년 인민 혁명당이라는 간첩단을 조직했다는 누명을 쓴 사람들을 사형시켰다(제2차 인민 혁명당 사건).

관련 기출선지 모아보기
1. 발췌 개헌안은 계엄령 아래 국회에서 기립 표결로 통과되었다.
2. 자유당이 정권 연장을 위해 직선제 개헌안을 통과시켰다.
3. 사사오입 개헌으로 초대 대통령에 한해 중임 제한을 철폐하였다.

02

(가) 민주화 운동에 대한 설명으로 옳은 것은?

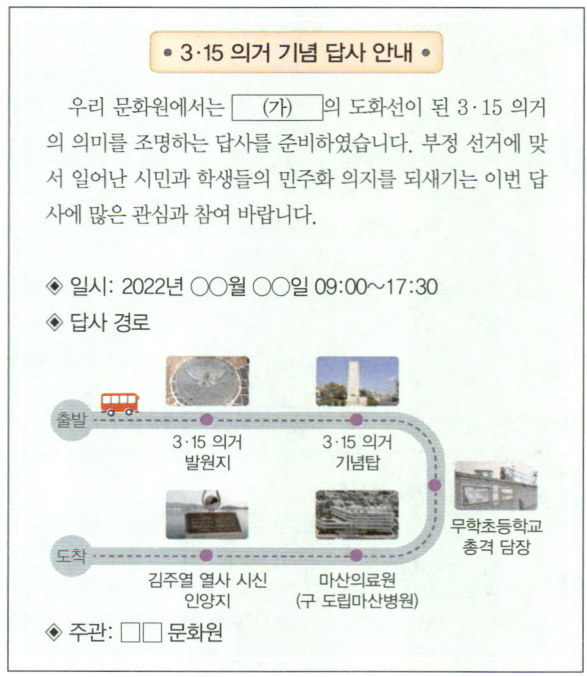

① 3선 개헌 반대 범국민 투쟁 위원회가 주도하였다.
② 이승만이 대통령직에서 물러나는 결과를 가져왔다.
③ 신군부의 비상계엄 확대와 무력 진압에 저항하였다.
④ 관련 기록물이 유네스코 세계 기록 유산으로 등재되었다.
⑤ 4·13 호헌 조치에 반발하며 호헌 철폐 등의 구호를 내세웠다.

결정적 힌트 3·15 의거, 부정 선거, 김주열

정답 ②

자료의 '3·15 의거', '부정 선거', '김주열' 등을 통해 (가) 민주화 운동이 4·19 혁명(1960)임을 알 수 있다.
4·19 혁명은 3·15 부정 선거에 맞서 일어난 민주화 운동이다.
② 4·19 혁명으로 이승만은 대통령직을 사퇴하였다.

관련 기출선지 모아보기
1. 여당 부통령 후보 당선을 위해 3·15 부정 선거를 자행하였다.
2. 대통령 하야를 요구하며 대학교수단이 시위행진을 벌였다.
3. 허정을 수반으로 하는 과도 정부가 수립되었다.

결정적 힌트와 정답해부

45 이승만 정부
46 박정희 정부

03

밑줄 그은 '선거' 이후의 사실로 옳은 것은?

① 정부 형태가 내각 책임제로 바뀌었다.
② 평화 통일을 주장한 진보당의 조봉암이 처형되었다.
③ 대통령의 3선 연임을 허용하는 개헌안이 통과되었다.
④ 한일 국교 정상화에 반대하는 6·3 시위가 전개되었다.
⑤ 국회 해산과 헌법의 일부 효력 정지를 담은 유신이 선포되었다.

결정적 힌트 대통령 후보 박정희, 김대중(신민당)

정답 ⑤

제시된 자료는 1971년에 치러진 제7대 대통령 선거 포스터를 두고 두 사람이 대화하는 장면이다. 1969년 박정희 정부는 대통령 3회 연임을 허용하는 개헌안을 통과시켰다. 1971년에 치러진 대통령 선거에서 박정희는 야당의 대통령 후보였던 김대중을 꺾고 당선되었는데, 후보 간 표차가 제6대 대통령 선거에 비해 상당히 줄어들었다. 더불어 닉슨 독트린으로 냉전 체제가 약화되고 경기 침체에 따른 국민의 불만이 거세어지자, 1972년 박정희는 비상계엄을 선포하고 10월 유신을 단행하였으며, 대통령의 권한을 강화하고 영구 집권이 가능하도록 유신 헌법을 공포하였다.

⑤ 제7대 대선에서 승리한 박정희는 1972년 10월, 비상계엄을 선포하고 10월 유신을 단행하였다.

관련 기출선지 모아보기
1. 통일 주체 국민 회의에서 대통령이 선출되었다.
2. 3·1 민주 구국 선언을 통해 긴급 조치 철폐 등을 요구하였다.
3. 유신 체제에 저항하여 부산, 마산 등지에서 시위가 일어났다.

04

교사의 질문에 대한 학생의 답변으로 옳은 것은?

① 경부 고속 도로가 개통되었어요.
② 귀속 재산 처리법이 제정되었어요.
③ 경제 협력 개발 기구(OECD)에 가입하였어요.
④ 미국과 자유 무역 협정(FTA)을 체결하였어요.
⑤ 대통령의 긴급 명령으로 금융 실명제가 실시되었어요.

결정적 힌트 제2차 경제 개발 5개년 계획

정답 ①

자료에 제시된 제2차 경제 개발 5개년 계획은 박정희 정부 시기인 1967년부터 1971년까지 추진되었다.
1962년부터 1970년대 초까지 시행된 제1·2차 경제 개발 5개년 계획은 기간산업의 육성, 도로·항만 등 사회 간접 자본의 확충과 수출 위주의 경공업 발전에 주력하였다. 이 시기에는 외국에서 끌어들인 자본과 국내의 값싼 노동력을 결합한 수출 중심의 경제 정책이 추진되었다.
① 박정희 정부 시기인 1970년에 경부 고속 도로가 개통되었다.

관련 기출선지 모아보기
1. 제1차 경제 개발 5가년 계획을 추진하였다.
2. 제3차 경제 개발 5가년 계획으로 중화학 공업이 육성되었다.
3. 농촌 근대화를 표방한 새마을 운동이 전개되었다.

47 전두환 정부

| 현대

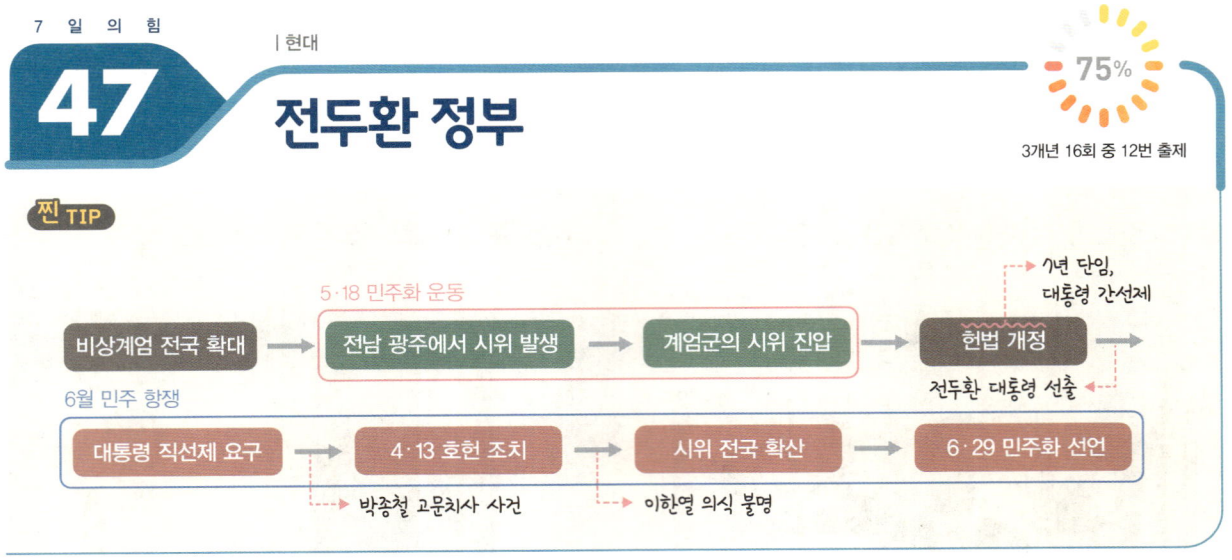

BIG DATA 전두환 정부의 수립과 민주화 운동

	5·18 민주화 운동(1980)		6월 민주 항쟁(1987)
배경	신군부의 비상계엄 확대와 민주화 운동 탄압		· 대통령 직선제 개헌 요구(직선제 개헌 청원 1천만 명 서명 운동 전개) 등 민주화에 대한 열망 · 박종철 고문치사 사건, 4·13 호헌 조치
전개 과정	전남 광주에서 비상계엄 확대 저항 시위 발생 → 계엄군의 무차별 시위 진압 → 시민군 조직하여 대항		개헌 요구 시위 중 이한열의 의식 불명 → 시민과 학생이 대대적 시위 전개('호헌 철폐, 독재 타도' 등 구호) → 시위 전국 확산
결과 및 의의	· 신군부가 시민군 공격, 전남 도청 장악 · 5·18 민주화 운동 기록물의 유네스코 세계 기록 유산 등재 (2011)		· 6·29 민주화 선언(대통령 직선제 개헌 요구 수용) · 헌법 개정(5년 단임, 대통령 직선제) → 제9차 개헌

기출자료 [임을 위한 행진곡] 5·18 민주화 운동 당시 계엄군에 맞서 시민군으로 활동하다 희생된 …… 영혼 결혼식에 헌정된 노래이다.

기출자료 마침내 국민의 손으로 대통령을 직접 뽑을 수 있게 되었으니 신중하게 투표하세.

5·18 민주화 운동 이후	5·18 민주화 운동 진압 후 국가 보위 비상 대책 위원회 설치
전두환 정부의 수립	언론 강제 통폐합, 언론 기본법 제정, 삼청 교육대 설치 등 공포 분위기 조성 7년 단임의 대통령 간선제로 헌법 개정 → 대통령 선거인단에서 전두환을 대통령으로 선출
전두환 정부의 유화 정책	야간 통행금지 해제, 프로 야구·프로 축구 출범, 88 서울 올림픽 대회 유치 등

기출자료 오늘 1월 5일 24시를 기하여, 지난 37년간 지속되어 온 야간 통행금지가 전국적으로 해제될 예정이다.

BIG DATA 전두환 정부 시기의 경제·사회와 통일 노력

경제	1970년대 말부터 이어진 경제 위기를 3저 호황(저유가, 저금리, 저달러)으로 극복
사회	최저 임금법 제정, 과외 전면 금지 및 본고사 폐지, 대학 졸업 정원제 시행, 학도 호국단 폐지
통일 노력	최초의 이산가족 고향 방문과 예술 공연단 교환 실현

대표발문 핵심선지

대표발문 기출자료 (가) 정부 시기에 볼 수 있는 모습으로 적절한 것은? **or** 다음 민주화 운동에 대한 설명으로 옳은 것은?

1 껍데기 정부와 계엄 당국을 규탄한다

껍데기 과도 정부와 계엄 당국은 민주의 피맺힌 소리를 들으라! …… 그러나 계엄 당국이 진지하고도 순수한 데모 대열에 무차별한 사격을 가하여 남녀노소를 불문하고 수많은 사망자가 발생하였고 …… 계엄 당국과 정부는 광주 시민과 전 국민의 민주 염원을 묵살함은 물론 민주 투사들을 난동자·폭도로 몰아 무력으로 진압하려고 하고 있다.

위 자료가 발표된 시기의 정부는? → ㅈㄷㅎ **정부**

2 [임을 위한 행진곡]

이 곡은 ⎡(가)⎦ 당시 계엄군에 맞서 시민군으로 활동하다 희생된 고(故) 윤상원과 광주에서 야학을 운영하다 사망한 고 박기순의 영혼 결혼식에 헌정된 노래이다. 1997년 ⎡(가)⎦ 기념일이 정부 기념일로 지정된 이후 기념식에서 제창되었다.

위 (가)에 들어갈 민주화 운동은? → □·□ **민주화 운동**

3 …… 민주 헌법 쟁취 국민운동 본부는 "국민 합의를 배신한 4·13 호헌 조치는 무효임을 전 국민의 이름으로 선언한다."라고 발표하면서 민주 헌법 쟁취를 통한 민주 정부 수립 의지를 밝혔다.

위와 관련된 민주화 운동은? → □ㅇ ㅁㅈ ㅎㅈ

4 [사진으로 보는 ⎡(가)⎦ 정부]
- 프로 야구 6개 구단 창단
- 언론 통제 보도 지침
- 호헌 철폐 국민 대회

위 (가)에 들어갈 정부는? → ㅈㄷㅎ **정부**

핵심선지 전두환 정부 시기 두 민주화 운동의 내용을 헷갈리지 말 것! 당시의 경제·사회 문제도 잊을 만하면 출제되는 단골 주제!

1 신군부의 계엄 (**확대** , 축소)와 무력 진압에 저항하는 시위가 벌어졌다.

2 선거인단이 선출하는 (5년 , **7년**) 단임의 대통령제가 실시되었다.

3 4·13 호헌 조치에 반발하여 (유신 , **호헌**) 철폐 등의 구호를 내세웠다.

4 저유가, 저금리, 저달러의 (삼백 산업 , **3저 호황**)이 있었다.

정답 | 자료 1 전두환 2 5·18 3 6월 민주 항쟁 4 전두환
선지 1 확대 2 7년 3 호헌 4 3저 호황

OX 스피드퀴즈

01 5·18 민주화 운동은 신군부의 비상계엄 축소가 원인이 되어 일어났다. (O , ×)

02 5·18 민주화 운동 전개 과정에서 시민군이 자발적으로 조직되었다. (O , ×)

03 5·18 민주화 운동 관련 기록물이 유네스코 세계 기록 유산으로 등재될 예정이다. (O , ×)

04 5·18 민주화 운동 이후 통일 주체 국민 회의가 설치되었다. (O , ×)

05 전두환 정부 수립 후 선거인단이 선출하는 5년 단임의 대통령제가 실시되었다. (O , ×)

06 전두환 정부 때 언론의 통폐합이 강제로 단행되고 언론 기본법이 제정되었다. (O , ×)

07 전두환 정부는 사회 정화를 명분으로 삼청 교육대를 설치하였다. (O , ×)

08 전두환 정부 때 한국 프로 농구가 6개 구단으로 출범하였다. (O , ×)

09 6월 민주 항쟁은 박종철과 이한열의 희생으로 확산되었다. (O , ×)

10 6월 민주 항쟁 당시 시위대는 호헌 철폐와 독재 타도 등의 구호를 내세웠다. (O , ×)

11 6월 민주 항쟁은 7년 단임의 대통령 직선제 개헌이 이루어지는 계기가 되었다. (O , ×)

12 6월 민주 항쟁 이후 6·29 민주화 선언이 발표되었다. (O , ×)

13 전두환 정부 때 저유가, 저금리, 저달러의 3저 호황이 있었다. (O , ×)

14 전두환 정부는 과외 전면 금지와 고등학교 졸업 정원제를 시행하였다. (O , ×)

15 전두환 정부는 최초의 이산가족 고향 방문과 예술 공연단 교환을 실현하였다. (O , ×)

정답 | 01 ×(비상계엄 확대) 02 ○ 03 ×(2011년 등재) 04 ×(국가 보위 비상 대책 위원회 설치) 05 ×(7년 단임) 06 ○ 07 ○ 08 ×(프로 야구) 09 ○ 10 ○ 11 ×(5년 단임) 12 ○ 13 ○ 14 ×(대학 졸업 정원제) 15 ○

48 노태우 정부~이명박 정부 | 현대

7일의힘

3개년 16회 중 16번 출제

찐TIP

박정희 정부 → 전두환 정부 → 노태우 정부 → 김대중 정부 → 노무현 정부

- 박정희 정부: 7·4 남북 공동 성명 (남북 조절 위원회)
- 전두환 정부: 최초의 이산가족 고향 방문
- 노태우 정부: 남북한 유엔 동시 가입, 남북 기본 합의서, 한반도 비핵화 공동 선언
- 김대중 정부: 금강산 해로 관광, 최초 남북 정상 회담 (6·15 남북 공동 선언), → 개성 공업 지구 조성 합의
- 노무현 정부: 제2차 남북 정상 회담 (10·4 남북 공동 선언)

BIG DATA 노태우 정부~이명박 정부 시기의 정치·경제·사회

구분	정치·경제	사회
노태우 정부	• 3당 합당 → 민주 자유당 창당 (거대 여당) • 북방 외교: 중국·소련 등 공산주의 국가와 국교 수립	• 남녀 고용 평등법 제정 • 제24회 서울 올림픽 대회 개최(1988)
김영삼 정부	• 지방 자치제 전면 시행 • 금융 실명제 실시 • 경제 협력 개발 기구(OECD) 가입 • 외환 위기(1997) → 국제 통화 기금(IMF)의 구제 금융 　기출자료 …… 한국 정부는 향후 3년간 특별 인출권(SDR) 155억 달러 규모의 국제 통화 기금(IMF) 대기성 차관을 요청합니다.	• 전국 민주 노동조합 총연맹 창립 • '국민학교 → 초등학교'로 명칭 변경 • 고용 보험 제도 시행 • 대학 수학 능력 시험 도입
김대중 정부	• 평화적인 여야 정권 교체 • 금 모으기 운동, 노사정 위원회 구성 → 국제 통화 기금(IMF) 지원 자금 조기 상환	• 국민 기초 생활 보장법 제정 • 한·일 월드컵 대회, 부산 아시안 게임 개최(2002)
노무현 정부	• 행정 수도 이전 추진 • 한·칠레 자유 무역 협정(FTA) 체결 • 한·미 자유 무역 협정(FTA) 체결	• 질병 관리 본부 설치 • 진실·화해를 위한 과거사 정리 위원회 구성 • 호주제 폐지 • 경부 고속 철도(KTX) 개통
이명박 정부	• 한·미 자유 무역 협정(FTA) 발효	G20 정상 회의 개최

BIG DATA 노태우 정부~이명박 정부의 통일 노력

노태우 정부
- 남북한 유엔 동시 가입(1991)
- 남북 기본 합의서 채택(1991): 남북한 상호 체제 인정, 상호 불가침 합의 → 정부 간 최초의 공식 합의 문서
- 한반도 비핵화 공동 선언 발표(1991)

김대중 정부
- 대북 화해 협력 정책(햇볕 정책): 정주영의 소 떼 방북(1998), 금강산 해로 관광 사업 시작(1998)
- 제1차 남북 정상 회담(2000): 6·15 남북 공동 선언 발표 → 개성 공업 지구(개성 공단) 조성 합의
  → 건설 착수는 노무현 정부 때

노무현 정부
- 제2차 남북 정상 회담(2007) → 10·4 남북 공동 선언 발표

대표발문 핵심선지

최빈출

대표발문 기출자료
(가)~(다)의 내용을 일어난 순서대로 옳게 나열한 것은? **or** 밑줄 그은 '정부' 시기의 사실로 옳은 것은?

1 9월 27일부터 30일까지 (가) 대통령이 대한민국 대통령으로는 최초로 중국을 공식 방문하였다. 베이징에서 진행된 회담에서 양국 정상은 지난달 성사된 한중 수교의 의의를 높이 평가하면서 우호 협력 관계를 발전시키자고 하였다.

위 (가)에 들어갈 대통령은? → ㄴㅌㅇ

2 헌법 제76조 제1항의 규정에 의거하여 『금융실명거래 및 비밀 보장에 관한 대통령 긴급재정경제명령』을 반포합니다. …… 금융 실명제는 '신한국'의 건설을 위해서 그 어느 것보다도 중요한 제도 개혁입니다.

위 담화문을 발표한 정부는? → ㄱㅇㅅ 정부

3 외환 위기를 맞이하자 우리 국민은 '금 모으기'를 전개하여 전 세계를 감동시켰습니다. …… 고용 보험, 산재 보험, 건강 보험, 국민연금 등 4대 보험의 틀을 갖추고 국민 기초 생활 보장법을 시행한 것을 비롯해 선진국 수준의 복지 체제를 완비했습니다.

위 연설문을 발표한 대통령은? → ㄱㄷㅈ

4 사진으로 보는 (가) 정부
- 질병 관리 본부 출범
- 아시아–태평양 경제 협력체(APEC) 정상 회의 주최
- 행정 중심 복합 도시 건설 시작

위 (가)에 들어갈 대통령은? → ㄴㅁㅎ

핵심 선지
정부별 주요 정책 및 통일 노력 키워드는 자주 나오는 주제!

1 노태우 정부 때 남북한이 (**UN** , OECD)에 동시 가입하였다.

2 김영삼 정부 때 대통령 긴급 명령으로 (**금융 실명제** , 호주제 폐지)가 실시되었다.

3 김대중 정부 때 (**6·15** , 10·4) 남북 공동 선언이 발표되었다.

4 노무현 정부 때 (**미국** , 멕시코)와/과 자유 무역 협정(FTA)을 체결하였다.

정답 | 자료 **1** 노태우 **2** 김영삼 **3** 김대중 **4** 노무현
선지 **1** UN **2** 금융 실명제 **3** 6·15 **4** 미국

OX 스피드퀴즈

01 노태우 정부 때 중화 인민 공화국과 국교를 수립하였다. (O , ×)

02 노태우 정부 때 남북한이 7·4 남북 공동 성명을 채택하였다. (O , ×)

03 노태우 정부 때 남북한 간 최초의 공식 합의서인 남북 기본 합의서를 교환하였다. (O , ×)

04 김영삼 정부 때 대통령의 긴급 명령으로 금융 실명제가 전격 실시되었다. (O , ×)

05 김영삼 정부 때 경제 협력 개발 기구(OECD)에 가입하였다. (O , ×)

06 김대중 정부 때 외환 위기 극복을 위해 금 모으기 운동이 전개되었다. (O , ×)

07 김대중 정부 때 대통령 직속 자문 기구인 노사정 위원회가 구성되었다. (O , ×)

08 김대중 정부 때 남북한의 교류 협력을 위한 개성 공업 지구 조성에 착수하였다. (O , ×)

09 김대중 정부 때 남북 정상 회담을 처음으로 개최하여 10·4 남북 공동 선언을 발표하였다. (O , ×)

10 김대중 정부 때 백두산 해로 관광 사업을 시작하였다. (O , ×)

11 노무현 정부 때 남북한의 교류 협력을 위한 개성 공업 지구 건설에 착수하였다. (O , ×)

12 노무현 정부 때 미국과의 자유 무역 협정(FTA)이 발효되었다. (O , ×)

13 노무현 정부 때 제2차 남북 정상 회담을 개최하고 6·15 남북 공동 선언을 발표하였다. (O , ×)

14 이명박 정부 때 서울에서 G20 정상 회의를 개최하였다. (O , ×)

정답 | **01** O **02** ×(한반도 비핵화 공동 선언 채택) **03** O **04** O **05** O **06** O **07** O **08** ×(공업 지구 조성에 합의) **09** ×(6·15 남북 공동 선언) **10** ×(금강산) **11** O **12** ×(FTA 체결, 발효는 이명박 정부) **13** ×(10·4 남북 공동 선언) **14** O

대표 기출문제

01

다음 자료에 나타난 민주화 운동에 대한 설명으로 옳은 것은?

> **껍데기 정부와 계엄 당국을 규탄한다**
>
> 껍데기 과도 정부와 계엄 당국은 민주의 피맺힌 소리를 들으라! …… 모든 시민과 학생들은 처음부터 평화적이고 질서정연한 투쟁을 전개하려고 노력해 왔다. 그러나 계엄 당국이 진지하고도 순수한 데모 대열에 무차별한 사격을 가하여 남녀노소를 불문하고 수많은 사망자가 발생하였고, 부상자 및 연행자는 추계가 불가능한 실정이다. …… 계엄 당국과 정부는 광주 시민과 전 국민의 민주 염원을 묵살함은 물론 민주 투사들을 난동자·폭도로 몰아 무력으로 진압하려고 하고 있다.

① 호헌 철폐와 독재 타도 등의 구호를 내세웠다.
② 야당 총재의 국회 의원직 제명으로 촉발되었다.
③ 시위 과정에서 시민군이 자발적으로 조직되었다.
④ 경무대로 향하던 시위대가 경찰의 총격을 받았다.
⑤ 박종철 고문치사 사건의 진상 규명을 요구하였다.

결정적 힌트 계엄 당국, 수많은 사망자, 광주

정답 ③
자료에서 '계엄 당국', '수많은 사망자가 발생', '광주' 등을 통해 5·18 민주화 운동(1980)에 대한 자료임을 알 수 있다.
전두환을 중심으로 한 신군부 세력은 12·12 사태로 정권을 장악한 후, 1980년 5월 17일에 비상계엄을 전국으로 확대하였다. 이에 5월 18일 광주에서 비상계엄 확대와 휴교령에 반대하는 시위가 일어났다. 공수 부대가 투입되어 시위 중이던 전남대 학생들을 무자비하게 진압하자, 분노한 시민들이 합류하면서 시위가 확산되었다.
③ 계엄군의 발포로 많은 사상자가 발생하자, 광주 시민들은 시민군을 조직하여 저항하였다.

관련 기출선지 모아보기
1. 신군부의 비상계엄 확대가 원인이 되어 일어났다.
2. 신군부의 비상계엄 확대와 무력 진압에 저항하였다.
3. 관련 기록물이 유네스코 세계 기록 유산으로 등재되었다.

02

(가) 민주화 운동에 대한 설명으로 옳은 것은?

① 유신 체제가 붕괴되는 계기가 되었다.
② 굴욕적인 한일 국교 정상화에 반대하였다.
③ 양원제 국회가 출현하는 결과를 가져왔다.
④ 신군부의 비상계엄 확대가 원인이 되었다.
⑤ 호헌 철폐와 독재 타도 등의 구호를 내세웠다.

결정적 힌트 박종철, 6·29 선언, 이한열

정답 ⑤
자료에서 '박종철', '대통령 직선제 개헌 요구', '6·29 선언', '이한열' 등을 통해 (가) 민주화 운동이 6월 민주 항쟁(1987)임을 알 수 있다.
⑤ 4·13 호헌 조치 이후 민주화 운동 진영은 '호헌 철폐와 독재 타도' 등의 구호를 내세우며 대통령 직선제 개헌 요구 시위를 전개하였다 (6월 민주 항쟁).

관련 기출선지 모아보기
1. 박종철 고문치사 사건의 진상 규명을 요구하였다.
2. 호헌 철폐 등을 내세운 시위로 6·29 민주화 선언이 발표되었다.
3. 5년 단임의 대통령 직선제 개헌이 이루어지는 계기가 되었다.

03

(가)~(다) 학생이 발표한 내용을 일어난 순서대로 옳게 나열한 것은?

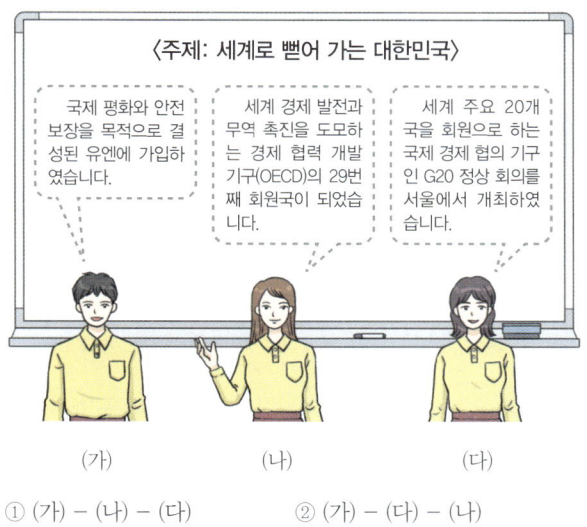

① (가) - (나) - (다)
② (가) - (다) - (나)
③ (나) - (가) - (다)
④ (나) - (다) - (가)
⑤ (다) - (가) - (나)

04

밑줄 그은 '정부'의 통일 노력으로 옳은 것은?

① 금강산 관광 사업을 시작하였다.
② 남북한이 유엔에 동시 가입하였다.
③ 제1차 남북 적십자 회담을 개최하였다.
④ 한반도 비핵화 공동 선언을 채택하였다.
⑤ 남북 간 이산가족 상봉을 처음 실현하였다.

결정적 힌트 유엔 가입 → OECD 가입 → G20 개최

정답 ①

(가) 노태우 정부는 냉전 체제의 붕괴라는 당시의 상황에 맞추어 적극적인 북방 외교를 추진하였다. 그 결과 1991년에 남북한이 유엔에 동시 가입하였고, 남북 기본 합의서도 채택하였다.
(나) 김영삼 정부는 1996년에 경제 협력 개발 기구(OECD)에 가입하여 선진국 대열에 들어서고자 하였다.
(다) 이명박 정부 시기인 2010년에 아시아 최초로 세계 주요 20개국의 정상들이 모여 경제 협력을 논의하는 G20 정상 회의를 개최하였다.
① 일어난 순서대로 나열하면 (가) - (나) - (다)이다.

관련 기출선지 모아보기
1. 노태우 정부는 중화 인민 공화국과 국교를 수립하였다.
2. 김영삼 대통령의 긴급 명령으로 금융 실명제가 전격 실시되었다.
3. 노무현 정부 때 미국과의 자유 무역 협정(FTA)이 체결되었다.

결정적 힌트 금 모으기 운동, 구제 금융 조기 상환

정답 ①

자료의 '금 모으기 운동', '노사정 위원회', 'IMF 극복' 등을 통해 밑줄 그은 '정부'가 김대중 정부임을 알 수 있다.
① 김대중 정부는 대북 화해 협력 정책(햇볕 정책)을 추진하여 남북 간 다양한 문화 예술 교류를 진행하는 한편, 금강산 해로 관광 사업을 시작하였다.

관련 기출선지 모아보기
1. 김대중 정부 때 외환 위기 극복을 위해 금 모으기 운동이 전개되었다.
2. 김대중 정부 때 대통령 직속 자문 기구인 노사정 위원회가 구성되었다.
3. 김대중 정부 때 국민 기초 생활 보장법이 실시되었다.

49 지역사

| 테마 한국사

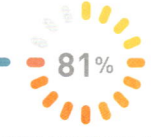

81%
3개년 16회 중 13번 출제

찐 TIP

서울·인천
- 서울: 이완용 습격 (명동 성당)
- 강화도: 프랑스군의 외규장각 약탈

개성·평양
- 개성: 만적의 난
- 평양: 강주룡의 고공 농성

충청도
- 공주: 우금치 전투
- 예산: 오페르트 도굴 사건
- 청주: 『직지심체요절』 간행

전라도
- 전주: 경기전, 전주 화약
- 신안: 암태도 소작 쟁의
- 완도: 청해진(장보고)

경상도
- 대구: 공산 전투, 국채 보상 운동
- 진주: 진주 대첩, 조선 형평사

독도·제주도
- 독도: 이사부, 대한 제국 칙령 제41호
- 제주도: 삼별초, 김만덕, 제주 4·3 사건

BIG DATA 각 지역의 역사

① 개성
만적의 난, 개성 공단

② 강화도
몽골 침략 때 임시 수도, 김상용 순절, 강화 학파, 양헌수(정족산성), 어재연(광성보), 프랑스군의 외규장각 약탈, 강화도 조약

③ 충청도
- 공주: 김헌창의 난, 망이·망소이의 난, 우금치 전투
- 부여: 백제 도읍지(성왕), 천정대, 백제 금동 대향로
- 예산: 오페르트 도굴 미수 사건(남연군 묘)
- 청주: 『직지심체요절』(흥덕사지)
- 충주: 신립의 탄금대 전투

④ 전라도
- 거문도: 거문도 사건(영국)
- 신안: 암태도 소작 쟁의
- 완도: 청해진(장보고)
- 익산: 미륵사지 석탑, 안승(보덕국왕)
- 전주: 경기전, 전주 화약
- 흑산도: 정약전(『자산어보』)

⑤ 평양
묘청의 서경 천도 운동, 제너럴셔먼호 사건, 대성 학교, 물산 장려 운동, 강주룡(을밀대)

⑥ 서울
황국 중앙 총상회, 이재명의 이완용 습격(명동 성당), 강우규 의거, 미·소 공동 위원회

⑦ 독도
이사부(우산국 복속), 대한 제국 칙령 제41호, 시마네현 고시 제40호

⑧ 경상도
- 대구: 공산 전투, 국채 보상 운동
- 부산: 왜란, 박재혁 의거, 6·25 전쟁 때 임시 수도, 부·마 민주 항쟁
- 진주: 진주 대첩(김시민), 조선 형평사

⑨ 제주도
삼별초, 하멜 표류, 김정희 유배, 김만덕, 제주 4·3 사건

대표발문 핵심선지

대표발문/기출자료: (가) 지역에 대한 설명 or (가)~(마) 지역에서 있었던 역사적 사실 or 다음 지역에서 있었던 사실로 옳은 것은?

1 [우리가 살펴볼 문화유산]
- 동고산성: 견훤이 세운 후백제와의 관련성을 짐작하게 해 주는 수막새 등이 출토되었다.
- 경기전: 태조 이성계의 어진을 모셨던 곳이며, 그 옆에는 실록을 보관하던 사고가 있었다.

위와 관련된 지역은? → ㅈㅈ

2
- 주제: 섬에서 만나는 제국주의 열강의 침입과 저항
- 기간: 2021년 ○○월 ○○일 09:00~18:00
- 경로: 외규장각 → 연무당 옛터 → 광성보 → 정족산성 → 초지진

위와 관련된 지역은? → ㄱㅎㄷ

3 1946년 1월에 작성된 연합국 최고 사령부 문서에는 제주도, 울릉도, (가) 이/가 우리 영토로 표시되어 있습니다. (가) 은/는 우리나라 동쪽 끝에 있는 섬입니다.

위 (가)에 들어갈 지역은? → ㄷㄷ

4 주제: (가) 지역을 중심으로 본 조선의 대외 관계
탐구 방법: 문헌 조사, 인터넷 검색 등
탐구 내용
가. 대일 무역의 거점, 초량 왜관
나. 개항 이후 설정된 조계의 기능
다. 관세 문제로 일어난 두모포 수세 사건

위 (가)에 들어갈 지역은? → ㅂㅅ

핵심선지: 지역사 문제는 특정 지역을 돌아가며 출제하거나, 여러 지역을 한꺼번에 제시 후 맞는 설명을 고르는 문제가 출제!

1 지증왕 때 이사부를 보내 우산국을 복속시켜 (**제주도** , **독도**)가 신라에 귀속되었다.

2 (**개성** , **평양**)에서 만적을 비롯한 노비들이 신분 해방을 도모하였다.

3 오페르트가 (**예산** , **공주**)에 있는 남연군 묘 도굴을 시도하였다.

4 (**평양** , **울산**)에서 노동자 강주룡이 을밀대 지붕에서 고공 농성을 벌였다.

정답 | 자료 1 전주 2 강화도 3 독도 4 부산
선지 1 독도 2 개성 3 예산 4 평양

OX 스피드퀴즈

01 독도는 대한 제국 칙령 제41호에서 관할 영토로 명시한 곳이다. (○ , ×)

02 신라 진흥왕 때 이사부를 보내 우산국을 복속시켰다. (○ , ×)

03 일본은 독도를 청·일 전쟁 중에 불법 편입하였다. (○ , ×)

04 개성에서 만적을 비롯한 노비들이 신분 해방을 도모하였다. (○ , ×)

05 강화도는 신미양요 때 양헌수 부대가 프랑스군을 격퇴한 장소이다. (○ , ×)

06 부여의 천정대는 백제 때 재상을 선출하던 곳이다. (○ , ×)

07 부여 능산리 절터에서 백제 금동 대향로가 출토되었다. (○ , ×)

08 청주 흥덕사에서 직지심체요절이 금속 활자로 간행되었다. (○ , ×)

09 병자호란 때 충주 탄금대에서 신립이 배수의 진을 치고 왜군에 항전하였다. (○ , ×)

10 러시아의 남하를 견제하기 위해 영국군이 거문도를 불법 점거하였다. (○ , ×)

11 대구에서 김광제 등의 발의로 국채 보상 운동이 일어났다. (○ , ×)

12 노동자 강주룡이 평양 을밀대 지붕에서 고공 농성을 벌였다. (○ , ×)

13 거문도는 정약전이 자산어보를 저술한 섬이다. (○ , ×)

14 지주 문재철의 횡포에 맞서 신안 암태도 소작 쟁의가 발생하였다. (○ , ×)

15 이재명이 서울 명동 성당 앞에서 이완용을 습격하여 중상을 입혔다. (○ , ×)

정답 | 01 ○ 02 ×(신라 지증왕) 03 ×(러·일 전쟁 중) 04 ○ 05 ×(병인양요 때) 06 ○ 07 ○ 08 ○ 09 ×(임진왜란) 10 ○ 11 ○ 12 ○ 13 ×(흑산도) 14 ○ 15 ○

50 유네스코 세계 유산, 조선의 궁궐

| 테마 한국사

3개년 16회 중 7번 출제

찐 TIP

경복궁(북궐)
조선 태조 때 창건 → 임진왜란 때 화재 → 흥선 대원군 중건, 을미사변(건청궁), 조선 총독부 설치

덕수궁
고종의 환궁 → 을사늑약 체결(중명전) → 미·소 공동 위원회(석조전)

BIG DATA 빈출! 유네스코 등재 유산(세계 유산, 세계 기록 유산)

해인사 장경판전(1995)	15세기(조선 초) 합천 해인사에 건립, 팔만대장경(재조대장경) 봉안
종묘(1995)	조선 왕조의 역대 왕과 왕비의 신주를 모신 사당
조선왕조실록(1997)	조선 태조~철종까지 일어난 일을 기록한 역사서, 사초·시정기를 바탕으로 춘추관 관원들이 편찬
승정원 일기(2001)	승정원에서 국왕의 일상을 기록한 것
직지심체요절(2001)	청주 흥덕사에서 인쇄한 현존하는 세계 최초의 금속 활자본
조선 왕조 의궤(2007)	조선 왕실의 의례를 글과 그림으로 기록, 병인양요 때 프랑스군이 약탈
고려대장경판 및 제경판(2007)	고려 시대 부처의 힘을 빌려 몽골의 침입을 막고자 간행된 대장경(팔만대장경)
동의보감(2009)	전통 한의학을 정리한 백과사전식 의서, 광해군 때 허준 편찬
일성록(2011)	정조가 세손 시절부터 쓴 일기에서 유래, 임금의 말과 행동을 적은 책
5·18 민주화 운동 기록물(2011)	5·18 민주화 운동과 관련된 문서·사진·영상 등의 기록물
남한산성(2014)	병자호란 때 인조가 청의 침입에 저항한 곳
산사, 한국의 산지 승원(2018)	7개의 산지형 불교 사찰, 양산 통도사·영주 부석사·안동 봉정사·보은 법주사·공주 마곡사·순천 선암사·해남 대흥사
한국의 서원(2019)	조선 시대의 성리학을 보급하고 교육한 서원 9곳

BIG DATA 조선의 궁궐

경복궁	· 태조 때 처음 지어진 조선의 법궁, 정도전이 궁궐 명칭을 정함, 임진왜란 때 불에 탐 → 흥선 대원군이 중건 · 을미사변(명성 황후 시해, 건청궁), 조선 총독부 건물 건립, 일제가 조선 물산 공진회 장소로 이용
덕수궁(경운궁)	· 정릉동 행궁이라 불림 · 고종이 아관 파천 이후 환궁 → 환궁 후 환구단에서 대한 제국 황제 즉위식 거행 · 을사늑약 체결(중명전), 미·소 공동 위원회 개최(석조전)
창덕궁	태종 때 한양 재천도 위해 건립(동궐), 조선 궁궐 중 가장 오랫동안 임금들이 거처 → 유네스코 세계 유산
창경궁	성종 때 수강궁을 수리하여 지음, 일제가 동물원·식물원 설치, 창경원으로 명칭 격하

대표발문 핵심선지

대표발문 기출자료 (가) 지역에서 있었던 사실 or (가) 문화유산 or (가) 궁궐에 대한 설명으로 옳은 것은?

1 국외 소재 우리 문화유산을 찾기 위해 헌신한 박병선 박사를 조명하는 다큐멘터리가 방영될 예정입니다. 그녀는 청주 흥덕사에서 금속 활자로 간행된 (가) 을/를 프랑스 국립 도서관에서 발견하였습니다. 또한 외규장각 의궤의 반환을 위해서도 노력하였습니다.
위 (가)에 들어갈 문화유산은? → ㅈㅈㅅㅊㅇㅈ

2 풍기 군수 주세붕이 안향을 제사하기 위해 사당을 세운 것이 시초이다. …… 9곳이 2019년에 유네스코 세계 유산으로 등재되었다.
위와 관련된 문화유산은? → 한국의 ㅅㅇ

3 • 소개: 이곳은 '군자가 만년토록 큰 복을 누린다.'라는 뜻을 지닌 궁궐입니다. 궁궐 안에는 국왕의 정무 공간과 왕실의 생활 공간 등이 조성되어 있습니다.
• 주요 관람 경로: 광화문 → 근정전 → 사정전 → 강녕전과 교태전 → 향원정 → 건청궁 → 경회루
위와 관련된 조선의 궁궐은? → ㄱㅂㄱ

4 한국 근현대사의 현장, ○○궁을 찾아서

위 ○○에 들어갈 궁궐은? → ㄷㅅ궁

 새로 등재되는 한국의 유네스코 세계 유산은 꼭 알아둘 것! 궁궐에서 일어난 역사적 사건을 헷갈리지 말 것!

1 (**조선왕조실록** , 일성록)은 사초, 시정기 등을 바탕으로 편찬되었다.

2 (목판 활자 , **금속 활자**)로 직지심체요절을 인출하는 기술자

3 (5·18 민주화 운동 , **한국의 서원**) 관련 기록물이 유네스코 세계 기록 유산으로 등재되었다.

4 덕수궁은 일제의 강압 속에 (**을사늑약** , 한일 협약)이 체결된 현장입니다.

정답 | 자료 1 직지심체요절   2 서원   3 경복궁   4 덕수
　　　선지 1 조선왕조실록   2 금속 활자   3 5·18 민주화 운동   4 을사늑약

OX 스피드퀴즈

01 남한산성은 인조가 피신하여 청과 항전을 벌인 곳이다. (ㅇ , ×)

02 종묘에는 고려의 역대 국왕과 왕비의 신주가 모셔져 있다. (ㅇ , ×)

03 일성록은 사초, 시정기 등을 바탕으로 편찬되었다. (ㅇ , ×)

04 조선왕조실록은 춘추관 관원들이 편찬 업무에 참여하였다. (ㅇ , ×)

05 5월 민주 항쟁 관련 기록물이 유네스코 세계 기록 유산으로 등재되었다. (ㅇ , ×)

06 승정원일기는 국왕의 비서 기관에서 작성하였다. (ㅇ , ×)

07 조선 연산군 때 전통 한의학을 정리한 동의보감이 간행되었다. (ㅇ , ×)

08 일성록은 정조가 세손 시절부터 쓴 일기에서 유래하였다. (ㅇ , ×)

09 경복궁 건청궁은 명성 황후가 일본 낭인들에 의해 시해된 장소이다. (ㅇ , ×)

10 일제에 의해 경복궁 안에 조선 총독부 건물이 세워졌다. (ㅇ , ×)

11 경희궁은 고종이 아관 파천 이후 환궁한 곳이다. (ㅇ , ×)

12 덕수궁 중명전은 일제의 강압 속에 을사늑약이 체결된 장소이다. (ㅇ , ×)

13 덕수궁 석조전에서 제1차 미·소 공동 위원회가 개최되었다. (ㅇ , ×)

14 창덕궁은 태종이 한양 재천도를 위하여 건립하였다. (ㅇ , ×)

15 창경궁은 일제에 의해 창경원으로 격하되기도 하였다. (ㅇ , ×)

정답 | 01 ㅇ   02 ×(조선)   03 ×(조선왕조실록)   04 ㅇ   05 ×(5·18 민주화 운동 관련 기록물)   06 ㅇ   07 ×(광해군)   08 ㅇ   09 ㅇ   10 ㅇ   11 ×(덕수궁)   12 ㅇ   13 ㅇ   14 ㅇ   15 ㅇ

대표 기출문제

01

(가) 섬에 대한 설명으로 옳지 않은 것은?

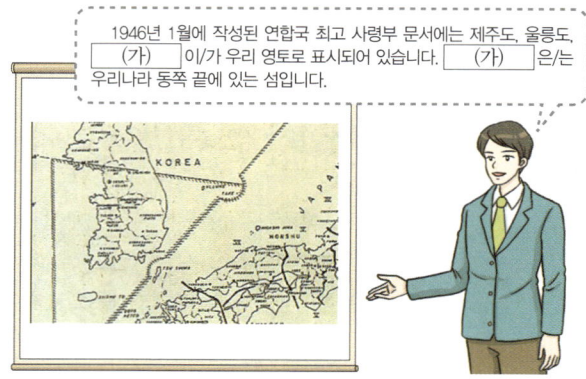

1946년 1월에 작성된 연합국 최고 사령부 문서에는 제주도, 울릉도, (가) 이/가 우리 영토로 표시되어 있습니다. (가) 은/는 우리나라 동쪽 끝에 있는 섬입니다.

① 안용복이 일본에 건너가 우리 영토임을 주장하였다.
② 영국군이 러시아를 견제하기 위해 불법 점령하였다.
③ 러일 전쟁 때 일본이 불법으로 자국 영토로 편입하였다.
④ 대한 제국이 칙령을 통해 울도 군수가 관할하도록 하였다.
⑤ 1877년 태정관 문서에 일본과는 무관한 지역임이 명시되었다.

결정적 힌트 우리나라 동쪽 끝에 있는 섬

정답 ②

자료의 '우리나라 동쪽 끝에 있는 섬' 등을 통해 (가) 섬이 독도임을 알수 있다.

독도는 울릉도에 부속된 섬으로 삼국 시대부터 우리나라의 고유 영토였다. 조선 숙종 때 일본 어민들이 독도를 자주 침입하자, 안용복은 일본으로 건너가 일본인들의 불법 침입에 대해 항의하고 독도가 조선의 영토임을 주장하였다. 이후 대한 제국은 1900년에 대한 제국 칙령 제41호를 반포하여 독도를 관할 영토로 명시하였다. 그러나 일본은 러·일 전쟁 중에 독도를 무인도로 규정하고, 불법 점령한 후 시마네현에 편입하였다.

② 1885년 영국은 러시아의 남하를 견제하기 위하여 조선의 영토인 거문도를 불법 점령하였다.

관련 기출선지 모아보기
1. 이사부를 보내 우산국을 복속시켰다.
2. 대한 제국 칙령 제41호에서 관할 영토로 명시한 곳이다.
3. 일본이 러·일 전쟁 중에 불법 편입하였다.

02

다음 지역에 대한 탐구 활동으로 가장 적절한 것은?

♥ 두근두근 랜선여행
역사와 문화가 살아 숨쉬는
○○○로 떠나요!

고인돌 4:15   참성단 4:26   광성보 5:12

영상을 클릭하면 VR 로 여행하실 수 있습니다.

① 대몽 항쟁기에 조성된 왕릉을 조사한다.
② 김만덕의 빈민 구제 활동에 대해 알아본다.
③ 정약전이 자산어보를 저술한 곳을 검색한다.
④ 지증왕이 이사부를 보내 복속한 지역과 부속 도서를 찾아본다.
⑤ 러시아의 남하를 견제하기 위하여 영국군이 점령한 장소를 살펴본다.

결정적 힌트 고인돌, 참성단, 광성보

정답 ①

자료의 '고인돌', '참성단', '광성보'를 통해 해당 지역이 강화도임을 알수 있다. 강화도에는 유네스코 세계 유산으로 지정된 고인돌 유적이 있다. 강화도 마니산에 있는 참성단은 단군이 하늘에 제사를 올리기 위해 쌓은 제단으로 전해지며, 이곳에서 고려 시대와 조선 시대에 도교식 제사가 거행되기도 하였다. 광성보는 덕진진, 초지진, 문수산성 등과 더불어 강화도의 주요 요새로, 신미양요 당시 어재연이 이끄는 조선군과 미군 사이에 전투가 벌어진 곳이다.

① 1231년 몽골이 고려를 침략하자, 1232년 최우는 강화도로 수도를 옮기고 궁궐(강화 고려궁지)을 세웠다. 강화도에는 이 시기에 사망한 왕들의 무덤인 석릉, 홍릉 등이 위치하고 있다.

관련 기출선지 모아보기
1. 양헌수 부대가 프랑스군을 격퇴한 장소이다.
2. 프랑스군이 의궤를 약탈하였다.
3. 어재연 부대가 결사 항전하였다.

결정적 힌트와 정답해부

49 지역사
50 유네스코 세계 유산, 조선의 궁궐

03

다음 검색창에 들어갈 문화유산에 대한 설명으로 옳은 것은?

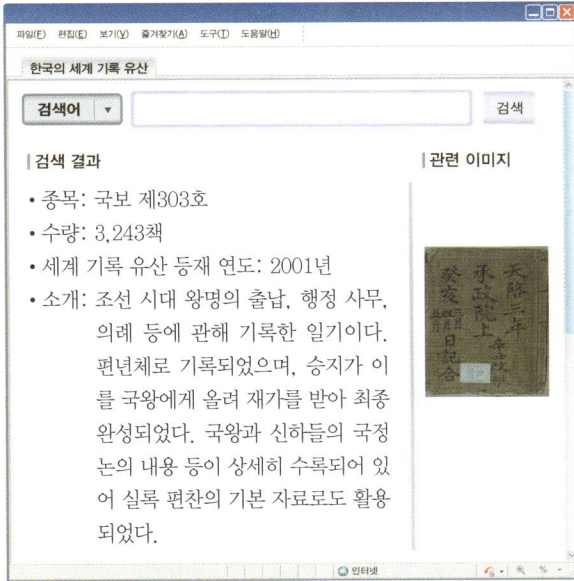

① 비국 등록이라고도 불렸다.
② 국왕의 비서 기관에서 작성하였다.
③ 세가, 지, 열전 등으로 구성되었다.
④ 우리나라 최고(最古)의 역사서이다.
⑤ 정조가 세손 시절부터 쓴 일기에서 유래하였다.

 조선 시대 왕명 출납, 편년체, 승지

정답 ②

자료의 '왕명의 출납 등을 기록', '편년체', '승지' 등을 통해 해당 문화유산이 『승정원일기』임을 알 수 있다.
유네스코 세계 기록 유산인 『승정원일기』는 국왕의 비서 기관인 승정원에서 왕명의 출납, 제반 행정 사무 등을 기록한 일지이다.
② 『승정원일기』는 국왕의 비서 기관인 승정원에서 작성하였다.

관련 기출선지 모아보기

1. [조선왕조실록] 사초, 시정기 등을 바탕으로 편찬되었다.
2. [조선왕조실록] 춘추관 관원들이 편찬 업무에 참여하였다.
3. [일성록] 정조가 세손 시절부터 쓴 일기에서 유래하였다.

04

(가) 궁궐에 대한 설명으로 옳은 것은?

① 도성 내 서쪽에 있어 서궐로 불리었다.
② 제1차 미소 공동 위원회가 개최되었다.
③ 왕실 도서관인 규장각이 설치된 곳이다.
④ 조선 물산 공진회 개최 장소로 이용되었다.
⑤ 인목 대비가 광해군에 의해 유폐된 장소이다.

결정적 힌트 가장 많이 머문 궁궐, 인정전, 돈화문

정답 ③

자료의 '조선의 역대 왕들이 가장 많이 머문 궁궐', '인정전', '돈화문' 등을 통해 (가) 궁궐이 창덕궁임을 알 수 있다.
창덕궁은 1405년(태종 5)에 경복궁의 동쪽에 지어졌다. 조선의 역대 왕들이 가장 많이 머물면서 경험한 다양하고 복잡한 왕실 생활이 담겨 있기 때문에 유네스코 세계 유산으로 등재되었다.
③ 정조는 창덕궁 후원 부용지 주변에 왕실 도서관인 규장각을 세웠다.

관련 기출선지 모아보기

1. [경복궁] 조선 물산 공진회 개최 장소로도 이용되었다.
2. [덕수궁] 두 차례의 미·소 공동 위원회가 개최되었다.
3. [창경궁] 일제에 의해 창경원으로 격하되기도 하였다.

대표 기출문제 157

특급부록
약점 집중 공략

#이 제도는? #통일 신라? 고려? 조선? #헷갈리는 주제 #한눈에
#단골문화재 #모아모아
#인물문제 #얼굴만 알아도 #반은 먹고 들어감

시대초월 비교분석

- 통치 체제
- 토지 제도·수취 제도
- 삼국~고려의 불교와 유학
- 고려·조선의 사회 제도와 교육 제도
- 현대 정부의 통일 정책

우선순위 문화재

- 고구려
- 백제
- 신라
- 발해
- 고려
- 조선
- 근현대

우선순위 인물 50

- 박규수
- 흥선 대원군
- 최제우
- 최익현
- 박정양
- 김홍집
- 이상재
- 김옥균
- 전봉준
- 유길준
- 박은식
- 이준
- 최재형
- 나철
- 헐버트
- 서재필
- 이승훈
- 이회영
- 홍범도
- 이동녕
- 이상설
- 양기탁
- 남자현
- 베델
- 이동휘
- 김구
- 주시경
- 신돌석
- 안창호
- 안중근
- 한용운
- 신채호
- 조지 쇼
- 김규식
- 여운형
- 조소앙
- 지청천
- 김좌진
- 김마리아
- 백남운
- 양세봉
- 김원봉
- 방정환
- 이봉창
- 유관순
- 나운규
- 이육사
- 윤봉길
- 장준하
- 윤동주

시대초월 비교분석 — 통치 체제

> **찐 TIP** 고려·조선의 경우 주요 기관의 역할까지 반드시 함께 기억합시다!

BIG DATA 고구려·백제·신라

구분	고구려	백제	신라
중앙 정치	대대로가 국정 총괄	상좌평이 국정 총괄	상대등 (화백 회의 주관)
	왕족 고씨(계루부)와 5부 출신 귀족	왕족 부여씨와 8성 귀족	이벌찬 이하 관리들이 중앙 정치 분담
귀족 회의	제가 회의	정사암 회의	화백 회의 (만장일치제)
관등	10여 관등	16관등	17관등

BIG DATA 발해

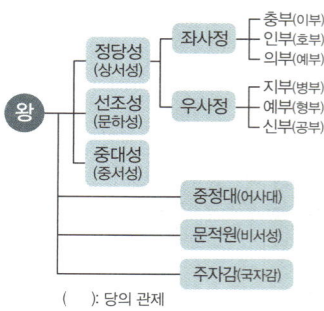

( ): 당의 관제

BIG DATA 고려

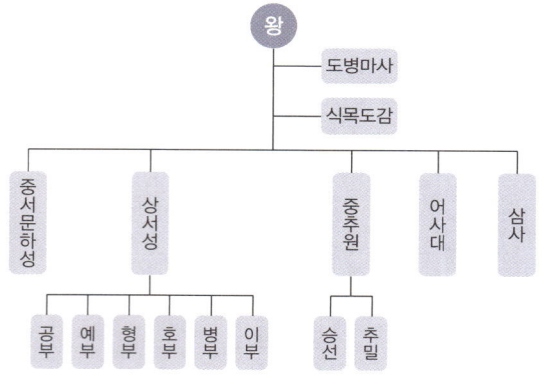

중서문하성	국가 중요 정책 논의
상서성	6부(이·병·호·형·예·공부) 통솔
중추원	• 추밀: 군사 기밀 담당 • 승선: 왕명 출납 담당
어사대	풍속 교정, 관리 감찰
삼사	화폐와 곡식의 출납에 대한 회계
도병마사	국방과 군사 등의 문제 논의
식목도감	새로운 제도와 시행 규칙 제정

기출자료 도병마사: 중서문하성과 중추원의 고위 관료들이 모여 주로 국방과 군사 문제를 다루었다.

BIG DATA 조선

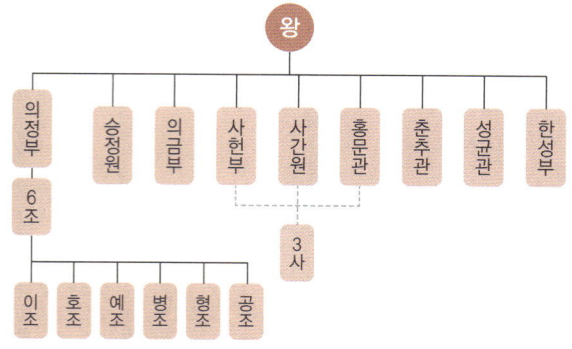

의정부	국정 총괄
6조	실질적인 행정 업무
승정원	국왕 비서 기관(왕명 출납)
의금부	국왕 직속 사법 기구
3사	• 사헌부: 관리 비리 감찰(대사헌) • 사간원: 국왕 잘못 비판(대사간) • 홍문관: 경연 주관, 왕의 자문(대제학) • 양사(사헌부+사간원): 서경권 행사
한성부	수도의 행정과 치안 담당

시대초월 비교|분석 — 토지 제도·수취 제도

> **찐 TIP** 토지 제도는 헷갈리기 쉬우니 반드시 시대별로 구분하여 기억하고, 조선의 수취 제도는 전기·후기를 구별할 줄 알아야 해요!

BIG DATA 토지 제도

통일 신라	고려	조선
· 신문왕: 관료전 지급, 녹읍 폐지 · 성덕왕: 정전 지급 · 경덕왕: 녹읍 부활	**역분전 (태조)**: · 인품+공로 기준 지급 · 논공행상 성격 **시정 전시과 (경종)**: · 관직+인품 기준 지급 · 전·현직 관리에게 지급 **개정 전시과 (목종)**: · 관직 기준 지급 · 전·현직 관리에게 지급 **경정 전시과 (문종)**: 지급할 토지 부족 → 현직 관리에게만 지급 **녹과전 (원종)**: 경기 지역 한정	**과전법 (고려 공양왕)**: · 신진 사대부의 경제적 기반 · 전·현직 관리에게 수조권 지급 **직전법 (세조)**: · 현직 관리에게만 수조권 지급 · 수신전·휼양전 폐지 **관수 관급제 (성종)**: 지방 관청의 수조권 대행 → 국가의 토지 지배권 강화 **직전법 폐지 (명종)**: · 국가 재정 부족 · 녹봉만 지급, 수조권 지급 제도 폐지

▶ **기출자료** 개정 전시과: 인품을 배제하고 관직과 위계의 높고 낮음을 기준으로 전지와 시지를 지급한다고 하더군.

▶ **기출자료** 과전법: 조준 등의 건의로 과전법을 제정하여 토지 제도를 개혁하였다.

BIG DATA 수취 제도

통일 신라	고려	조선 전기	조선 후기
· 조세·공물·역 · 신라 촌락 문서(민정 문서) 　- 촌락의 변동 사항을 조사하여 촌주가 3년마다 작성 　- 조세·공물·부역 징수 근거 　- 일본 쇼소인에서 발견	**조세**: · 토지 비옥도에 따라 3등급으로 구분 · 생산량의 1/10 징수 **공물**: · 현물 징수 · 상공(매년), 별공(수시) **역**: 군역·요역	**조세** 공법(세종): - 전분6등법: 비옥도 - 연분9등법: 풍흉 **공납**: · 현물 징수 · 16세기 방납 폐단 발생 **역**: · 군역·요역 · 군역의 요역화 발생 → 대립제·방군 수포제	**조세** 영정법(인조) → 풍흉에 관계없이 토지 1결당 쌀 4두로 전세 납부액 고정 **공납** 대동법(광해군~숙종) → 특산물 대신 쌀·베·동전 등 징수 **역** 균역법(영조) → 군포 1필로 감액, 결작·선무군관포 등으로 재정 부족 충당

▶ **기출자료** 신라 촌락 문서: 서원경 부근 4개 촌락의 인구수, 토지 종류와 면적, 소와 말의 수 등을 기록한 문서로, 일본 도다이사 쇼소인에서 발견되었다.

▶ **기출자료** 대동법: 방납의 폐단으로 농민들이 고통받고 있습니다. 공물을 현물 대신 쌀, 베 등으로 납부하는 대동법이 시행되면 농민들의 부담이 크게 줄어들 것입니다.

비교분석 | 삼국~고려의 불교와 유학

> **찐 TIP** 주요 인물과 저서만 외워도 대부분 정답을 찾아낼 수 있어요!

BIG DATA 삼국의 불교와 유학

구분		고구려	백제	신라
불교	수용	소수림왕(전진의 순도)	침류왕(동진의 마라난타)	법흥왕 공인(이차돈 순교)
	승려	• 담징: 일본에 종이와 먹 제조법 전수, 일본 호류사 금당 벽화(추정) • 혜자: 일본 쇼토쿠 태자 스승	-	• 원광: 세속 5계, 걸사표 • 자장: 선덕 여왕에게 황룡사 9층 목탑 건립 건의
유학	교육	• 수도: 태학(유교 경전·역사) • 지방: 경당(한학·무술)	• 오경박사(유교 경전) • 왕인: 일본에 『천자문』·『논어』 전수	임신서기석
	역사서	『유기』 100권 → 『신집』 5권(이문진)	『서기』(고흥)	『국사』(거칠부)

BIG DATA 통일 신라·고려의 불교와 유학

통일 신라		고려
• 교종·선종 함께 발달 • 불교의 대중화	불교	• 숭불 정책, 불교 행사 개최(팔관회·연등회) • 광종 때 승과 실시, 「보현십원가」(균여) 저술
• 원효: 『금강삼매경론』, 『대승기신론소』, 『십문화쟁론』(일심·화쟁 사상) → 아미타 신앙, 무애가 등을 통해 불교 대중화 기여 • 의상: 「화엄일승법계도」 → 화엄 사상 정립, 관음 신앙 • 혜초: 서역 기행문 『왕오천축국전』 저술	승려	• 의천: 대각국사, 『신편제종교장총록』 → 해동 천태종 창시, 교관겸수 • 지눌: 보조국사, 수선사 결사, 정혜쌍수·돈오점수 • 혜심: 유불 일치설 • 요세: 법화 신앙, 백련 결사
• 신문왕: 최고 교육 기관 '국학' 설치 → 유교 경전 교육 • 원성왕: 독서삼품과 실시 → 유교 경전 이해 수준 평가	유학	• 성종: 유교 이념에 따른 통치 체제 정비(최승로의 시무 28조) • 국자감(관학), 사학 12도 융성(최충의 9재 학당) • 충렬왕 때 성리학 전래(안향) → 신진 사대부의 개혁 사상
• 김대문: 『화랑세기』 • 강수: 외교 문서를 잘 지은 문장가(「청방인문표」) • 설총: 이두 정리, 『화왕계』 • 최치원: 당의 빈공과 급제, 문장가(「토황소격문」), 진성 여왕에게 시무 10여 조 건의, 『계원필경』	인물·역사서 등	• 『삼국사기』(김부식): 기전체, 우리나라 현존 최고(最古) 역사서 • 『해동고승전』(각훈): 승려들의 전기 정리 • 「동명왕편」(이규보): 영웅 서사시, 고구려 계승 의식 • 『삼국유사』(일연): 불교사·고대 민간 설화·단군의 건국 이야기 수록 • 『제왕운기』(이승휴): 단군~충렬왕 서사시, 단군의 건국 이야기와 중국 역사 등 수록 • 『사략』(이제현): 정통·대의명분 강조, 성리학적 유교 사관

기출자료 원효: 무애가를 지어 세상에 퍼뜨렸고, 이로 인해 많은 사람이 '나무아미타불'을 외우게 되었지요.

기출자료 의상: 당에 유학하고 돌아와 영주에 부석사를 세우고 많은 제자를 양성하였습니다.

기출자료 『삼국사기』: 유교 사관을 바탕으로 삼국의 역사를 충실히 기록하였습니다.

기출자료 「동명왕편」: 건국 영웅의 일대기를 서술한 장편 서사시로 …… 왕 탄생 이전의 역사, 출생과 건국, 유리왕의 즉위 과정과 저자 이규보의 감상이 적혀 있다.

시대초월 비교분석: 고려·조선의 사회 제도와 교육 제도

찐 TIP 비슷하면서도 다른 고려와 조선의 사회 제도와 교육 제도는 확실하게 구분할 줄 알아야 합니다!

BIG DATA 사회 제도

※ 고려의 신분: 귀족·중류층·양민·천민의 4신분으로 구성, 2015 개정 교육과정에서는 고려의 신분 제도를 양인(양반+서리·향리·남반 등 중간 계층+백정·상인·수공업자 등)과 천인(대부분 노비)으로 구분된 양천제라고 함

고려의 신분 구조
- 귀족: • 왕족 + 5품 이상 고위 관료 • 음서 + 공음전 혜택
- 중류층: 말단 행정직(향리, 잡류, 남반 등)
- 양인 + 향·부곡·소 주민: • 대다수가 농민(백정) • 향·부곡·소 주민: 일반 양민보다 세금 부담↑ 거주 이전의 자유 X
- 천민: 대다수가 노비(공·사노비) → 재산으로 취급, 일천즉천

조선의 신분 구조
- 양반: • 문반 + 무반, 관료층, 지주층 • 지방: 우향소를 통해 향촌 자치 주도
- 중인: • 기술관, 서리, 향리, 서얼 등 • 서얼: 문과 응시 불가
- 상민: • 대부분의 백성(농민, 수공업자, 상인 등) • 법적으로 과거 응시 가능
- 천민: • 노비(재산 취급), 백정, 무당, 광대 등 • 노비는 장례원에서 관리

	고려		조선
민생 안정	• 흑창(태조) → 의창(성종): 구휼 기관 • 상평창: 물가 조절 기구		• 환곡제, 사창제(백성들에게 곡식을 대여) • 상평창: 물가 조절 기구
의료	• 동·서 대비원: 환자 진료, 빈민 구휼 • 혜민국: 의약 전담 • 제위보: 기금을 마련하여 이자로 빈민 구제 • 구제도감·구급도감: 임시 기관, 각종 재해 시 백성 구제		• 혜민국: 의약, 서민 환자 치료 • 동·서 대비원(동·서 활인서): 서민 환자 치료 및 빈민 구휼 • 제생원: 빈민 구호, 치료

BIG DATA 교육 제도

고려		조선	
관학	• 개경: 국자감(유학부, 기술학부) • 지방: 향교	성균관	• 최고 교육 기관 • 교육 및 성현 제사 • 원칙적으로 소과에 합격한 생원이나 진사가 입학 • 대성전, 명륜당, 동·서재
사학	중기에 사학 12도 융성(최충의 9재 학당 등) → 관학 위축 → 다양한 관학 진흥책 실시	향교	• 지방의 관립 중등 교육 기관 • 교육 및 성현 제사 • 전국 부·목·군·현에 하나씩 설치 → 중앙에서 교수·훈도 파견 • 대성전, 명륜당, 동·서재
관학 진흥책	• 숙종: 국자감에 출판부인 서적포 설치 • 예종: 국자감에 7재 설치, 양현고 설립, 청연각·보문각 • 인종: 경사 6학 중심으로 정비 • 공민왕: 성균관 정비	4부 학당	수도(한양)의 관립 중등 교육 기관
		사역원	외국어 교육, 통역·번역 담당

기출자료 관학 진흥책: …… 정부는 제술업, 명경업 등에 새로 응시하려는 사람은 국자감에 300일 이상 출석해야 한다는 규정을 만드는 등 관학을 진흥하기 위한 방안을 마련하고 있다.

기출자료 성균관: …… 효명 세자는 이날 궁을 나와 성균관에 도착하여 먼저 대성전의 공자 신위에 술을 올린 후, 명륜당에 가서 스승에게 교육을 받았다.

시대초월 비교분석 — 현대 정부의 통일 정책

> **찐 TIP** 각 정부별 '성명', '방안', '합의서', '선언' 등의 명칭과 주요 내용을 반드시 기억하세요!

BIG DATA 통일을 위한 노력

박정희 정부
- 남북 적십자 회담
- 7·4 남북 공동 성명: 3대 통일 원칙(자주·평화·민족적 대단결) 최초 합의, 남북 조절 위원회 구성
  - **기출사료** 7·4 남북 공동 성명
    첫째, …… 자주적으로 해결하여야 한다.
    둘째, …… 평화적 방법으로 실현되어야 한다.
    셋째, …… 민족적 대단결을 도모하여야 한다.

전두환 정부
- 민족 화합 민주 통일 방안 제시
- 최초의 이산가족 고향 방문과 예술 공연단 교환

노태우 정부
- 한민족 공동체 통일 방안 제시: 자주·평화·민주의 원칙하에 남북 연합이라는 중간 단계 설정
- 남북한 유엔 동시 가입
- 남북 기본 합의서 채택: 남북 사이의 화해와 불가침 및 교류·협력에 관한 합의서, 남북한 상호 체제 인정, 상호 불가침 합의, 7·4 남북 공동 성명의 3대 통일 원칙을 재확인 → 남한·북한 간 최초의 공식 합의 문서
- 한반도 비핵화에 관한 공동 선언 발표
  - **기출자료** 며칠 전 남북한이 다른 의석으로 유엔에 가입한 것은 가슴 아픈 일이지만 통일을 위해 거쳐야 할 중간 단계입니다. 남북한의 두 의석이 하나로 되는 데는 오랜 시간이 걸리지 않을 것으로 믿습니다.

김영삼 정부
- 북한의 핵 확산 금지 조약 탈퇴 선언 → 남북 관계 냉각
- 민족 공동체 통일 방안 발표(3단계 통일 방안): 화해와 협력 → 남북 연합 → 통일 국가

김대중 정부
- 대북 화해 협력 정책(햇볕 정책), 금강산 관광 사업(해로)
- 제1차 남북 정상 회담(6·15 남북 공동 선언)
- 경의선 복구 사업, 개성 공단 건설 합의
  - **기출사료** 6·15 남북 공동 선언: …… 남측의 연합제 안과 북측의 낮은 단계의 연방제 안이 서로 공통성이 있다고 인정하고 ……

노무현 정부
- 김대중 정부의 대북 정책 계승(개성 공단 건설 착수)
- 제2차 남북 정상 회담(10·4 남북 공동 선언)
  - **기출자료** 정부는 30일 11시 개성 공단 착공식이 북한 개성 현지 1단계 지구에서 남측과 북측 인사 300여 명이 참석한 가운데 열린다고 발표하였다.

문재인 정부
- 판문점과 평양에서 남북 정상 회담 개최(2018)

우선순위 문화재

고구려

고구려 빈출 문화재

시대별 대표만 알면 문제 없음!

찐 TIP 고구려의 그림은 고분 벽화가 유명해요. 대표적인 것들은 꼭 눈에 익혀 둡시다.
고구려의 불상 하면 무조건 '금동 연가 7년명 여래 입상'입니다!

그림

기출자료 고구려의 벽화는 도읍이었던 중국 지안과 평양 일대에 주로 남아 있는데, 일상생활 속 풍속, 신앙과 의례를 묘사한 것으로 유명합니다.

통구 12호분 벽화 중 「적장 참수도」

각저총 「씨름도」

무용총 「무용도」

무용총 「접객도」

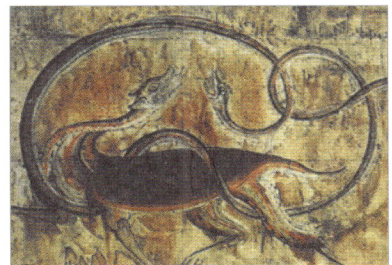
강서대묘 「사신도」 중 「현무도」

수산리 고분 벽화 중 「교예도」

불상

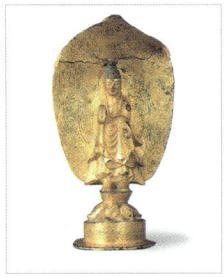
금동 연가 7년명 여래 입상

기출자료 고구려 승려들이 만듦.
'연가 7년'을 통해 제작 연대 추정이 가능함

고분

장군총

비석

광개토 대왕릉비   충주 고구려비

우선순위 문화재
백제

백제 빈출 문화재

시대별 대표만 알면 문제 없음!

> **찐TIP** 백제의 탑은 다른 시대의 탑과 함께 시대통합형 선지로 자주 나와요.
> 백제의 대표 고분인 무령왕릉의 출토 유물은 관련 이론과 함께 잘 알아 둡시다!

고분

공주 무령왕릉

(공주) 무령왕릉 석수

(공주) 무령왕릉 출토 금제 관식

기출자료 백제 무덤 중 피장자와 축조 연대가 확인되는 유일한 무덤, 중국 남조의 영향을 받음

탑

부여 정림사지 5층 석탑

기출자료 탑신에 당의 장수 소정방이 쓴 글이 새겨져 있음

불상

👉 백제의 미소
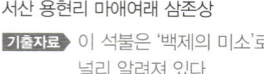
서산 용현리 마애여래 삼존상

기출자료 이 석불은 '백제의 미소'로 널리 알려져 있다.

금동 정지원명 석가여래 삼존 입상

👉 왕궁리 5층 석탑 사리 장엄구 유물 중 하나

금동 여래 입상

익산 미륵사지 석탑(복원 전)

기출자료 현존하는 삼국 시대 석탑 중 가장 규모가 큼

기타

백제 금동 대향로

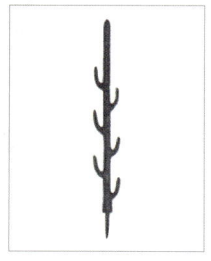
칠지도

산수무늬 벽돌

비석

사택지적비

우선순위 문화재

신라

신라 빈출 문화재

시대별 대표만 알면 문제 없음!

찐TIP 신라의 탑(감은사지 3층 석탑·불국사 3층 석탑·다보탑), 비석 등은 관련 인물과 함께 외워 두세요!

탑

🔑 벽돌 모양
경주 분황사 모전 석탑
기출자료 돌을 벽돌 모양으로 다듬어 쌓았다는 점이 특징이며 …….

🔑 신문왕
경주 감은사지 3층 석탑

🔑 김대성
경주 불국사 3층 석탑
기출자료 석탑 내부에서 「무구정광대다라니경」이 발견되었다.

🔑 김대성
경주 불국사 다보탑

구례 화엄사 4사자 3층 석탑

양양 진전사지 3층 석탑

화순 쌍봉사 철감선사탑

안동 법흥사지 7층 전탑

비석

서울 북한산 신라 진흥왕 순수비
기출자료 진흥왕의 영토 확장을 보여 줌

단양 신라 적성비

불상

경주 배동 석조 여래 삼존 입상

경주 석굴암 본존불

합천 치인리 마애여래 입상

경산 팔공산 관봉 석조 여래 좌상

우선순위 문화재

발해

발해 빈출 문화재

시대별 대표만 알면 문제 없음!

찐TIP 아래 문화재들은 발해 문제에서 자료 또는 선지로 나올 확률이 굉장히 높아요!
시대통합 문화유산 문제에서 선지로 나올 확률도 높아요!

탑

영광탑

불상

이불 병좌상

기출자료 동경 용원부 유적에서 발견. 다보불이 설법하던 석가불을 불러 함께 나란히 앉았다는 『법화경』의 내용을 형상화함

기타

돌사자상

석등

치미

기출자료 특히 발해의 수도였던 상경 용천부에서 출토된 대형 치미는 고구려와의 문화적 연관성을 확인할 수 있는 중요한 유물입니다.

연화문 와당

온돌 시설(러시아 연해주 콕샤로프카 평지성 내부)

기출자료 내부 건물지에서 고구려 계통의 온돌 시설과 토기 등이 발굴되었다. …… 고구려의 문화를 계승하였음을 보여 준다.

우선순위 문화재
고려

고려 빈출 문화재

시대별 대표만 알면 문제 없음!

찐 TIP 고려의 문화유산 문제는 고려 시대 자료를 제시한 뒤, 선지 중 고려 문화재 또는 고려 문화재가 아닌 것을 찾는 형태로 주로 출제됩니다.

건축

개성 만월대

안동 봉정사 극락전
기출자료 우리나라 현존하는 가장 오래된 목조 건축물

영주 부석사 무량수전
기출자료 배흘림기둥에 주심포 양식, 건물 내부에 소조 여래 좌상이 봉안

예산 수덕사 대웅전

사리원 성불사 응진전

탑

익산 왕궁리 5층 석탑

★송의 영향

평창 월정사 8각 9층 석탑

★원의 영향

개성 경천사지 10층 석탑
기출자료 원의 영향을 받아 대리석으로 축조, 조선 전기 원각사지 10층 석탑에 영향

충주 정토사지 홍법국사탑

고려

고려 빈출 문화재

우선순위 문화재

시대별 대표만 알면 문제 없음!

찐 TIP 고려 초에는 지역적 특색·지방 세력의 개성이 반영된 대형 불상이 유행하였음을 기억한다면, 고려의 불상을 찾는 것이 한결 쉬워집니다.

불상

파주 용미리 마애이불 입상
기출자료 천연 암벽을 이용하여 몸체를 만들고 머리는 따로 만들어 올렸습니다.

안동 이천동 마애여래 입상

✨은진 미륵
논산 관촉사 석조 미륵보살 입상

하남 하사창동 철조 석가여래 좌상

하남 교산동 마애약사여래 좌상

영주 부석사 소조 여래 좌상

고창 선운사 동불암지 마애여래 좌상

서울 보타사 마애보살 좌상

공예

청자 참외 모양 병

청자 상감 운학문 매병
기출자료 음각한 부분에 백토나 흑토를 채워 화려하게 장식

청동 은입사 포류수금문 정병

그림

「천산대렵도」
기출자료 「천산대렵도」에 그려진 변발과 호복을 한 무사입니다.

조선

조선 빈출 문화재 — 시대별 대표만 알면 문제 없음!

찐TIP 보은 법주사 팔상전, 수원 화성 등은 단골 정답 선지입니다! 규모가 큰 조선의 건축물을 고려와 비교하여 기억하세요!

건축

합천 해인사 장경판전
기출자료 15세기에는 …… 해인사 장경판전과 같이 뛰어난 문화유산이 만들어졌습니다.

창덕궁 인정전

도산 서원 전교당

보은 법주사 팔상전
기출자료 현존하는 유일의 조선 시대 목탑

구례 화엄사 각황전

김제 금산사 미륵전

공주 마곡사 대웅보전

논산 쌍계사 대웅전

수원 화성
기출자료 장용영의 외영이 설치된 곳을 알아본다.

조선 빈출 문화재

우선순위 문화재 — 조선

시대별 대표만 알면 문제 없음!

찐 TIP 고려와 조선의 자기를 구분하여 기억하세요!
조선 전기에는 분청사기·백자가 유행하였고, 후기에는 청화 백자(백자 청화 죽문 각병)가 대량 생산되며 유행했어요!

자기

분청사기 음각어문 편병

기출자료 조선 전기, 회색의 태토 위에 맑게 거른 백토로 표면을 분장한 뒤 유약을 씌워 구움

분청사기 박지연화어문 편병

백자 청화 매죽문 항아리

탑

서울 원각사지 10층 석탑

백자 철화 매죽문 항아리

백자 달항아리

비석

탕평비

기출자료 붕당의 폐해를 경계하기 위한 탕평비를 건립하였다.

백자 철화 포도원숭이문 항아리

백자 청화 죽문 각병

기출자료 회회청 또는 토청 등의 코발트 안료를 사용함. 조선 후기에 널리 보급

척화비

기출자료 종로를 비롯한 전국 각지에 척화비를 세웠다.

조선

조선 빈출 문화재

시대별 대표만 알면 문제 없음!

> **찐TIP** 조선 전기 그림은 아래 세 가지를 꼭 기억해요!
> 조선 후기 정선의 「인왕제색도」·김정희의 「세한도」는 빈출 주제입니다!

그림(전기)

강희안 「고사관수도」

안견 「몽유도원도」

신사임당 「초충도」

그림(후기)

기출자료 정선: 우리나라의 산천을 사실적으로 표현한 진경산수화의 대표적인 화가

겸재 정선 「인왕제색도」

추사 김정희 「세한도」

기출자료 김정희가 제주도 유배 생활 중 사제의 의리를 변함없이 지킨 제자 이상적에게 그려 준 것

겸재 정선 「금강전도」

우선순위 문화재

조선

조선 빈출 문화재

시대별 대표만 알면 문제 없음!

찐 TIP 조선 후기의 대표 화가인 김홍도는 서민의 일상생활을 주로 그렸어요! 다들 기억나죠?

그림(후기)

기출자료 풍속화, 산수화, 기록화, 초상화 등 다양한 분야에서 뛰어난 작품을 남긴 단원의 예술 세계

단원 김홍도 「옥순봉도」

단원 김홍도 「총석정도」

단원 김홍도 「송석원시사야연도」

단원 김홍도 「씨름」

단원 김홍도 「무동」

단원 김홍도 「서당」

단원 김홍도 「타작도」

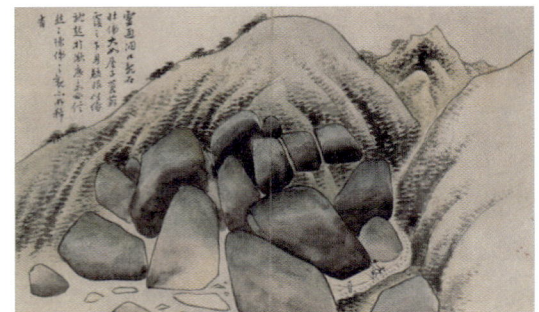
강세황 「영통동구도」

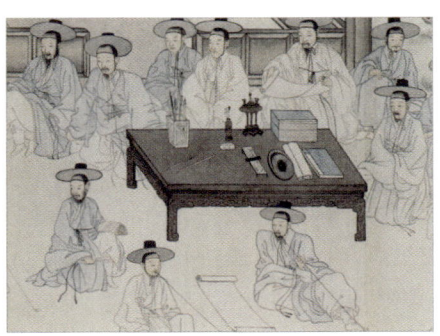
유숙 「수계도권」

우선순위 문화재

조선 빈출 문화재

조선

시대별 대표만 알면 문제 없음!

찐 TIP 신윤복은 '양반·부녀자들의 일상'을, 김득신은 '생동감 있는 표현'을 기억합시다!

그림(후기)

김득신 「노상알현도」

혜원 신윤복 「단오풍정」

혜원 신윤복 「미인도」

김득신 「파적도(야묘도추)」

혜원 신윤복 「월하정인」

기출자료 양반들의 풍류와 남녀 사이의 애정을 소재로 한 작품을 많이 남겼어요.

김득신 「야장단련」

기출자료 ……도리에 매어 놓은 그네에 상체를 기대고 어깨너머로 구경하는 아이의 모습 등이 생동감 있게 표현되어 있다.

혜원 신윤복 「상춘야흥」

김준근 「밭갈이」

근현대

우선순위 문화재

근현대 빈출 문화재

시대별 대표만 알면 문제 없음!

찐TIP 근대의 건축물과 연관된 역사적 사건을 함께 기억합시다!

건축

✨ 갑신정변의 거사 장소

우정총국

기출자료 우정총국 개국 축하연에서 정변이 일어났다.

독립문

기출자료 독립 협회가 왕실과 국민의 성금을 모아 세웠습니다.

황궁우와 환구단

기출자료 환구단: 대한 제국 황제 즉위식이 거행되었다.

✨ 을사늑약 체결 장소

덕수궁 중명전

기출자료 황실의 도서관으로 사용되다가 …… 고종 황제의 집무실로 사용되었다.

명동 성당

기출자료 박종철 고문 은폐 조작 발표 장소

✨ 미·소 공동 위원회 개최

덕수궁 석조전

조선 총독부 청사

근현대 인물 BEST 50

우선순위 인물

환재 박규수
- 북학파 박지원의 손자
- 임술 농민 봉기 때 안핵사로 파견됨
- 제너럴셔먼호 사건 진압(평안 감사)
- 통상 개화론자 → 김옥균, 박영효 등 개화파 형성에 기여

기출자료 사건의 수습을 위해 박규수가 안핵사로 파견되었다.

흥선 대원군(이하응)
- 1863년 고종 즉위년에 국권 장악
- 비변사 축소(폐지), 양전 사업 실시, 호포제·사창제 실시
- 서원 정리, 경복궁 중건
- 통상 수교 거부 정책, 척화비 건립

기출자료 47곳의 서원 외에는 모두 향사를 중단하고 사액을 철폐하라.

수운 최제우
- 경주 몰락 양반 출신
- 동학 창시(유교·불교·도교·민간 신앙 결합)
- 『동경대전』, 『용담유사』 저술
- 혹세무민을 이유로 처형됨

기출자료 동학은 어리석은 사람들을 현혹하는 것이니 그 두목인 최제우를 효수하여 본보기로 삼으소서.

면암 최익현
- 흥선 대원군 하야 상소(계유상소)
- 왜양일체론 주장 → 강화도 조약 체결 반대 상소(지부복궐척화의소)
- 을사늑약 체결 반발 → 태인에서 의병 항쟁
- 유배지 쓰시마섬(대마도)에서 순국

기출자료 이완용 등의 역적을 처단하라는 상소를 올리고 임병찬 등과 태인에서 의병을 일으켰어요.

박정양
- 조사 시찰단으로 일본 파견
- 초대 주미 공사
- 군국기무처 회의원
- 참정대신 자격으로 관민 공동회에서 연설
- 중추원 관제 개편 추진

기출사료 이에 짐이 믿고 아끼는 종2품 협판 내무부사 박정양을 초대 주미 공사에 임명하여. ……

김홍집
- 제2차 수신사(『조선책략』 수입)
- 제1차 갑오개혁 때 총리대신(군국기무처)
- 제2차 갑오개혁(홍범 14조 발표)
- 을미개혁(연호 '건양', 단발령, 태양력)

기출자료 이제는 김홍집과 박영효가 주도하는 내각에서 여러 개혁을 추진한다는군.

월남 이상재
- 서재필 등과 독립 협회 조직, 만민 공동회 주도
- 조선 교육 협회 창립
- 민립 대학 설립 운동 주도
- 신간회 초대 회장

김옥균
- 급진 개화파
- 박영효, 홍영식, 서재필 등과 갑신정변을 일으킴 → 실패 후 일본으로 망명
- 중국 상하이에서 홍종우에게 살해됨

기출사료 김옥균이 일본 공사 다케조에게 국왕의 호위를 위해 일본군이 필요하다고 요청하였다. ……

근현대 인물 BEST 50 — 우선순위 인물

전봉준
- 고부 농민 봉기 주도
- 녹두장군이라고 불림
- 동학 접주로 남접군을 이끎
- 공주 우금치 전투에서 패배
- 순창에서 체포되어 처형

기출자료 고부 군수 조병갑이 부임하여 학정을 행하니 전봉준은 그 무리를 이끌고 고부 관아의 창고를 털어 곡식을 농민에게 나누어 주었다.

구당 유길준
- 우리나라 최초의 일본 유학생
- 조사 시찰단으로 일본 시찰
- 보빙사로 미국 방문 및 유학
- 『서유견문』 저술
- 조선 중립화론 주장

기출자료 국어 문법서인 『대한문전』을 편찬하였다.

백암·태백광노 박은식
- 신민회 회원, 조선 광문회 조직
- 『한국통사』(국혼 강조)·『한국독립운동지혈사』 저술
- 「유교 구신론」 발표
- 대한민국 임시 정부 제2대 대통령

기출자료 국권 피탈 과정을 정리한 『한국통사』를 저술하였다.

일성 이준
- 한성 재판소 검사보
- 을사늑약 폐기 주장(상소 운동)
- 신민회 참여
- 이상설, 이위종과 헤이그 특사로 파견 → 순국

최재형(최페치카)
- 연해주에서 의병 활동 전개
- 안중근의 하얼빈 의거 지원
- 대동공보 사장, 권업회 조직, 권업신문 발간
- 전로 한족 대표 회의에서 이동휘와 함께 명예 회장으로 추대

기출자료 1909년 대동공보 사장으로 취임하였으며, 1911년에는 권업회를 조직하고 권업신문을 발간하였다.

홍암 나철(본명 나인영)
- 자신회 결성(을사오적 처단 목적)
- 대종교 창시

기출자료 을사오적을 처단하기 위해 자신회를 결성하였다.

호머 베잘렐 헐버트
- 미국인, 육영 공원 교사로 초빙
- 천문 지리 교과서인 『사민필지』를 한글로 발행
- 을사늑약 체결 직후 고종의 비밀 특사로 미국에서 활동

서재필
- 급진 개화파
- 김옥균, 박영효, 홍영식 등과 갑신정변 주도
- 갑신정변 실패 후 미국으로 망명
- 귀국하여 독립신문 창간 및 독립 협회 창설 주도(독립문 건립)

기출자료 독립신문은 1896년 4월 7일 서재필이 창간한 근대적 민간 신문이다.

근현대 인물 BEST 50

남강 이승훈

- 신민회 회원
- 오산 학교·자기 회사 설립
- 105인 사건으로 투옥
- 3·1 운동 당시 기독교계 대표
- 물산 장려 운동 추진

우당 이회영

- 안창호, 양기탁 등과 신민회 조직
- 전 재산 처분 후(독립운동 자금 마련) 서간도로 이주
- 서간도 삼원보에 경학사 조직
- 신흥 강습소 설립 주도

기출자료 신흥 강습소를 설립하여 독립군을 양성하였다.

홍범도

- 대한 독립군을 이끌고 봉오동 전투·청산리 전투에서 활약
- 대한 독립 군단 참여
- 스탈린의 정책에 의해 중앙아시아로 강제 이주

기출자료 대한 독립군 총사령관이었던 그는 …… 연해주에서 중앙아시아 지역으로 이주하였습니다.

이동녕

- 안창호, 양기탁 등과 함께 신민회 결성 주도
- 서간도 삼원보에 경학사 조직
- 신흥 강습소 설립 주도
- 대한 광복군 정부 수립 주도
- 대한민국 임시 의정원 초대 의장

기출자료 안창호, 양기탁과 함께 신민회를 조직하였고, 국권 피탈 이후에는 서간도 삼원보로 건너가 경학사와 신흥 강습소 설립을 주도하였습니다.

보재 이상설

- 북간도에 서전서숙 설립
- 이위종, 이준과 헤이그 특사로 파견
- 연해주에서 성명회, 권업회 조직
- 대한 광복군 정부 수립 주도

기출자료 연해주 우수리스크에 있는 이상설의 유허비를 관리하기 위해 현지 교민들이 나섰습니다. 이 비에는 …… 성명회와 권업회를 조직하여 독립운동을 이끈 사실 등이 기록되어 있습니다.

우강 양기탁

- 베델과 함께 대한매일신보 창간
- 안창호, 이동녕 등과 함께 신민회 조직
- 국채 보상 운동 주도
- 정의부 조직
- 대한민국 임시 정부 국무위원

기출자료 대한매일신보: 영국인 베델과 양기탁이 함께 창간하고 박은식, 신채호 등이 항일 논설을 실었다.

남자현

- 간도에서 여자 권학회 조직
- 사이토 마코토(조선 총독) 암살 시도
- 독립 의지를 표명하는 「조선 독립원」 혈서 작성
- 만주국 주재 일본 대사 암살 시도

기출자료 조선 총독 암살을 기도하였고, 국제 연맹 조사단에 강력한 독립 의지를 표명하는 혈서를 전달하고자 시도하였습니다.

어니스트 토머스 베델(한국명 배설)

- 양기탁과 함께 대한매일신보 창간
- 대한매일신보 등에 을사늑약의 부당함을 알리는 논설과 고종의 밀서 게재
- 항일 의병 운동에 호의적인 기사 게재

기출자료 베델은 양기탁과 함께 대한매일신보를 창간하여 항일 언론 활동을 전개하였습니다.

우선순위 인물 50 **179**

근현대 인물 BEST 50

우선순위 인물

얼굴까지 알고 가면 정답 확률 200%!

성재 이동휘
- 대한 제국 무관 출신
- 신민회 등에서 활동
- 서북 학회 조직
- 대한 광복군 정부 수립 주도(부통령)
- 대한민국 임시 정부 국무총리

기출자료 ▶ 사회주의 정당인 한인 사회당을 창당하였고, 대한민국 임시 정부의 국무총리를 역임하였다.

백범 김구
- 한인 애국단 조직
- 대한민국 임시 정부 주석
- 신탁 통치 반대 운동 주도
- '삼천만 동포에게 읍고함' 발표
- 김규식과 남북 협상 참여

기출자료 ▶ 나는 통일된 조국을 건설하려다가 38선을 베고 쓰러질지언정 일신에 구차한 안일을 취하여 단독 정부를 세우는 데는 협력하지 아니하겠다.

한힌샘·백천 주시경
- 독립신문 교보원으로 활동
- 독립 협회 활동 참여
- 국문 동식회 조직
- 학부 내 국문 연구소에서 한글 연구
- 『국어문법』·『말의 소리』 저술

기출자료 ▶ 주시경을 중심으로 국문을 정리하고 철자법을 연구하였다.

신돌석
- 평민 출신 의병장
- 을사늑약에 반대하여 의병을 일으킴
- '태백산 호랑이'라고도 불림

도산 안창호
- 이동녕, 양기탁 등과 함께 신민회 결성 주도
- 대성 학교(평양) 설립
- 미국 샌프란시스코에서 흥사단 설립
- 국민대표 회의에서 개조파(대한민국 임시 정부 존속 주장)

기출자료 ▶ 대성 학교를 세우고 흥사단을 창립하였다.

도마 안중근
- 연해주에서 의병장으로 활약
- 동의 단지회 결성
- 하얼빈역에서 이토 히로부미 저격 → 뤼순 감옥에서 순국
- 『동양 평화론』 저술

기출자료 ▶ 1910년 그가 옥중에서 저술한 『동양 평화론』으로, …… 일제의 한국 침략에 대한 비판과 진정한 동양 평화를 위한 한중일 삼국의 대등한 연합이 주된 내용을 이룬다.

만해 한용운
- 승려, 시인, 독립운동가
- 3·1 운동 당시 불교계 대표
- 『조선 불교 유신론』에서 불교 개혁 주장
- 「님의 침묵」 저술

기출자료 ▶ 「님의 침묵」 등을 지은 한용운은 일제의 탄압에도 굴하지 않다가 광복 직전 심우장에서 돌아가셨습니다.

단재 신채호
- 대한매일신보에 「독사신론」 게재
- 의열단의 활동 지침인 '조선 혁명 선언' 작성
- 『조선사연구초』·『조선상고사』 저술
- 국민대표 회의에서 창조파(대한민국 임시 정부 해산 주장)

기출자료 ▶ 고대사 연구를 바탕으로 『조선상고사』를 저술하였습니다.

근현대 인물 BEST 50 — 우선순위 인물

조지 루이스 쇼
- 아일랜드계 영국인
- 중국 단둥에 이륭 양행 설립 → 대한민국 임시 정부의 교통국으로 활용
- 김구 등의 중국 상하이 이동 도움
- 독립운동 지원 → 일제에 체포

우사 김규식
- 여운형 등과 신한 청년당 조직
- 파리 강화 회의에 파견
- 대한민국 임시 정부 부주석
- 여운형과 좌우 합작 운동 전개
- 김구와 남북 협상 참여

몽양 여운형
- 김규식 등과 신한 청년당 조직
- 대한민국 임시 정부 수립에 참여
- 조선 건국 동맹과 조선 건국 준비 위원회 조직
- 김규식과 좌우 합작 운동 전개

기출자료 일제 패망과 광복에 대비하여 조선 건국 동맹을 결성하였다.

조소앙(본명 조용은)
- 신채호 등과 '대동단결 선언' 발표
- 한국 독립당 결성
- 대한민국 임시 정부 외무부장
- 삼균주의 제창(대한민국 임시 정부 건국 강령의 기초)

기출자료 이 문서는 조소영이 마련한 대한민국 임시 정부 건국 강령 초안이다.

백산 지청천(이청천)
- 신흥 무관 학교에서 독립군 양성
- 대한 독립 군단 조직
- 한국 독립군 총사령(한·중 연합 작전 전개)
- 한국광복군 총사령
- 건국 훈장 대통령장 추서

기출자료 쌍성보, 대전자령 전투에서 일본군을 격파하였다.

백야 김좌진
- 대한 광복회 가입
- 북로 군정서를 이끌고 청산리 전투 등에서 활약
- 대한 독립 군단 부총재
- 신민부 조직

김마리아
- 교사 재직 중 일본 유학
- 2·8 독립 선언에 참여
- 대한민국 애국 부인회 회장으로 군자금 모금 활동
- 미국에서 근화회 조직

기출자료 2·8 독립 선언에 참여한 후 이를 알리기 위해 독립 선언서를 숨긴 채 귀국하였다.

백남운
- 사회 경제 사학자
- 민립 대학 기성 준비회 결성
- 식민 사학의 정체성론 비판
- 『조선사회경제사』, 『조선봉건사회경제사』 저술

기출자료 우리 조선의 역사적 발전의 전 과정은 …… 세계사적인 일원론적 역사 법칙에 의해 다른 여러 민족과 거의 같은 궤도의 발전 과정을 거쳐 왔던 것이다.

우선순위 인물

근현대 인물 BEST 50

얼굴까지 알고 가면 정답 확률 200%!

벽해 양세봉(양서봉)
- 육군 주만 참의부 중대장
- 조선 혁명군 총사령
- 한·중 연합 작전 전개(영릉가 전투·흥경성 전투 등에서 승리)

기출자료 ▶ 조선 혁명군 총사령 양세봉, 참모장 김학규 등은 병력을 이끌고 중국 의용군과 합세하였다.

약산 김원봉
- 의열단 조직
- 조선 혁명 간부 학교 설립 주도
- 민족 혁명당 결성 주도
- 조선 의용대 창설 → 한국광복군 합류
- 한국광복군 제1지대장 → 부사령관

기출자료 ▶ 폭탄으로 고위 관리를 죽이고 중요 건물을 파괴하여 독립을 쟁취하려고 하였다. 이것이 중국 지린성에서 김원봉과 함께 의열단을 조직한 이유이다.

소파 방정환
- 천도교 소년회를 조직하여 소년 운동 전개
- 색동회 조직
- 어린이날 제정, 잡지 『어린이』 간행

기출자료 ▶ 방정환이 이끈 천도교 소년회는 …… 잡지 『어린이』를 간행하였다.

이봉창
- 한인 애국단 가입
- 일본 도쿄에서 일본 국왕이 탄 마차를 향해 폭탄 투척

기출자료 ▶ 1931년 김구가 조직한 한인 애국단에 가입하고, 1932년 1월 도쿄에서 일왕이 탄 마차를 향해 폭탄을 던졌다.

유관순
- 이화 학당 재학 중 3·1 운동 참여
- 고향(천안)의 아우내 장터에서 만세 시위 주도
- 서대문 형무소에서 순국

춘사 나운규
- 명동 학교 재학 중 3·1 운동 참여
- 영화 '아리랑'의 감독·주연

기출자료 ▶ '아리랑': 단성사에서 개봉된 이 영화는 식민 지배를 받던 한국인의 고통스런 삶을 표현한 작품입니다.

이육사(본명 이원록)
- 의열단 가입
- 조선은행 대구 지점 폭파 사건에 연루되어 수감
- 조선 혁명 군사 정치 간부 학교에 입교
- 저항시 「광야」, 「절정」, 「청포도」 등 발표

기출자료 ▶ 1927년 조선은행 대구 지점 폭파 사건에 연루되어 옥고를 치른 그는 1932년 중국으로 건너가 김원봉이 세운 조선 혁명 군사 정치 간부 학교 제1기생으로 입교하여 독립운동에 힘썼다.

매헌 윤봉길
- 한인 애국단 가입
- 중국 상하이 훙커우 공원에서 폭탄 의거

근현대 인물 BEST 50 — 우선순위 인물

장준하
- 한국광복군의 일원으로 활동
- 광복 후 『사상계』 간행
- 개헌 청원 백만 인 서명 운동 등 유신 체제 반대 운동 주도

윤동주
- 저항시 「서시」, 「별 헤는 밤」 등 발표
- 일본 유학 중 독립운동 혐의로 송몽규와 함께 체포되어 수감
- 사후 시집 『하늘과 바람과 별과 시』 발행

기출자료 …… 비석에는 '죽는 날까지 하늘을 우러러'로 시작되는 그의 작품인 「서시」가 새겨져 있습니다. 북간도 출신인 윤동주는 일본 유학 중 치안 유지법 위반 혐의로 체포되어 옥중에서 순국하였습니다.

여러분의 작은 소리
에듀윌은 크게 듣겠습니다.

본 교재에 대한 여러분의 목소리를 들려주세요.
공부하시면서 어려웠던 점, 궁금한 점,
칭찬하고 싶은 점, 개선할 점, 어떤 것이라도 좋습니다.

에듀윌은 여러분께서 나누어 주신 의견을
통해 끊임없이 발전하고 있습니다.

에듀윌 도서몰 book.eduwill.net
- 부가학습자료 및 정오표: 에듀윌 도서몰 → 도서자료실
- 교재 문의: 에듀윌 도서몰 → 문의하기 → 교재(내용, 출간) / 주문 및 배송

한국사능력검정시험 심화 빈출총정리 1주끝장

발 행 일	2025년 2월 21일 초판
편 저 자	에듀윌 한국사교육연구소
펴 낸 이	양형남
개 발	정상욱, 김민서
펴 낸 곳	(주)에듀윌
등록번호	제25100-2002-000052호
주 소	08378 서울특별시 구로구 디지털로34길 55 코오롱싸이언스밸리 2차 3층
I S B N	979-11-360-3665-0(13910)

* 이 책의 무단 인용 · 전재 · 복제를 금합니다.

www.eduwill.net
대표전화 1600-6700